本成果受西藏民族大学资助出版

光明社科文库
GUANGMING DAILY PRESS:
A SOCIAL SCIENCE SERIES

·文学与艺术书系·

地方电视研究

历史、文本与用户

脱慧洁 | 著

光明日报出版社

图书在版编目（CIP）数据

地方电视研究：历史、文本与用户 / 脱慧洁著． -- 北京：光明日报出版社，2023.10
 ISBN 978－7－5194－7564－2

Ⅰ.①地… Ⅱ.①脱… Ⅲ.①电视工作—研究—西藏 Ⅳ.①G229.277.5

中国国家版本馆 CIP 数据核字（2023）第 203045 号

地方电视研究：历史、文本与用户
DIFANG DIANSHI YANJIU：LISHI、WENBEN YU YONGHU

著　　者：脱慧洁	
责任编辑：史　宁	责任校对：许　怡　董小花
封面设计：中联华文	责任印制：曹　净

出版发行：光明日报出版社
地　　址：北京市西城区永安路 106 号，100050
电　　话：010-63169890（咨询），010-63131930（邮购）
传　　真：010-63131930
网　　址：http：//book.gmw.cn
E － mail：gmrbcbs@ gmw.cn
法律顾问：北京市兰台律师事务所龚柳方律师
印　　刷：三河市华东印刷有限公司
装　　订：三河市华东印刷有限公司

本书如有破损、缺页、装订错误，请与本社联系调换，电话：010-63131930

开　　本：170mm×240mm	
字　　数：222 千字	印　　张：14.5
版　　次：2024 年 4 月第 1 版	印　　次：2024 年 4 月第 1 次印刷
书　　号：ISBN 978－7－5194－7564－2	
定　　价：89.00 元	

版权所有　　翻印必究

目 录
CONTENTS

第一章 绪论 1
  引言 1
  第一节 西藏地方媒体的双重责任 4
    一、西藏的"内宣"与"外宣" 4
    二、媒体宣传与国内藏语电视媒体布局 4
  第二节 西藏电视生产的研究意义 7
    一、推动西藏电视台的转型发展 7
    二、助力中国边疆民族地区电视事业持续发展 10
    三、促进中国电视媒体融合转型发展 11
  第三节 国际视野的媒介生产述评 12
    一、媒介生产与功能主义 12
    二、媒介生产与批判研究 14
    三、媒介生产与专业主义 18
    四、媒介生产与媒介从业者 21
  第四节 国内向度的媒介生产述评 23
    一、媒介生产与媒介制度 23
    二、媒介生产与媒介组织 24
    三、媒介生产与媒介从业者 25
  第五节 研究方法 30
    一、个案研究法 30

二、人类学民族志田野调查方法 ·················· 30
　　三、文本分析法 ···································· 35

第二章　一路追赶的区域电视 ························ 37
第一节　最晚起步与建设路径 ······················ 37
　　一、筹备之期的两条路径 ·························· 38
　　二、初建路上的风格与类型 ························ 40
　　三、西藏电视生产的基调形塑 ······················ 45
第二节　黄金期的起舞 ···························· 45
　　一、基础建设与频道建设 ·························· 45
　　二、电视援藏开启 ································ 47
　　三、节目类型丰富与产能提升 ······················ 48
第三节　世纪初的接力 ···························· 58
　　一、"西新工程"与免费落地 ······················ 58
　　二、节目出新与类型扩充 ·························· 59
　　三、生产特征与持续规训 ·························· 60
第四节　转型期的探索 ···························· 68
　　一、续推基础建设 ································ 68
　　二、引入制播分离 ································ 69
　　三、借力文化精英 ································ 71
　　四、经历峰谷变迁 ································ 72
　　五、探索媒介融合 ································ 75
　　六、坚守内容生产 ································ 86
第五节　西藏电视的生产逻辑与衍变路径 ············ 91
　　一、组织边界上，由"内"而"外"生产 ·············· 91
　　二、组织方式上，主动式生产 ······················ 92
　　三、生产历史上，跟进式生产 ······················ 93
　　四、地域环境上，特色式生产 ······················ 94

第三章　西藏电视里的国家与地方 …… 96
第一节　二传手与建构者：西藏电视新闻 …… 96
一、"联播新闻"的溯源与衍变 …… 97
二、西藏电视新闻的生产与译制 …… 99
三、西藏新闻的文本结构 …… 104
四、联播新闻的生产框架 …… 110
五、小结 …… 118
第二节　仪式转换与神话再造："藏历春晚"的个案分析 …… 119
一、藏历年俗与文化意义 …… 120
二、"藏历春晚"主题与意义生成 …… 121
三、神话再造和话语重构：媒介对社会生产的影响 …… 127
第三节　主体·类型·框架：西藏电视纪录片研究 …… 132
一、生产主体：社会与媒介 …… 132
二、生产类型与话语主题 …… 137
三、西藏环境与电视纪录片生产 …… 147
四、小结与思考 …… 148
第四节　西藏电视的融合实践与文本分析 …… 150
一、"拓展式"的组织融合 …… 151
二、"跟随性"的生产融合 …… 157
三、小结 …… 162

第四章　西藏电视的使用与代际更迭 …… 164
第一节　当代西藏家庭与个体媒介使用 …… 164
一、调查单位与分析对象 …… 165
二、西藏当代家庭不同代际的媒介接触或使用 …… 167
三、小结与思考 …… 187
第二节　媒体功能与个体喜好：传统媒体转型发展方向 …… 188
一、陪伴与宣传：西藏电视功能 …… 188
二、"故乡"和"远方"：媒介使用者喜好领域 …… 189

三、西藏电视转型生产的方向 ················· 190
　　四、小结 ································ 194

结语　地方媒体与电视转型 ························ **195**
　　一、西藏电视台的特殊性与普遍性 ··············· 195
　　二、国家声音中转站与地方内容生产者 ············ 196
　　三、媒介融合与传统电视转型 ·················· 197

主要参考文献 ································· **200**

后记 ······································· **219**

第一章

绪　论

引　言

　　电视是人类社会发展到现代社会阶段出现的事物，也是现代国家意识形态建设的重要工具。电视装点着人们的生活，安排或配合着人们的工作和生活。如今，随着通信技术发展和5G技术推广，传统电视媒体遭遇网络媒体和智能媒体的直接冲击，年轻的媒介使用者纷纷抛弃传统电视，转而奔向新媒体，媒介使用喜好的转变造成电视使用者数量"断崖式下滑"。与此同时，电视生产内容却在新媒体平台获得新的生机，收获新的拥趸。媒介生态转型中，电视从曾经的"一家独大"成为媒体融合的"其中之一"，电视以分屏形式存在于社会，持续生产并建构着媒介景观。在此语境下，电视如何生产？哪些因素影响着电视生产？这些问题一直激发笔者对电视生产的思考。

　　国内电视媒体受中宣部统一指导，也受国家广电总局管理。在媒介四级建制下，不同层级、不同区域电视媒体还要接受同级行政区域宣传部门的领导，受同级广电部门直接管理。在层级划分与行政区割中，国内电视媒体在历史变迁中形成并处于不同发展水平，呈现不均衡的发展状态。

　　国内电视媒体历经上星、制播分离、媒介集团化、广电媒体组织融合等节点转变，不同层级媒体经历相似的媒介组织变革。中央媒体以行政赋权和资源优势，不仅形成了庞大的生产体量，也获得了无与伦比的影响力。省区级电视台以地域资源、地方资本、媒介作品等展开媒介竞争，获得了不同品牌影响力和市场占有率。相比央媒和头部媒体已经确立的媒体地位和影响力，国内省区级电视媒体大部分位处二三四线序列。这个"大部分"体现着国内电视媒体的平均生产能力和电视媒体生产的普遍性特征。同时，这些位处二三四线序列的电视媒介在传递国家声音和地方内容生产中发挥着不可替代的重要功能。央媒和国内头部电视媒体素来受到媒介研究者的青睐，二三四线电视媒体，尤其是位处三四线位置的边疆民族地区电视台还有较大发展空间。三四线媒介组织处于角色功能"不可替代"、媒介发展"长期滞后"、媒介研究"选择性遗忘"的总体境遇。

西藏电视台是边疆民族地区省区级电视台，在国家电视援藏机制下，得以最早一批上星分语种播出。西藏电视台的日常节目体量总体不大，又能常年不间断播出，西藏汉语卫视在全国免费落地，受到了不同藏族聚居区和国外藏族聚居区藏语使用群体的高频关注。就是这样一个边疆民族地区省区级电视台，在全国电视竞争中处于三四线位置，它又是如何生产和发展的？在媒介融合语境中，又面临着怎样的困境和发展机遇？类似西藏电视台的其他边疆民族地区电视台和位处二三四线位置的省区电视台是否也面临着类似的问题呢？

媒介技术持续改变着媒介生态，电视作为视频媒体，正处于新旧交替的变革阶段。将西藏电视台作为研究个案，关注电视媒介生产，不仅是关注西藏电视台这样一个边疆民族地区省级电视台的发展命运，也是关注传统电视媒体在媒介生态转型期共同面临的时代问题与发展困境。将西藏电视台置于现代国家建设与社会发展的系统之中，从组织分层、单位体制、现代性等视角深入探讨电视生产的衍变规律与内在逻辑，观察并考量其组织生产的场域特征、运行机制等。在强调西藏电视事业性质的同时，不能忽略其作为社会组织参与社会竞争、争夺社会资源的实质，思考西藏电视生产的内在动力与主体意识。同时，打通电视生产与消费的区隔，将西藏电视使用作为内容分析的重要类目，分析并反馈省区级电视媒体生产的实际效果与功效。基于这一思路，本文从媒介社会学视域出发，从"生产历史""生产文本""媒介使用者"三个向度进行了行文框架建构。

"生产历史"部分，旨在发现并探索西藏电视生产的内在逻辑、场域力量与实际语境等，提炼并思考西藏电视生产的运作机制与发展路径。结合国内电视事业发展历史与西藏区域生产力发展水平，本书将西藏电视台的生产历史划分为起步、初步发展、持续发展、转型四个时期。借助文献资料和个人访谈对西藏电视台的生产历史与当前转型发展进行描述和分析，形成关于西藏电视生产的系统认知与基本判断。

"生产文本"部分，描摹西藏电视生产的媒介景观，呈现从业者生产逻辑、西藏场域特征等。西藏电视台在自己的生产历史中形成了新闻、纪录片、文艺社教、电视剧等主要节目类型，通过梳理西藏电视台发展历史，参考节目文本发展变化、影像文本保存情况、电视台内资源分配机制、电视媒体发展现状、媒介使用者对节目关注程度等因素，选择了新闻、纪录片、"藏历春晚"、电视融合作为分析对象。一方面，这四类样本代表了西藏电视台不同节目类型，其中的新闻、纪录片、"藏历春晚"这三类节目均有悠久的生产历史，能够反映西藏电视生产的历史变迁、生产实力与内在逻辑，这三类文本涉及电视生产内容的不同类型、维度，持续获得台内优质资源分配，最能反映出西藏电视台节目生产的总体能力与实力。另一方面，基于电视文本的生产历史、发展现状与未来走向，用电视融合文本取代电视剧文本。西藏电视台有自制电视剧的历史，随着制播分离机制不断深入，电视剧生产从电视台内生产走向社会生产，当前西藏电视台除了生产有零星的情景喜剧之外，少有连续生产电视剧，遂未再做单独细读。当然，在"生产历史"环节，本书对西藏题材电视剧进行了历史视角的分析与解读。目前，西藏电视台汉语卫视电视剧主要依靠购买，藏语卫视电视剧是国内电视剧的译制再播，在"媒介使用者"部分，从藏语电视剧的接触与使用向度也进行了分析与探讨。而媒介融合文本分析，是基于西藏电视具体文本之上，对西藏电视融合转型这一社会文本的宏观解读与微观剖析，形成"历史/当下""宏观/具体"的结构布局。

"媒介使用者"部分，探讨西藏电视台的传播效果，从媒介使用者角度反观省区级电视台媒介功能、西藏社会不同代际媒介接触，为西藏电视台的融合转型、持续发展，乃至民族地区省区级电视台的转型发展提供现实案例和研判依据。

以"生产历史""生产文本""媒介使用者"三个向度形成关于西藏电视生产的闭环式分析，以解剖麻雀的方式展开西藏电视生产的个案分析，为西藏电视台梳理历史，总结经验，探索转型路径。同时，关照中国边疆民族地区电视媒体的生存语境和发展场域，在中国现有媒体建制和媒体管理体制下，为传统媒体转型，尤其是边疆民族地区传统电视媒体转型提供现实依据，探索可能途径，推动边疆民族地区电视转型发展。

第一节　西藏地方媒体的双重责任

一、西藏的"内宣"与"外宣"

西藏进入世界话语体系，是与西方关于东方世界的探险和想象相联系的。从近代英国两次入侵西藏，到西方反华势力借所谓"西藏问题"强势干涉中国内政，西藏面临严峻的边疆稳定和意识形态安全问题。在国内媒体四级建制与区域行政划分中，除了国家级媒体，西藏地方媒体自然肩负起宣传西藏的重任。历史形成的内外交杂的意识形态斗争态势，更是要求西藏媒体同时承担"内宣"与"外宣"的双重责任。

"内宣"包含"区内"宣传和"国内"宣传两个维度，区内宣传是媒体以西藏自治区为主要范畴，国内宣传则以中国国内为范畴，以促进民族间交流交往交融与中华民族多元一体建构为主要内容。"外宣"则指在国际上传播西藏声音，尤其是与西藏话题紧密相关的国家展开的宣传，以占领西藏舆论话语主导权为目标。

二、媒体宣传与国内藏语电视媒体布局

中国是多民族国家，在漫长的历史进程中形成了"大杂居、小聚居、交错杂居"的民族分布格局。西藏自古以来就有民族间交往交流的历史，随着现代化进程的加速，西藏与内地的联系更加紧密。在地缘相连的地方，当地的藏民族除了使用藏语外，还会使用汉语普通话或汉语地方方言。如西藏藏

东南的林芝、波密、昌都等地，藏族除了使用藏语康方言外，还会使用西南官话，即当地四川话。

藏语属于汉藏语系藏缅语族，在漫长的社会历史进程中形成了丰富多彩的方言，陈荣泽在《藏语方言的分布格局及其形成的历史地理人文背景》中进行了相关描述（见图1-1）。

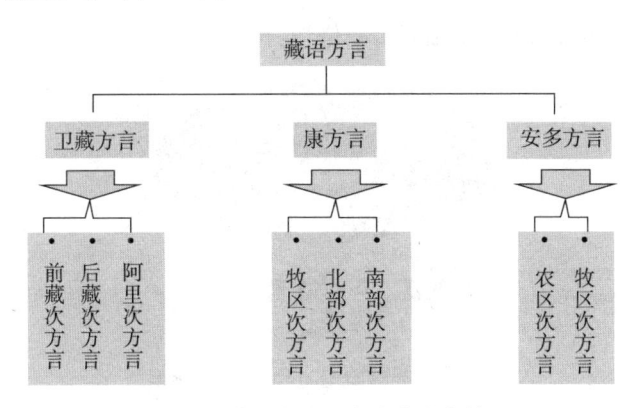

图1-1 藏语方言、次方言分布简况

中国境内藏语方言可分为卫藏、康和安多三大方言，其中，卫藏方言又分前藏、后藏和阿里三个次方言，康方言可分为牧区、北部和南部三个次方言，安多方言可分为牧区和农区两个次方言。① 三大方言之间的口语发音迥异，口语交流存在较大的困难，也给媒体大众传播造成现实困难。

藏语方言使用现状、西方分裂势力的持续破坏活动等综合因素共同促成国家关于藏语媒体建制和信息传播的特殊性。在媒体四级建制下，国家电视台以"集体记者"模式搭建并覆盖了全国各行政区域、各民族分布区的信息传播格局，央视以信息、专题等方式关注西藏地方和藏族居住区，央广的民族语广播中专门开设了藏语（拉萨话）广播，构建了国家级媒体关于具体某一民族的媒体传播体系。

在媒体行政划分中，藏族集中分布的区域媒体成为西藏或藏族信息的主要生产主体。1985年西藏电视台（XZTV）创立（见图1-2），1999年实行

---

① 陈荣泽. 藏语方言的分布格局及其形成的历史地理人文背景［J］. 中央民族大学学报（哲学社会科学版），2016（2）：128-134.

藏汉分频上星播出。2002年，西藏电视台与尼泊尔太空时代网络签订了西藏藏语卫视在尼泊尔落地的协议，扩展了西藏电视新闻的宣传空间。2007年10月，西藏卫视实现24小时向海外滚动播出，也是全国首个全天候播出的少数民族语言频道。① 2008年12月，西藏汉语卫视在全国有线网免费落地入户，并且在周边国家落地②，初步实现了西藏自治区省级电视媒体在南亚藏族集居区的媒体布局和有效语言传播格局。

图1-2　西藏藏语卫视台标　藏语

青海有全国仅次于西藏自治区的藏族分布区，有黄南藏族自治州、海南藏族自治州、果洛藏族自治州、海北藏族自治州、玉树藏族自治州、海西蒙古族藏族自治州这六个自治州。在语言上，除了玉树藏族自治州属于藏语康方言区，其余都是安多方言区。安多卫视采用藏汉双语混播，其中藏语部分采用藏语安多方言。安多卫视（ADTV）（见图1-3）的前身是青海综合频

图1-3　安多卫视台标　藏汉双语

---

① 中国新闻年鉴社．中国新闻年鉴2008［M］．北京：中国新闻年鉴社，2008：177．
② 赵靳秋，余萍，刘园园．西藏藏语传媒的发展与变迁1951—2012［M］．北京：中国传媒大学出版社，2013：210．

道，2006年2月28日上星播出时改名为青海藏语卫视，2015年5月15日正式改为安多卫视，通过中星9号、中星6B卫星面对亚太地区免费清流播出。

2009年10月28日，全国第三个藏语卫视——四川康巴卫视（KBTV）（见图1-4）开播，采用藏语康方言播出。康巴卫视采用卫星、有线电视、无线发射等方式覆盖了川、甘、藏、青、滇等西部五省区的康巴藏族居住区。

图1-4　康巴卫视台标　藏汉双语

西藏特殊的战略位置与严峻的意识形态情势，促成藏语三大方言电视媒体的全国性覆盖及其亚太地区尽可能覆盖的媒体格局，以服务于西藏各方言区藏语使用者，形成了藏语对外宣传的战略布局。

第二节　西藏电视生产的研究意义

以西藏电视台作为电视生产的研究对象，主要意义在于：

一、推动西藏电视台的转型发展

西藏电视台是中国媒体属性和媒体建制的重要代表。在中国电视"四级办台"建制和国家政策大力支持下，在全国各省区业已建立电视台的情况下，1985年8月20日西藏电视台正式成立[1]。

---

[1] 中国社会科学院新闻研究所. 中国新闻年鉴1986 [M]. 北京：中国社会科学出版，1986：260.

西藏电视台的创立与发展受到党和国家领导人的长期关注和支持。邓小平同志亲笔题写了汉文台名（见图1-5），全国人大常委会副委员长阿沛·阿旺晋美题写了藏文台名（见图1-6）。① 2003年，时任中央政治局常委李长春批示："办好藏语卫视，意义重大。"② 建台以来，胡锦涛、李鹏、李铁映、罗干、十一世班禅确吉坚赞、热地、向巴平措、帕巴拉·格列朗杰等党和国家领导人都曾莅临西藏电视台检查指导过相关工作，并就发展西藏电视事业、培养少数民族专业人才等做出指示③，这在全国其他省级台中是很少见的。

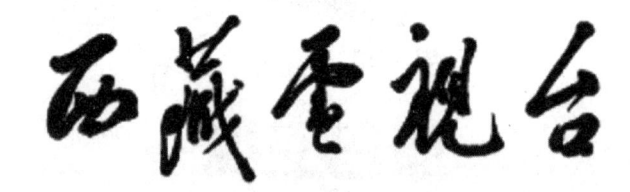

图1-5　1985年8月，邓小平亲笔题写
"西藏电视台"汉语台名

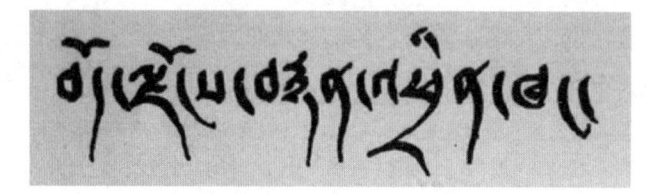

图1-6　1985年8月，阿沛·阿旺晋美题写
"西藏电视台"藏语台名

西藏电视媒体发展获得了国家战略、政策的大力支持。20世纪90年代电视援藏开始，之后国家陆续实行了"西新工程""三区工程""大庆工程"

---

① 国家广播电影电视总局，《中国广播电视年鉴》编辑委员会. 中国广播电视年鉴2000［M］. 北京：中国广播电视年鉴社，2000：67.
② 金世洵. 西藏经济体制改革和对外开放30周年回顾与展望1978—2008［M］. 拉萨：西藏人民出版社，2008：289.
③ 刘春. 足迹：纪念西藏电视台成立30周年（1985—2015）［M］. 拉萨：西藏电视台出版，2015：3.

等系列重大建设工程，西藏全区持续实施广播影视"村村通""户户通"重点惠民工程，解决了西藏偏远地区农牧民"看电视难""听广播难"的实际问题。① 2002年9月1日，西藏藏语卫视通过尼泊尔"太空时代网络公司"在尼泊尔落地。2003年初和2005年3月，西藏藏语卫视分别在印度的达兰萨拉藏胞聚居区和锡布林地区播出。② 2007年10月1日，西藏藏语卫视成为全国第一个24小时播出的少数民族语电视频道。③ 2008年，中宣部29号、30号文件特别要求，西藏汉语卫视在全国有线电视网无偿落地入户④，从政策层面大力提升了西藏汉语卫视的覆盖范围。2009年开始，西藏推行"广播电视进寺庙""舍舍通"工程⑤，收听收看广播电视成为僧尼文化生活的一部分。截至2021年，广播电视节目综合人口覆盖率均达99%以上⑥，藏语卫视在印度、尼泊尔、不丹落地。

西藏电视台是国家媒体分行政区域、分层级建制的重要构成部分。在属地分管原则下，西藏电视台是西藏自治区一级视频媒体，不仅是国家声音的"中转站"，而且在传递西藏本土信息、记录西藏地方文化、开展意识形态建设等方面担负着"传声筒"和"生产者"的角色，具有不可替代的重要作用。

西藏电视台的创建、发展见证和参与了中国电视事业的发展，西藏特殊的战略位置、西藏高寒地理环境等综合因素决定了西藏电视媒体的特殊性。以西藏电视台作为研究对象，一方面，可以通过挖掘西藏电视生产发展历史、生产样态、媒介使用者情况，系统分析西藏电视媒介生产的场域因素、存在问题等，为西藏电视台的融合转型发展提供可借鉴的理论、方法、策略等；另一方面，历史形成的生产力水平低下、人才匮乏、环境苦寒等因素长

---

① 《西藏年鉴》编委会. 西藏年鉴2004 [M]. 拉萨：西藏人民出版社，2005：157.
② 国家广播电影电视总局，《中国广播电视年鉴》编辑委员会. 中国广播电视年鉴2003 [M]. 北京：中国广播电视年鉴社，2003：122.
③ 中国新闻年鉴社. 中国新闻年鉴2008 [M]. 北京：中国新闻年鉴社，2008：175.
④ 国家广播电影电视总局，《中国广播电视年鉴》编辑委员会. 中国广播电视年鉴2010 [M]. 北京：中国广播电视年鉴社，2010：110.
⑤ 拉巴平措，陈庆英，朱晓明. 西藏通史：当代卷：上 [M]. 北京：中国藏学出版社，2016：560.
⑥ 2021年西藏自治区政府工作报告 [R/OL]. 西藏自治区人民政府网，2021-03-24.

期桎梏着西藏现代传媒的发展壮大，认识并理解西藏地方媒体发展所具有的地域特殊性，可以为西藏电视台的可持续发展提供符合现实语境的发展策略或参考意见。

二、助力中国边疆民族地区电视事业持续发展

在媒体四级建制与管理体制下，不同地域、不同层级的电视媒体在大同小异的科层结构之外，发展状态各具特色，央视和屈指可数的一线电视台占据了全国主要市场份额成为"塔尖"。央视以国家台的资源优势和行政赋权，形成了新闻、电视剧、综艺娱乐多头并进的生产格局。屈指可数的一线电视媒体（湖南、浙江、江苏、东方、安徽、北京）在新闻生产中无法与央视抗衡，转而倚重社会力量，借助电视剧、综艺娱乐节目来提升媒介关注度、吸引资本。央视和一线电视媒体，处于电视发展和媒介融合改革的前沿，进行着试点和媒介技术的最新应用，领航和规制着中国电视行业媒介融合生产的基本样态；边疆民族地区的电视媒体，在媒体发展规划和融合转型中，更多处于跟进状态。

媒体建制与行政区划形塑着中国电视组织发展格局和生产路径。在多行政区、多民族的中国，地方媒体是中国媒体建制的重要构成，占据着中国媒介组织的数量优势。媒体层级建制下的地方媒体担负着国家声音"传递者"与地方内容"生产者"的双重角色，尤其在地方内容的生产与传播上，具有不可替代的功用。边疆民族地区的电视机构素有增进文化交流、促进民族团结、巩固边疆的重要作用。中国各级媒体在行政层级和社会组织建设中形成了各自的发展历程与特色。

国内媒介生产研究更多集中于对央媒或发展程度更好或者较好程度的地方媒体的研究，较少关注发展程度处于三四线位置的媒体，尤其是缺乏对边疆民族地区媒介的细致深入研究。本研究以西藏电视台为研究对象，一则，通过西藏电视台的个案研究，深入探索并总结西藏电视媒体持续发展的空间与转型路径，助力西藏电视事业发展；二则，这一个案研究同时关照国内边疆民族地区电视媒体，丰富中国边疆民族地区的媒体研究；再则，这一个案研究，补充和丰富媒介生产研究样本，拓展中国电视研究的理论、视域和方法等。

三、促进中国电视媒体融合转型发展

西藏电视台自1985年建台至今，跨越了迄今中国媒体体制变革的完整过程。西藏电视台从建台至今，基本跨越了以改革开放为主体的中国社会转型的完整过程。西藏电视台的嬗变与发展，自然地置身于中国社会各个系统发生全面变革的历史场景中。作为中国大众媒介建制的一个组成部分，它不仅是中国社会这一复杂而深刻的转型过程的见证者与记录者，也是这一社会转型过程独特的阐释者和参与者。考察媒介融合时代西藏电视媒体的创新发展，不仅要在国家媒体建制的现实语境下，也要在"事业性质企业经营"双重框架下。

国内诸多学者采用民族志方法对不同民族地区、不同村落的媒体使用情况调查都发现，电视在民族地区、乡村使用中呈现"一家独大"的局面。①电视声画传播的特征，降低了媒介使用者在年龄、文化教育水平等方面的门槛。在西藏，电视家庭收视特征契合了西藏传统家庭习惯，西藏现代家庭也十分讲究合家欢的生活方式，电视生产的娱乐特性等更使电视"成为西藏农牧民最喜爱的媒介"②。电视生产了国家历史、英雄传奇、家庭婚恋、社交友谊、科学养殖等诸多内容，西藏电视媒体在形塑西藏、建构西藏，甚至传递中国政府治理西藏成效中发挥着重要作用。

以西藏电视台为研究对象，通过民族志调查、深度访谈，发现、总结并探讨西藏电视可持续发展的症结、困境和可推进空间，一方面，从媒介生产历史、生产场域、西藏当代社会媒介使用者喜好变迁等，综合考量、完善和

---

① 孙信茹.大众传媒影响下的普米村寨社会空间变迁［J］.西南民族大学学报，2013（9）；孙信茹，杨星星.电视传播语境中的少数民族乡村文化建构［J］.现代传播，2013（6）；郭建斌.独乡电视：现代传媒与少数民族乡村日常生活［M］.济南：山东人民出版社，2005；李春霞.电视与彝民生活［M］.成都：四川大学出版社，2007；吴飞.火塘、教堂、电视：一个少数民族社区的社会传播网络研究［M］.北京：光明日报出版社，2008；刘锐.电视对西部农村社会流动的影响：基于恩施州石栏村的民族志调查［J］.新闻与传播研究，2010（1）；金玉萍.电视实践：一个村庄的民族志研究［M］.上海：上海交通大学出版社，2015.

② 泽玉.电视与西藏乡村社会变迁［M］.北京：中国传媒大学出版社，2015：2.

提升西藏电视事业发展，助推西藏电视媒体讲好"西藏故事"，讲好中国治理西藏故事，促进西藏社会发展和长治久安。另一方面，紧扣媒介融合时代语境，深入分析研究西藏电视媒体的共性与特殊性，为中国传统媒体融合转型提供研判样本，推动传统媒体转型发展。

第三节　国际视野的媒介生产述评

电视生产隶属媒介生产范畴，媒介生产始于拉斯韦尔（Lasswell H. D.，1948）的"5W模式"和"三功能说"[①]，拉斯韦尔将媒介视为社会结构的一部分，将媒介生产作为维持社会平衡的元素，从整体上型构了新闻传播学研究的基本框架，5W中的who（控制分析）、what（内容分析）、which（媒介分析）最终成为媒介生产研究的关注点，并逐渐形成了特定范式。

一、媒介生产与功能主义

1922年，社会学家罗伯特·E. 帕克[②]（Robert E. Park，1922）对移民报刊的研究发现，报纸具有帮助人们融入社会，维护种族文化的功用。帕克由此反对压制或控制这些报刊，这一目前发现的最早的媒介生产（移民报刊）研究，带有显著的功能主义特征。在结构功能主义范式下，"社会是具有一定结构或组织化手段的系统，社会各部分以有序方式相互关联，并对社会整体发挥必要功能，整体以平衡状态存在着，任何部分的变化都会趋于新的平衡"[③]。媒体作为社会系统的一部分，同样具有维护社会稳定的功能。之后，库尔特·卢因（Kurt Lewin，1943）通过关注家庭主妇的食物采购活动，推

[①] H. D. 拉斯韦尔. 传播在社会中的结构与功能［M］. 何道宽，译. 北京：中国传媒大学出版社，2013.
[②] 罗伯特·E. 帕克. 移民报刊及其控制［M］. 陈静静，展江，译. 北京：中国人民大学出版社，2011.
[③] 塔尔科特·帕森斯. 社会行动的结构［M］. 张明德，夏遇南，彭刚，译. 南京：译林出版社，2012：35.

论认为社会中任何渠道和门都存在把关行为，媒介组织亦不例外。

此后，媒介研究者将"把关人"逐渐细化为"个人"和"组织"两个维度。个体层面上，如编辑、记者、导演、主持人、制作人等，在媒介内容的选择和呈现中具有不同的把关行为。1950年，戴维·怀特①（David M. White）对美国中西部的一个报纸编辑展开个案分析。1966年，保罗·B.斯尼德②（Paul B. Sneed）对怀特"把关人"的回访研究也是对编辑把关的研究。怀特和斯尼德的研究关注了编辑这一类"把关人"的具体角色和功能，强调了把关人的选择能力，深化了卢因的研究，但是忽视了把关人在操纵、整合、时间控制等引导性策略方面的作用，也忽视了把关人背后的控制因素，以及把关人与受众的关系等。1959年，约翰·麦克内利对编辑和记者在媒介生产中的比较研究中发现，"编辑较记者更具生杀予夺之权"，同时还提出把关行为并非仅限于取舍信息，还可能修正、改变信息等③，这一研究修正了过去把关行为"不用即抛"的二元思维。组织层面上，如报社、电台、电视台、出版社、电影公司、网络媒体等，从中观或宏观层次形成组织"把关"。1954年，沃伦·布里德（Warran Breed）在对新闻编辑室的民族志考察后提出，"制度化的地位"（institutionalized status）和"结构性角色"（structural role）使新闻从业人员在日常工作中形成了"遵从方针"的行为特点，其中"制度性的权威与制裁，对组织的责任感，对长者的尊重，升职的期望，缺乏冲突性的团体忠诚，新闻工作的本身价值"④这六项因素规约了媒体从业者和新加入者的日常行为，也使新闻从业者坚持从事新闻业工作并体会从业乐趣。默顿认为布里德发现的六项因素只是"获取新闻而非分析社

---

① WHITE D M. The "Gatekeeper": A Case Study in the Selection of News [J]. Journalism Quarterly, 1950 (27): 383-391.
② SNEED P B. Return gatekeeper: a 1966 restudy of the 1949 case [J]. Journalism Quarterly, 1967, 44 (3): 419-421, 425-427.
③ BASS A I. Refining the Gatekeeper Concept: A UN Radio Case Study [J]. Journalism Quarterly and Mass Communication Quarterly, 1969, 46: 69-72.
④ 奥利弗·博伊德·巴伊特. 媒介研究的进路 [M]. 汪凯, 刘晓红, 译. 北京: 新华出版社, 2004: 341.

会，注重了新闻采集而非内容质量"，只是"维持了组织的常态化运转"①，这一工具主义取向，降低了媒介从业者的道德潜能。而沃特·吉伯（Walter Gieber，1956）在对威斯康星 16 位电讯编辑的人类学观察中发现，"把关人"并非如怀特所言能完全自主决定媒介生产，把关人不仅要考虑媒体内部的生产目标、行政惯例以及人际关系等，还会受到各种社会机构的信源压力②。由此来看，怀特、斯尼德的历时考察关注了个体层面的媒体从业人员（编辑）在具体组织中的角色行为，而布里德、吉伯对媒体从业者所处语境的考察和发现更具有理论意义，通过聚焦媒体组织内外的影响因素，揭示了媒介生产是"包裹在一件由机械零件制就的紧身夹克中"③ 的真相，媒介从业者的主观意志在媒介组织及其他压力下是微不足道的。

把关人研究聚焦于媒介从业者在新闻生产中的把关行为、所扮演的角色、承受的压力等问题，探讨了"社会文化事项对个人、社会群体所造成的客观后果"，从个体到组织再到社会，描摹了"社会价值观决定社会目标，社会规范界定了为达目标可采用的手段"④ 等社会性现象，从而见微知著地佐证了社会结构对社会组织的制约和规制，缺乏媒介生产与所处社会制度、历史语境因果关系的深层理解，自然引起批判主义视角的关注。

二、媒介生产与批判研究

文化研究并不在意媒介维持社会秩序的长期功能，而是关注媒介如何影响普通人日常生活的问题，即媒介生产中的意义生成。法兰克福学派（Frankfurt School）认为资本主义社会的现代媒介及其文化系统生产了大众文化与流行文本，这种批量复制的文化是一种"文化工业"，也是社会控制和社会操纵

---

① MERTON R K. Bureaucratic structure and personality [J]. Social Forces, 1940, 18(4): 560-568.
② GIEBER W. People, Society and Mass Communication [M]. New York: The Free Press, 1956: 160-172.
③ 奥利弗·博伊德·巴伊特. 媒介研究的进路 [M]. 汪凯, 刘晓红, 译. 北京: 新华出版社, 2004: 377.
④ 罗巴特·K. 默顿. 社会理论和社会结构 [M]. 唐少杰, 齐心, 译. 南京: 译林出版社, 2015: 114, 159, 346.

的主要工具。西奥多·阿多诺（Theodore Aerno）认为媒介生产的流行文本歪曲了现实，掩盖了现实境况，消解了社会冲突，也缓和了阶级对立。① 赫伯特·马尔库塞（Herbert Marcuse）提出流行文本创造出一种"虚假意识"，即符合统治阶级利益的一种意识形态立场。② 由此，生产"文化工业"的媒介与其他资本主义机构并无不同，都在维护资本主义经济和精英特权统治的权力金字塔与意识形态控制中的既得利益。而瓦尔特·本雅明（Walter Benjamin）则认为文化工业虽"消弭了艺术原创的灵光，却将艺术从资产阶级的占有和控制中解放出来，放逐至消费层面"③。

大众媒介在生产信息的同时，也在生产文化，媒介生产文化与欧洲传统文化的高雅、精英特质形成异质反差，引发欧洲社会的关注。在批判主义前提下，伯明翰学派将媒介生产纳入一个特定的、有文化建构的语境，用"流行文化"（popular culture）概念替代包罗感情色彩的底层、大众、消费主义、商业艺术等诸概念，与广泛存在的精英文化、历史悠久的民间文化进行对比，理查德·霍加特（Richard Hoggart）的"工人文化"④，雷蒙德·威廉斯（Raymond Williams）的"文化的三种类型"⑤，保罗·威利斯（Paul Willis）的"反学校文化"⑥，汤普森（E. P. Thompson）的"英国平民文化"⑦ 等，一方面，重新赋予工人阶级群体以历史尊严和社会价值，寻求文化发展路

---

① 马克斯·霍克海默，西奥多·阿多诺. 启蒙辩证法［M］. 渠敬东，曹卫东，译. 上海：上海人民出版社，2003：1.
② 赫伯特·马尔库塞. 单向度的人［M］. 刘继，译. 上海：上海译文出版社，2014：122.
③ 瓦尔特·本雅明. 机械复制时代的灵光［M］. 李伟，郭东，译. 重庆：重庆出版社，2006：53.
④ 理查德·霍加特. 识字的用途：工人阶级生活面貌［M］. 李冠杰，译. 上海：上海人民出版社，2018：201.
⑤ 约翰·斯道雷. 文化理论与大众文化导论［M］. 常江，译. 北京：北京大学出版社，2019：77.
⑥ 保罗·威利斯. 学做工：工人阶级子弟为何继承父业［M］. 秘舒，凌旻华，译. 南京：译林出版社，2012.
⑦ E. P. 汤普森. 共有的习惯：18世纪英国的平民文化［M］. 沈汉，王加丰，译. 上海：上海人民出版社，2020.

径；另一方面，指出媒介生产的流行文化惯于凸显"大传统"，遮蔽"小传统"①，以个体对规范性文化的接受而完成文化霸权，在特定的历史条件与社会关系中，大众媒介生产的流行文化成为"变化得以发生的场地"②，遵循着马克思的"力场"理论，在剥削/抵制剥削、家长制/服从的权力关系中共同形成文明的连续体。斯图亚特·霍尔（Stuart Hall）认为媒介生产和媒介文本解读都是由多元主义文化决定的，这一研究"使传播学研究告别了主客体对立意义上的单一主体"，转向"主体间性"。③

传播政治经济学将媒介生产研究置于企业的发展与广阔的政治经济语境之中，考察经济及政治制度对媒介运作的影响和功能，尤其关注媒介所有权、媒介运行机制、政府和政策对媒体行为与内容的影响，强调结构性因素与劳动过程对传播的生产、流通、消费的影响等。④ 北美的达拉斯·斯麦兹（Dallas W. Smythe）⑤ 在"受众商品论"中重申资本对媒体生产的决定作用，赫伯特·席勒（Herbert Schiller）⑥ 就媒介组织被政府与大公司垄断后的地位与资本来源，指出媒介组织的服从性，博加特（Leo Bogart）提出当代美国媒介生产根据市场规则来量身定做，而商业原则是媒介产品生产中的压倒性因素⑦。在全球化进程中，媒介生产落到少数媒体寡头的手里，技术发展并未改变"富有的媒体、贫穷的民主"的社会现状，"当媒介故意生产出与现

---

① 罗伯特·雷德菲尔德. 农民社会与文化：人类学对文明的一种诠释 [M]. 王莹，译. 北京：中国社会科学出版社，2013.
② HALL S. The Whites of Their Eyes: Racist Ideologies and the Media [M]. London: Lawrence and Wishart, 1981.
③ 单波. 在主体间交往的意义上建构受众观念：兼评西方受众理论 [J]. 新闻与传播评论，2002：138-147，268，275.
④ MCCHESNEY R W. The Political Economy of Communication and the Future of the Field [M] //曹晋，赵月枝. 传播政治经济学英文读本：上. 上海：复旦大学出版社，2007：264-265.
⑤ SMYTHE D W. Communications: Blind spot of Western Marxism [M] //曹晋，赵月枝. 传播政治经济学英文读本：上. 上海：复旦大学出版社，2007：39.
⑥ SCHILLER H I. Introduction to Information and the Crisis Economy [M] //曹晋，赵月枝. 传播政治经济学英文读本：上. 上海：复旦大学出版社，2007：65.
⑦ BOGART L. American media and commercial culture [J]. Society, 1991, 28 (6): 62-73.

实存在不对应的信息时，媒体管理者就成了思想管理者"①，丹·席勒（Dan Schiller）通过对信息社会理论的批判捍卫了信息社会时代的劳动价值论，进一步深化了信息商品化的本质。文森特·莫斯科（Vincent Moscow）、罗伯特·麦克切斯尼（Robert McChesney）等通过关注结构性问题阐述了传播技术生产力的发展与文化传播，在资本积累、资本主义尤其是垄断和消费资本主义发展中的关键性作用，反复强调美国国家推动文化信息产业的商品化，国家通过管制机制与法规，行使资本积累保证者的基础性角色。莫斯科、萨斯曼（Gerald Sussman）与棱特（John A. Lent）等从传播产业中的劳工状况、劳资关系，以及信息传播产业国际劳动分工中劳工的从属地位与他们争取权益的种种努力等，探讨了媒介生产的制衡因素。

媒介作为社会组织之一，其组织生产当属于一种意识形态生产。格奥尔格·卢卡奇（Gyöargy Lukács）认为"物化"已经直接从经济领域扩展到政治上层建筑和意识形态领域②，路易·阿尔都塞（Louis Althusser）指出，意识形态通过想象性置换与异化的表述，反映了个人与其实在生存条件的想象关系③。安东尼奥·葛兰西（Antonio Gramsci）④ 突破"经济论"与"唯心论"的局限性，认为国家对媒介的管理和引导正是对媒体生产意识形态功能的倚重，所谓赢得霸权，就是国家在社会生活中确立道德、政治、知识的领导，并将自己的利益等同于整个社会的利益。詹姆斯·库伦（James Curran）提出资产阶级改变报业经济基础是为了巩固新时期本阶级在意识形态领域的主导地位，并非单纯的新闻出版自由对政府控制的胜利。⑤ 尼古拉斯·加汉姆（Nicholas Graham）认为文化工业运用特有的生产方式、行业法人组织等

---

① SCHILLER H. The mind managers [M]. Boston：Beacon Press，1972：1.
② 卢卡奇. 历史与阶级意识：关于马克思主义辩证法的研究 [M]. 杜章智，任立，燕宏远，译. 北京：商务印书馆，2014：148.
③ 斯拉沃热·齐泽克，泰奥德，阿尔多诺. 图绘意识形态 [M]. 方杰，译. 南京：南京大学出版社，2002：97.
④ 安东尼奥·葛兰西. 狱中札记 [M]. 曹雷雨，姜丽，张跃，译. 北京：中国社会科学出版社，2000：193.
⑤ CURRAN J. Capitalism and Control of the Press [M] //曹晋，赵月枝. 传播政治经济学英文读本：上. 上海：复旦大学出版社，2007：298.

来生产和传播文化商品和服务等。① 戈尔丁和默多克（Peter Gloding and Graham Murdock）② 认为经济基础和上层建筑之间存在一个间隔，间隔中存诸多社会、文化元素，上层建筑对经济基础的反映是一种倒置影像或假象，媒介生产作为上层建筑的反映形式之一，在传媒所有制结构、既得利益集团等关系中，传媒所谓的专业主义话语就是一种神话。

批判研究是社会研究的一大向度，一方面，批判研究视媒介生产为社会存在之一，将其置于政治、经济、社会、文化等现实语境，从社会运行、资本运作等角度对其展开批判性分析；另一方面，批判研究又将媒介生产作为社会意识形态之一，从意识形态与经济基础的互动互构关系揭示媒介生产的本质。这一研究向度确实开辟了媒介生产研究的新领域。

三、媒介生产与专业主义

新闻生产是媒介生产的重要构成，媒介生产借由新闻生产倡导专业主义。从法律和民主的角度讲，新闻"并不必然地促进积极的、赋权的民主身份，只有在国家容纳一定的自治并容忍媒体批评国家的前提下，新闻才与民主政治有关"③。新闻生产中的"客观性"④ 理念源自特定历史语境和媒体组织的职业身份认同与自我意识形态规训，类似于米歇尔·斯蒂芬斯（Michelle Stephens）所坚持的，历史语境、新闻价值对新闻传播内容和传播方式的选择有影响"⑤，赖利夫妇（Mr. and Mrs. Wrighley）就把大众传播整体置于社会大系统中进行考察，梅尔文·德弗勒（Melvyn Devereaux）认为媒介内容是

---

① 尼古拉斯·加汉姆.大众传播的政治经济学文献［M］//曹晋，赵月枝.传播政治经济学英文读本：上.上海：复旦大学出版社，2007：298.
② MURDOCK G, GOLDING P. For a Political Economy of Mass Communications ［M］// MILIBAND R, SAVILLE J. The Socialist Register. London：Merlin Press, 1973：205-234.
③ 迈克尔·舒德森.新闻社会学［M］.徐桂权，译.北京：华夏出版社，2010：139, 223.
④ 迈克尔·舒德森.挖掘新闻：美国报业的社会史［M］.陈昌凤，常江，译.北京：北京大学出版社，2016：165, 233.
⑤ 米切尔·斯蒂芬斯.新闻的历史：第三版［M］.陈继静，译.北京：北京大学出版社，2014：61, 113.

在各种社会系统的制约中进行选择的[1]。詹姆斯·哈洛伦（James Dermot Halloran）主张媒介组织身处社会，不是互不干涉，而是控制与被控制的复杂缠绕。[2] 派迪·斯坎内尔（Paddy Scannell）和戴维·卡迪夫（David Cardiff）的研究发现，媒体循环往复地再生产，以伴随的方式将私人领域和公共领域缝合为一个新的整体语境，以彼此联系的隐喻编织成共同国家生活的惯例[3]，形成"魔弹论""手电筒""镜像""刻板印象"等不同传播效果。媒介生产借助文本来源、结构、类型等表征符号建构媒介产品本身的文本性质和文本生产者对于自主性的要求，"专业主义"不仅作为职业标准和行业规范，而且成为媒介在社会资源利用和权力争夺中对自身合法化和权力话语的生产实践。

以民族志考察新闻编辑室，探讨媒介生产机制。彼得·戈尔丁与菲利普·爱利奥特（Philip Elliot）发现，新闻处于媒介计划的中心位置，最靠近权力中心，是整个媒介组织的窗口，在组织内形成地位分化。[4] 托德·吉特林（Todd Gittlin）发现媒体在领导人、公众人物、战争等内容上，采用褒贬抑扬的策略，以及"缩减时间""淡化语境"等传播手段，形成媒介惯例与政治危机[5]，这些策略折射了媒介生产对社会现实反映的"镜像"特质和媒体组织在现代社会发展中的功能变迁。赫伯特·甘斯（Herbert Gans）也发现，复杂的官僚主义系统控制着媒介生产过程，美国媒体在内容选择、价值观偏向、信源等方面存在着偏向。[6] 马克·菲什曼（Mark Fishman）在考察

---

[1] 梅尔文·德弗勒，埃弗雷特·丹尼斯. 大众传播通论［M］. 颜建军，译. 北京：华夏出版社，1989：110.
[2] HALLORAN J D. Mass media in society: The need of research［J］. Reports and Papers on Mass Communication，1970（59）.
[3] SCANNELL P，CARDIFF D. A Social History of British Broadcasting［M］. Oxford：Basil Blackwell，1991：277-280，286-289.
[4] GOLDING P，ELLIOTT P. Making the News［M］. London：Longman，1979：72-76，78-81.
[5] GITLIN T. The Whole World Is Watching：Mass Media in the Making and Unmaking of the New Left［M］. Berkeley：University of California Press，1980.
[6] GANS H J. Deciding what's news：A study of CBS evening news，NBC nightly news，Newsweek，and Time［M］. New York：Pantheon Books，1979.

地方性新闻媒体时也发现，州政府的新闻从业者与消息源的关系及其在媒介组织中受到的压力会或隐或现地影响着媒介生产。① 盖伊·塔其曼（Gaye Tuchman）提出，新闻机构和新闻工作者机构通过提供议题、控制议题权重、提供语境等策略形成媒介生产框架，无论理论层面，还是经验层面，媒体所谓的言论自由、新闻专业主义、尊重大众知情权等，都是成问题的或无效的，媒介生产是意识形态生产而已，目的在于将现状合理化。② 新闻编辑室的民族志考察从媒介场域角度深化了媒介生产研究。

媒介社会学角度探讨媒介专业主义。迈克尔·舒德森（Michael Sctudson）提出，任何行业理念都是自塑与他塑相互结合的产物，现代新闻机制是与经济、政治、社会、文化生活不断互动的。③ 新闻生产中的"客观性理念"已经从话语策略转变成被权力所吸纳并为既存社会秩序服务的话语资源。④ 实际上，客观性理念是与社会结构、社会过程互动的结果，已将自身转化成了一种如福柯（Michel Foucault）所言的"真理的暴政"（regime of truth）。⑤ 舒德森由此断论："有一些职业实践中的意识和程序会受到某种广义的意识形态的保护。"⑥ 与此观点类似，盖伊·塔其曼也提出，客观性就是一套具体的惯例习俗，它可以降低记者及其文章负责的程度⑦。保罗·约翰逊（Paul Johnson）也指出，社会史方法能够使历史成为"一种预测性的社会科学"⑧，

---

① FISHMAN M. Manufacturing the News [M]. Austin：University of Texas Press，1980：67.
② TUCHMAN G. Making news：A Study in the Construction of Reality [M]. New York：Free Press，1978.
③ 迈克尔·舒德森. 挖掘新闻：美国报业的社会史 [M]. 陈昌凤，常江，译. 北京：北京大学出版社，2016：167-169.
④ 陈昌凤. 新闻史研究的社会学转向：再读《发掘新闻：美国报业的社会史》[J]. 新闻春秋，2016（3）：4-13.
⑤ FOUCAULT M. Truth and Power [M] //FAVBION J. Power：The Essential Works of Michel Foucault 1954—1984. Harmond-sworth：Penguin，2002：131.
⑥ 迈克尔·舒德森. 挖掘新闻：美国报业的社会史 [M]. 陈昌凤，常江，译. 北京：北京大学出版社，2016：170.
⑦ TUCHMAN G. Making News：A Study in the Construction of Reality [M]. New York：Free Press，1978.
⑧ JOHNSON P E. Reflections：Looking Back at Social History [J]. Reviews in American History，2011，39（2）：379-388.

《发掘新闻》证明了"环境和结构是新闻的内容及新闻业实践的主要塑造者,必须将新闻业置于社会语境下,才能真正理解新闻的独特性及其与大环境之间的关系"①。

甘斯、塔其曼等借鉴法国学者皮埃尔·布尔迪厄(Pierre Bourdieu)等提出的"场域"概念,将媒介组织作为社会构成的特殊"场域",结合媒介生产所处社会的政治、经济、文化语境展开媒介组织生产的考察,剥离了大众传媒在"魔弹论"阶段或"有限效果论"阶段对大众媒介的迷思,将大众媒介归于社会组织之中,揭示媒介生产的内部规制因素和外部影响因素,在理论建构上具有系统论的特点,反映了媒介研究理论从微观到宏观,再到中观的演变历程。

四、媒介生产与媒介从业者

1971年,滕斯托尔·杰里米(Tunstall Jeremy)发现,在专业记者的身份认知中,专业新闻采集者是他们的最高角色定位和使命,新闻机构的雇员、全国新闻工作者的一分子、个人公民等角色则相继置后。② 彼得·戈尔丁发现,记者与其他部门制作人以不同标准、不同方式来评价能力,资源和设备的有限性等造成新闻部门与其他部门的冲突,也固化了媒体内部"新闻部门/其他部门"分化关系。③ 盖伊·塔其曼认为记者不可能撇开由其社会位置带来的观点去写作新闻,社会位置既包括地域特征,也包括社会阶层属性。④ 穆里尔·坎托(Muriel Cantor)通过探讨制片人、演员、作家、导演四个职业角色在实际工作中能够开展的实际工作和所受的限制,分析了科层组织对创造性工作的影响,认为那些自由撰稿作家受到的控制,并不比那些直

---

① HAMPTON M, CONBOY M. Journalism History: A Debate [J]. Journalism Studies, 2014, 15 (2): 166.
② JEREMY T. Journalists at Work [M]. London: Constable, 1971: 106-14.
③ MCCHESNEY R W. The Political Economy of Communication and the Future of the Field [M] //曹晋、赵月枝. 传播政治经济学英文读本: 上. 上海: 复旦大学出版社, 2007: 12.
④ TUCHMAN G. Making News: A Study in the Construction of Reality [M]. New York: Free Press, 1978.

接受雇于公司拿薪水的人少。① 媒介从业者研究基本围绕媒介生产这一中心命题展开，拓展了媒介生产研究领域。

戴维·莫里森（David E. Morrison）和霍华德·特姆伯（Howard Tumber）在考察记者是如何作为职业记者时发现，人们对于新闻业的研究，不是关注编辑对内容的正规控制，就是关注社会化后的记者必须遵从某些价值和组织安排的隐性控制，缺少的是把记者当成有血有肉的个人来研究。② 从媒介从业者角度思考媒介生产，不仅要考虑结构性因素，也要关注媒介从业者个体因素，"任务压力下的记者"是一种更人性化的个体主义视角。即媒介从业者是"体系内的操作者"（operatives within a system），而非"体系的操纵者"（operatives of a system）。作为行为主体，媒介从业者的行为、判断等蕴含着内在职业标准和准则。伯纳·罗胥克（Bernard Roshco）提出，新闻既是反映社会现实的社会产物，又是由专业组织制造的组织性产物。③ 罗胥克用"社会性"说明，媒介既是作为社会机制的组织机构及其文化产物，也是某种社会机制内部成员间彼此之间或与外界的互动方式。

简要梳理完国际学者对媒介生产研究成果，可以发现其研究重点和方法。研究重点：媒介生产研究与功能主义、文化研究、专业主义、媒介从业者等经典理论进行了互动互构，从媒介内容生产、从业者、组织运转、社会语境等多角度进行了协商式讨论，是结合具体语境进行的共时研究或历时讨论。研究方法：通常以个案研究、深度访谈、民族志、文本研究为特点，突出对研究对象的深描、解读，具有文化阐释的意味。国际学者的研究方式和理念给国内媒介生产研究提供了重要参考。

---

① CANTER M G. Prime-tune Television [M]. Beverly Hills, CA: Sage, 1980: 84-91.
② MORRISON D E, TUMBER H. Journalists at War: The Dynamics of News Reporting during the Falklands Conflict [M]. London: Sage Publications, 1988. 370.
③ 伯纳·罗胥克. 制作新闻 [M]. 姜雪影, 译. 台北: 远流出版事业股份有限公司, 1994: 11-14.

第四节　国内向度的媒介生产述评

当下，海外华人和国内很多学者在媒介生产领域从多个向度进行研究，取得了丰硕的成果。

一、媒介生产与媒介制度

陈昌凤、童兵等在关于中华人民共和国新闻传播史的变迁研究中指出，国内媒体的神圣使命是宣传国家发展的各项社会改革活动，新闻媒介始终围绕着不同时期国家发展的中心任务，充分体现了媒体的社会发展功能。[①] 芮必峰也认为国内媒介生产处于宣传管理、市场力量与专业化追求的共同语境，宣传管理贯穿于国家政权创立、经济恢复和改革发展的不同时期。[②] 阎立峰提出媒介文本生产同时受到机构与受众的制约，从机构角度讲，媒介文本受到政府的计划体制保护；从受众角度看，教化受众和娱乐受众定位了媒介的基本功能。[③] 国内媒体曾开创"批评与自我批评"的舆论监督方式，以巩固执政党与人民群众的关系，同时也教育报刊工作人员和人民群众提出正确的批评。媒体的舆论监督方式不仅是社会机构自治的表征，更是服务于国家建设的意识形态功能，媒体生产"再现、维持、适应和扩散既有意识形态框架，确保了政治变革在总体上处于执政党可接受的审慎与渐进状态，新闻

---

① 陈昌凤. 中国新闻传播史 [M]. 北京：清华大学出版社，2009：283；童兵. 主体与喉舌：共和国新闻传播轨迹审视 [M]. 郑州：河南人民出版社，1994：3-4.
② 芮必峰. 政府、市场、媒体及其他 [D]. 上海：复旦大学；2009；殷琦. 转型政治经济环境下中国传媒治理结构的变迁与走向 [J]. 国际新闻界，2012，34（6）：91-97；夏倩芳，王艳. "风险规避"逻辑下的新闻报道常规：对国内媒体社会冲突性议题彩编流程的分析 [J]. 新闻与传播研究，2012（4）：33-45，109.
③ 阎立峰. 思考中国电视：文本、机构和受众 [M]. 西安：陕西人民教育出版社，2009：8.

文本成为对政治现实符号的建构典范"①，中国政治、经济、文化发展等综合因素影响着中国的新闻传播活动。

中国媒体"事业单位，企业化管理"带有浓重的双轨制痕迹，传媒在计划经济体制和市场体制间举棋不定，一方面可能造成传媒对党和政府的依靠，缺乏风险意识、危机意识和进取意识；另一方面可能造成传媒战略缺失，难以确定终极发展目标。中国从行政导向为主的行政型治理结构向市场导向型为主的现代企业治理结构的变革方向，是经济与政治体制转型所引发的"权力分割"过程，这种由政治力量给经济力量与社会力量的部分权力让渡，深刻影响着国内媒介生产，使传媒生产成为"政治力量与经济力量"对"权力的分享"和"巧妙结合"②，并造成社会力量的边缘化。

媒介制度分析是对媒介生产的宏观研究，对国内政治、经济、文化语境等综合因素的分析为国内媒介生产分析，尤其是电视生产研究提供了系统性语境。

二、媒介生产与媒介组织

洪兵③对《南方周末》的研究中关注了中国媒体生产的组织、社会规制等特征，并深入探讨了公共表达与知识分子的媒介表达等问题。张志安④用民族志的方式考察了《南方都市报》编辑部，揭示了中国媒介组织内部其生产逻辑和社会控制因素之间的互动关系，也探索了媒介从业者在媒介组织内的突围与协商措施。陆晔将媒介生产看作一种社会过程，认为在中国现有的新闻体制下，行政命令和意识形态管理代替了新闻专业主义为基础的社会控

---

① 常江.《新闻联播》简史：中国电视新闻与政治的交互影响（1978-2013）[J]. 国际新闻界，2014（5）；郭镇之. 中国电视史[M]. 北京：文化艺术出版社，1997；艾红红.《新闻联播》研究[M]. 北京：中国广播电视出版社，2008.
② 殷琦. 转型政治经济环境下中国传媒治理结构的变迁与走向[J]. 国际新闻界，2012（6）：91-97.
③ 洪兵. 转型社会中的新闻生产[D]. 上海：复旦大学，2004.
④ 张志安. 编辑部场域中的新闻生产[D]. 上海：复旦大学，2006.

制机制。① 夏倩芳认为宣传管理、媒介组织、消息来源左右着媒介新闻生产的实践过程，各种权力关系的非正式动态博弈贯穿于中国社会转型中的新闻生产领域。② 宣传部门是媒介的直接管理者，芮必峰认为宣传部常态下发的"宣传通知"、审稿制度、宣传任务等，为媒介生产构筑了清晰明确的边界和有形控制的空间。③ 正因为意识形态、行政命令、社会关系和人情等复杂因素控制着媒介组织，在编辑和记者之间，编辑尽可能减少管理部门对记者采编活动的限制，编辑不愿意层层传达这类限制，宁愿在审稿时严格把关审稿。④ 而记者主动与宣传需要挂钩，则是组织活动规训、个人实践综合平衡的结果。媒介组织层面的民族志考察、深访等开启了国内媒介生产研究的新路径，研究领域主要集中在新闻生产领域，纪录片、综艺等领域，也陆续有民族志考察的研究成果出现。

三、媒介生产与媒介融合

媒介融合背景下媒介生产语境发生巨变。孟建认为媒介融合改变了传统媒体发展，也影响着媒介化社会的社会意义和个体意识的建构⑤，黄旦、李暄认为媒介融合是社会形态的变化，通过数字元技术平台从不同维度上重新整合媒体，媒介组织只是全球化网络社会的一节⑥，南长森、石义彬⑦、乔

---

① 陆晔.新闻生产过程中的权力实践形态研究［C］//第二届中国传播学论坛.信息化进程中的传媒教育与研究.上海：复旦大学出版社，2003：96-107.
② 夏倩芳.党管媒体与改善新闻管理体制：一种政策和官方话语分析［J］.新闻与传播评论，2004（0）：124-133，234，243.
③ 芮必峰.媒体与宣传管理部门的权力关系：以"命题作文"为例［J］.新闻大学，2011（2）：27-32.
④ 陆晔，潘忠党.成名的想象——社会转型过程中新闻从业者的专业主义话语建构［J］.新闻学研究，1991（71）.
⑤ 孟建，赵元珂.媒介融合：粘聚并造就新型的媒介化社会［J］.国际新闻界，2006（7）：24-27，54.
⑥ 黄旦，李暄.从业态转向社会形态：媒介融合再理解［J］.现代传播（中国传媒大学学报），2016（1）：13-20.
⑦ 南长森，石义彬.媒介融合的中国释义及其本土化致思与评骘［J］.陕西师范大学学报（社会科学版），2012（3）：159-166.

保平[1]、党东耀[2]等分别从本土化、舆论引导、媒介融合本质等视角对媒介融合语境下的媒介生产进行了学理探讨。

媒介融合背景下电视生产方式、理念也在发生变化。胡智锋及其团队[3]围绕当下电视传媒发展的现实境遇，集中关注了全国一二线视听媒体的融合、转型、重构与局变等现状，对电视节目生产、内容、渠道、平台、营销、终端等环节展开分析并提出对策。此外，高晓红、李智[4]、孔令顺、张佳阳[5]、李德顺[6]等对电视媒体的新闻、综艺、评论等不同节目类型的生存发展提出应对策略。廖媌婧[7]、邵鹏[8]、王辰瑶[9]、李勇[10]、张柱[11]等都对媒介融合时代下的媒介生产进行了思考和探讨。王辰瑶[12]还通过对国内外 77 家传统媒体融合转型案例的分析发现，传统媒体融合转型在科层管理、人员建设、生产习惯、传媒思维等方面存在实际困难，77 家传统媒体融合转型鲜少有成功案例，但是传媒生态变迁引发和催逼着传统媒体不得不继续尝试可能的转型模式。尹连根、刘晓燕[13]借助对国内报业的实证分析，发现传统媒介

---

[1] 乔保平，冼致远，邹细林．再论媒介融合时代广播电视舆论引导能力的提升［J］．现代传播（中国传媒大学学报），2014（1）：35-39．

[2] 党东耀．媒介再造：媒介融合的本质探析［J］．新闻大学，2015（4）：100-108．

[3] 胡智锋，刘俊，周建新，等．2014 年中国电视研究论文述评［J］．当代电影，2015（3）：168-178．

[4] 高晓虹，李智．试析传播新格局下电视与新媒体的相互借力与共赢［J］．国际新闻界，2013（2）：22-28．

[5] 孔令顺．文化电视：深度娱乐的转向与救赎［J］．中国电视，2018（6）：90-93．

[6] 李德顺．浅议媒介融合背景下电视新闻评论节目的突围之道［J］．新闻记者，2010（7）：77-79．

[7] 廖媌婧．场域理论视域下的东方卫视节目生产研究［D］．上海：上海大学，2015．

[8] 邵鹏．媒介融合语境下的新闻生产［M］．杭州：浙江工商大学出版社，2013．

[9] 王辰瑶．结构性制约：对网络时代新闻生产的考察［J］．国际新闻界，2010（7）：66-71．

[10] 李勇．新媒体语境下电视新闻生产研究［D］．武汉：武汉大学，2012．

[11] 张柱．新媒体时代的电视新闻生产：平台思维与流程再造［M］．北京：中国人民大学出版社，2016．

[12] 王辰瑶．新闻融合的创新困境：对中外 77 个新闻业融合案例研究的再考察［J］．南京社会科学，2018（11）：99-108．

[13] 尹连根，刘晓燕．"姿态性融合"：中国报业转型的实证研究［J］．新闻与传播研究，2013（2）：99-112，128．

融合转型中，基于国内媒介组织国有性质和管理模式，上级管理部门是媒介领导层人员任职的决定性因素，基层职业提升遵循着科层制考核，因此在媒介从业者内部存在领导层"姿态性融合"和基层不主动的现实情况。张昆、周钢[1]通过对位于中国中部的湖北日报报业集团9位新闻从业者的访谈发现，被访谈者大多认为传统报业融合仍有较大发展空间，认为该集团在新媒体内容生产、技术研发力量、盈利模式等方面存在着一些现实的困境。吴自力[2]通过考察中国东部沿海上海报业集团的融合转型发现，在传统媒体融合转型中有两股力量，一股是行政部门强烈的"救市"行为，另一股是传统媒体不甘落后的市场化探索，传统媒体融合转型之路不易，南方报业传媒集团通过深耕主业、融合转型和多元经营，虽一定程度上稳住了阵脚，却也需要在发展机制、多元经营和产品融合等方面继续改善和提升。

媒介融合与媒介生态变迁引发广泛思考，媒介融合对产业层面、竞争环境、管理机制、产权控制等造成冲击。彭兰认为数字环境下新闻生产主体表现出万众皆媒、万物皆媒的可能，新闻生产具有分布式、碎片化、进行时式的特点，以人为媒的社交分发和基于算法的智能分发两种模式逐渐普及，商业化平台逐渐成为用户获取新闻内容的重要渠道，数字时代的新闻生态包含职业新闻生产者和无数个体、组织乃至机器共同构成的泛新闻生态系统，这种系统是有序与无序的混杂、专业与业余的并存，是公共生活与私人生活的互动，也是媒介景观与社会景观的共融。[3] 喻国明认为，互联网作为一种不同于传统媒介的"高维媒介"，改变了以往以"机构"为基本单位的社会传播的格局，代之以"个人"为基本单位的社会传播，在互联网逻辑下，呈现个人操控社会传播资源的能力被激活、个人湮没的信息需求与偏好被激活以

---

[1] 张昆，周钢. 省级党报集团融合发展中的现实困境及路径选择：以湖北日报传媒集团为例 [J]. 新闻界，2016（4）：38-44.

[2] 吴自力. 问题与对策：南方报业转型发展分析 [J]. 新闻大学，2014（2）：148-152.

[3] 彭兰. 数字时代新闻生态的"破壁"与重构 [J]. 现代出版，2021（3）：17-25.

及个人闲置的各类微资源被激活等新的社会传播态势。①

边疆民族地区的媒体融合也引发学界和业界关注。石蓉蓉通过考察人口较少民族地区肃南裕固族自治县广电媒体融合情况，认为民族地区原有媒介中的"数字鸿沟"和"困难阶层"阻碍了媒介功能的发挥与媒介技术的普及。② 张宏树提出差异化、特色化内容传播是民族地区传媒发展的重要策略选择，民族地区媒体应成为地方性知识的挖掘者、建构者与传播者。③ 李世举从公共信息服务模式角度提出民族地区媒体发展可以侧重发展公共信息服务水平，以不断满足公众多样化需求。④

相较其他边疆地区，西藏具有自身的特殊性和重要性，西藏媒体对西藏社会的和谐稳定发挥着不可或缺的重要作用，不少学者也极为关注融媒时代西藏媒体的发展。袁建等以西藏传媒集团为例，依从西藏媒体自身传播优势、特殊的舆论引导使命，探讨了西藏媒介融合的路径和创新模型。⑤ 脱慧洁持续关注了西藏电视媒体的生产、转型等问题，从全媒体视角思考了西藏电视节目的生产与转型路径，从媒介社会学视域探讨了西藏电视新闻节目的现状、语境与生产转型路径。⑥ 泽玉等从西藏电视新媒体建设情况，探讨了西藏电视媒体转型路径等⑦，方园通过对西藏新媒体发展现状及受众涉入两个方面入手，阐述西藏地区现代媒体技术带来的"包裹式"体验及西藏媒介

---

① 喻国明，张超，李珊，等."个人被激活"的时代：互联网逻辑下传播生态的重构：关于"互联网是一种高维媒介"观点的延伸探讨［J］.现代传播（中国传媒大学学报），2015（5）：1-4.

② 石蓉蓉.人口较少民族地区广电系统的媒介融合策略：以肃南裕固族的媒介调查为例［J］.电视研究，2016（2）：45-48.

③ 张宏树，杨欣.地方性知识的挖掘者、建构者与传播者：媒介融合时代民族地区传媒选择探析［J］.黑龙江民族丛刊，2016（4）：126-130.

④ 李世举.民族地区公共信息服务模式与发展对策［J］.当代传播，2014（1）：63-65.

⑤ 袁建，王平，漆家颖.探索边疆民族地区媒体融合发展的新路径：西藏传媒集团媒体融合创新实践研究报告［J］.西藏民族大学学报（哲学社会科学版），2016（3）：91-95.

⑥ 脱慧洁.全媒体时代民族旅游节目的转型发展：以西藏卫视《西藏旅游》为例［J］.青年记者，2014（32）：55-56.

⑦ 泽玉，罗布桑珠，罗布次仁.少数民族地区电视媒体转型路径探析：西藏电视台新媒体个案分析［J］.中国广播电视学刊，2016（11）：115-118.

融合发展中存在的瓶颈和问题的思考①。刘小三等提出少数民族地区媒体要通过依靠地域特色，在媒体融合的进程中走出一条差异化发展之路。② 媒体融合发展是边疆少数民族地区媒体发展的重要出路，也是其担负的维护国家统一稳定、推进民族团结特殊使命的必然选择。程孝平等③通过西藏电视台在媒体融合发展中着力打造"看西藏"品牌的案例分析，分析了西藏电视媒体融合发展的特点、存在的问题，探讨边疆少数民族地区媒体融合发展的路径选择。詹恂等④从西藏自治区三大党媒西藏日报社、西藏电视台和西藏人民广播电台旗下的"两微一端"发展现状，分析了各个平台的用户数量、分布情况和各自的运营特色，以及各自的发展现状、局限和前景，认为西藏党媒的"两微一端"应增强党媒在现代涉藏传播体系中的传播力。类似，西藏地方高校研究群体、西藏媒体业界以及西北、西南高校部分研究者都是西藏媒体转型的常态化关注群体，涉及对西藏传统媒体的发展现状及媒体融合的进程、特点、问题与方向等内容的探讨与思考。

综上，海外华人和国内研究者相关研究成果呈现以下特点：第一，研究内容上，在借鉴国外媒介生产研究基础上，结合中国国情对媒介生产中的内容、从业者、媒介技术展开了广泛探讨，从多角度丰富了国内媒介生产研究；第二，研究方法上，集中于对国内一线媒体的关注和探讨，以调查问卷、新闻编辑室的民族志考察、文本分析、思辨等方法，探讨了国内一二线媒体生存现状，勾勒了当前国内媒体生产现状、问题以及可能的转型方向。

西藏媒体作为三四线媒体，伴随着国家广电事业发展、国家援藏政策形成了自己的发展特点和历史，在媒体融合浪潮中进行了一定的探索，也存在

---

① 方园. 媒介融合环境下西藏新媒体发展现状及"包裹式"受众体验研究［J］. 西藏民族大学学报（哲学社会科学版），2019（4）：125-131.
② 刘小三，尉朝阳，程孝平. 基于地域特色选择的西藏媒体融合差异化路径探究［J］. 西藏民族大学学报（哲学社会科学版），2020（6）：150-154，166.
③ 程孝平，旺青. 边疆少数民族地区媒体融合路径选择：推进媒体融合打造"看西藏"品牌［J］. 中国电视，2019（1）：108-112.
④ 詹恂，孙宇. 西藏党媒"两微一端"的发展现状及传播力分析［J］. 现代传播（中国传媒大学学报），2019（6）：143-149.

一些亟待破解的困局和关键点，成为本研究得以关注的立足点。首先，在国家顶层设计下，西藏地方广电媒体进行了组织融合，西藏电视媒体创新研究正处于进行时样态，在传统媒体融合探索进程中，需要结合西藏地方实际，根植于西藏区情实际、西藏地方媒体历史进程与媒体现状等，深入探索西藏电视媒体转型发展的可能路径；其次，关于西藏电视媒体创新的学理研究和本质探讨不够深入，需要正视媒介融合和西藏现实，创新媒体转型机制、影响力提升机制和媒介管理机制，这也成为本研究的开拓空间。

第五节 研究方法

一、个案研究法

对西藏电视台的个案调查，从宏观层面来说，是将西藏电视台作为国内媒体研究的个案之一展开分析；从微观层面来说，将西藏电视台不同节目的个案进行分析。

以西藏电视台作为研究个案关注西藏电视台媒介生产，就意味着：（1）对西藏电视台生产历史的研究；（2）对西藏电视媒体组织内部场域及其生产文本的研究；（3）在省级电视媒体行政区划下，对西藏电视生产的研究，就涉及西藏本土核心电视媒介使用者的文本接触与使用研究。

生产历史、生产场域、生产文本、媒介使用者涉及不同领域，不同环节需要不同的研究方法，并最终形成关于某一研究主题的"解剖麻雀式"的深入研究。

二、人类学民族志田野调查方法

西藏电视生产研究，涉及西藏电视台组织内部场域调查和当代西藏社会大众对西藏电视节目接触域使用情况调查两个向度。在具体调查中有共同点，也有不同点。

1. 进入方式

在明确研究取向、研究对象和研究目的等准备工作之后，我开始进入西藏电视台展开半渗透式民族志田野调查。人类学田野调查向来主张进入方式决定着调查结果的差异。人类学通常有两种调查方法：一种是借用正式的行政路径进入①。这种进入方式，其优点在于能够得到地方管理者的认可和支持，从而容易得到管理者所掌握的相关资料，而缺点就出在调查资料或事实常因研究对象的敬畏、疑虑而遭到掩饰或更改。另一种是通过非正式的渠道进入②。这种通过个人关系建立的纽带，在调查者进入调查地点之后，能够比较容易得到研究对象的信任和合作，有利于田野工作的顺利进行，当然这种熟悉也可能会造成人们对熟悉场景的"熟视无睹"。

人类学对传统村落、部族等纯粹陌生环境的调查，通常都要求调查者长时间的同吃同住同劳动，新闻单位不同于传统社会组织或环境，它是现代社会组织，媒体强大的舆论监督功能和新闻单位所特有的意识形态功能，使得进入新闻单位调查就非个人随意行动，加上西藏自治区长期以来的维护社会稳定区情，都对进入西藏新闻媒体进行民族志调查提出了严格的要求。

---

① 注：早期的国外人类学者以殖民地政府官员或管理地方事务机构委托调查的身份，经由地方管理机构进入当地人居住的部落进行田野工作，如马林诺夫斯基的《西太平洋上的航海者》、弗雷泽的《金枝》、玛格丽特·米德的《萨摩亚人的成年》等都采用了此种方式。当代的人类学者也常常采用介绍信，通过地方行政管理机构进入调查点，如国内学者曹景清的《黄河边上的中国》、吴毅的《小镇喧嚣》等都是借助这一方式。

② 注：调查者可以通过个人关系进入调查点，如林耀华的《金翼》、庄孔韶的《银翅》、熊培云的《一个村庄里的中国》等，都是作者归国后直接进入自己出生并长大的村子展开的村落调查，项飙的《跨越边界的社区》是借助亲友关系进入北京的"浙江村"。有时候，调查者还可以直接或逐渐进入调查点，在与某个调查对象建立良好的个人关系时，得以深入到当地社会生活之中。如卜卫的《流动的家园》借助熟悉深圳"的哥"的田阡教授的牵线搭桥，很快进入"攸县的哥村"并建立信任关系；阎云翔的《私人生活的变革》是作者在驻留海外之前有在黑龙江"下岬村"的流落和生活经历，很容易建立起信任的关系。而李培林的《村落的终结》和他当年的博士生蓝宇蕴的《都市里的村庄》等，都是作者进入自己身边的"城中村"展开调查。

对西藏电视台的民族志调查，我是借助"部校共建"① 计划进入西藏电视台的，在具体调查中，又借助熟人、朋友等个人关系更为多方面、深入地进行了资料获取。从这个角度看，本次调查是通过行政路径进入，又借助个人关系开展了深入访谈。这一混合着行政体制和个人关系的调查方式，在调查过程中，既有容易获得资料的优势，也难免访谈对象为保证不犯错而无可避免地掩饰等缺憾，当然，在一线体验和多次深入访谈中形成的良好的个人关系，也使访谈对象在受访中有了或感性抒发或理性思考等主体性特征。

对西藏传统家庭中个体媒介接触或使用情况的调查，我是在工作中展开的：（1）作为西藏生源学生的班主任，在平时的教学管理中，与学生展开一对一、一对多的媒介使用、家庭情况等调查，积累了初步的资料；（2）基于新冠疫情，需要对学生动态的了解，使用藏语和汉语，对学生家庭进行一一访谈，通过微信语音方式，与每个家庭进行访谈和交流。缘于师生关系的信任和便利，以学生作为"中介者"对西藏传统家庭不同代际不同成员展开访谈，获得了一手材料。

简言之，在"陌生之处观察日常生活"，将观察对象"置于他们自己的日常系统中"，"按照其生活模式变化程度"② 来揭示不同社会主体的行为意义。

2. 调查方式

为了全面了解西藏电视台的媒介生产情况，我的调研实践分为，集中时间进入媒体调查、微信调查、补充调查三个阶段。集中进入媒体时段主要在2018年5月-7月，2019年6月-7月这两个时段，乘着夏季高原氧气含量丰沛时节进入西藏电视台、西藏地方媒体展开调查；微信调查阶段主要在藏历新年之际，在西藏家庭成员举家团圆之际展开关于媒体接触或使用情况的调查，同时，因为语言使用情况，能对调查对象进行在家庭成员间的互证；补

---

① 注：部校共建始自上海市委宣传部与复旦大学合作共建新闻学院，2015年西藏自治区宣传部与西藏民族大学新闻学院开始"部校共建"计划，"部校共建"的工作内容之一，就是媒体和学院互派人员挂职。

② （美）克里福特·格尔茨. 文化的解释［M］. 韩莉，译. 南京：译林出版社，2017：18.

充调查阶段,是根据我在写作、修改论文中遇到情况,针对具体信息进行的数据补充或信息核实。相比集中进入媒体的时段,后续补充调查的时段更长。

对西藏电视台的调查从三个层面展开:一是在台领导同意下,进入台里高层次会议进行听会,如台里进行的策划会议等;二是进入具体节目中心等,了解节目具体运作情况;三是根据调研计划对具体人员进行个人深度访谈。

在我联系要展开调查后,电视台内部应该在例会中说明了这一情况,为了让自己的民族志调查在尽量自然的状态下进行,根据受访对象的交流情况①,参与观察法②、深度访谈法③就成为我在西藏电视台展开民族志调查的主要方式。

根据研究需要,本研究涉及的深度访谈对象框架覆盖西藏电视台的台内和台外两个向度。台内深访对象囊括电视台管理层(党委书记、台长、副台长、总编辑);中间执行层(各中心主任、各栏目制片人)、编辑、基层记者;为参考西藏媒体整体所处语境,台外深访对象涉及人民网西藏频道总编、记者,地市电视台(原拉萨电视台、原拉萨电台、日喀则电视台)、西藏自治区网信办、西藏自治区党委宣传部、原西藏人民广播电台、西藏日报社、康巴卫视,堆龙德庆县级融媒体,总计40余人。而在后期补充调查和信

---

① 注:在决定到底是用调查问卷,还是访谈提纲的时候,我看到调查对象在我拿出访谈本进行记录时,语言表达和身体语言都从原来的放松状态转入到严肃状态,我果断放弃了问卷方式,采用半结构式访谈提纲,而且部分内容采用的是事后补记方式;此后,所有民族志调查环节,都采用半结构式深度访谈。
② 注:参与观察法,就是将研究者作为"墙上的苍蝇"静观被研究者的情况。这种方法,一则,要发挥研究者的主观能动性,通过自己的所见、所闻发现研究对象的日常工作、生产关系或场域特征等;另则,可以尽量少的干扰从业者,让自己沉浸式进入受访对象的具体工作场景,直接观察受访对象的生产状态、话语交流和精神面貌等,能"身在其中"直接体验,从而挖掘和解读受访对象所处环境的内部场域生产和组织文化。
③ 注:深度访谈是依据我前期规划的访谈对象和半结构访谈提纲稳步推进的,是结合主要研究问题与受访对象进行的一对一的深入交流,很多个深度访谈,不是在西藏电视台的"善小书吧",就是在电视台不同的节目中心进行的。

息核实中，又多次回访了部分访谈对象，这种回访甚至形成一种"常态化的交流"①，这也成为本研究的最大收获之一。

调研期间，我还在电视台总编室了解了电视台具体节目策划、节目制作、收视数据等内部资料和相关文件。

关于西藏传统家庭的媒介使用情况的深度访谈结合了西藏自治区市区县、城乡农牧、家庭结构等人口学变量，西藏自治区辖有七个地市73县域，囊括西藏社会城市、乡镇、农区、牧区等不同地域；家庭情况包括三代、四代同堂的传统大家庭，也包括两代一家的核心家庭；以家庭作为调查单位，根据家庭规模大小，人员构成规模，每个家庭访谈时长从40分钟到120分钟不等，访谈内容涉及西藏传统家庭经济、日常生活，重点关注家庭内部不同成员的媒体使用情况尤其是对西藏电视节目收看、评议情况。

3. 数据处理方式

如何处理和使用个案调查和民族志访谈资料，是一个不断探索的问题。李培林把这方面的处理方式梳理成两大类型，一类是"文本概括法"，即将调查资料和受访者的话语转化成精炼、条理化的文本语言表达出来，如费孝通的《江村经济》，李景汉的《定县社会概况调查》等；另一类是"文学概括法"，它是将原材料加工成一个完整的故事或小说，如芝加哥学派的怀特（W. F. Whyte）之《街角社会》，林耀华的《金翼》就属于此类。②访谈资料作为生活语言，具有话语/本位，符号/意义、能指/所指的双重性，而研究者的解释是基于研究者自身的一种"解码"和"建构"，研究者和被研究者并非主体和客体的关系，而是主体间性的关系。③

处理数据是一种艰难的过程，在"浅描"与"深描"之间存在"意义结

---

① 注：国家在媒介融合方面出台新的政策和措施后，我的访谈对象还会给我发送西藏电视台的最新动态。
② 李培林. 村落的终结：羊城村的故事 [M]. 北京：生活·读书·新知三联书店，2019：139.
③ 李培林. 村落的终结：羊城村的故事 [M]. 北京：生活·读书·新知三联书店，2019：142.

构的分层等级"①，在"厚重描述"（thick description）和"理论阐释"（theoretic interpretation）之间，要分类甄别意义结构（structures of signification）以确定这些结构的社会基础和涵义②，不仅要"通过细节表现被研究者的文化传统、价值观念、行为规范、兴趣、利益和动机"，还要求"从资料中产生理论假设，然后通过相关检验和不断比较逐步得到充实和系统化"③。对我而言，就是尽自己所能吧。

西藏电视台长久以来形成的严肃的整体氛围，根据"为受访者隐"的原则，使我最终在对文中所引访谈对象的身份均做了匿名化处理，即使是文末的访谈名录也是如此。我必须强调，这些经验文本不足以，而且无论如何也不应该被用来评判或暗示具体媒体的创新得失。

关于西藏传统家庭的深访资料，采用了家庭序号编码和模糊化处理，资料梳理中，对家庭成员进行了化名处理。我也必须再次说明，这些访谈内容，是作为社会个体的实际体验，并不表示或暗示特殊意味。

三、文本分析法

文本分析意味着将一定文本作为分析研究的具体对象，莱思根据文本的主要功能把所有文本划分为四类，信息型（informative）、表情型（expressive）、操作型（operative）和视听媒体类型（audio media texts）。④ 信息型文本主要表现事实、信息、知识、观点等；表情型文本用于表达信息发送者对人对物的情感和态度，其语言具有美学的特征；操作型文本旨在感染或说服读者并使其采取某种行动，以读者和效果为导向，其语言形式通常具有对话的性质，关注点是信息的接受者及对他们的感染作用。⑤ 视听媒体类型文本特指

---

① （美）克里福特·格尔茨. 文化的解释 [M]. 韩莉，译. 南京：译林出版社，2017：8.
② （美）克里福特·格尔茨. 文化的解释 [M]. 韩莉，译. 南京：译林出版社，2017：20.
③ 张志安. 编辑部场域中的新闻生产 [D]. 复旦大学，2006：7.
④ Chesterman A. （Eds）. Readings in Translation Theory [C]. Helsinki：Oy Finn Lectura Ab，1989.
⑤ 张美芳. 文本类型、翻译目的及翻译策略 [J]. 上海翻译，2013（11）.

文本使用形式。

　　对西藏电视生产的研究，需要文本分析方法，文本分析包含三个向度：（1）对西藏电视台从业者媒介生产场域文本的分析（操作型）。通过民族志调查，对西藏电视组织生产场域的操作型文本进行分析，以了解西藏电视媒体生产的组织生产特点、场域特征，以及西藏电视生产所处的具体现实语境、困境和现实问题。（2）对西藏电视台媒介生产内容文本的分析（信息型和视听媒体类型）。媒介文本是构成媒介生产研究的要素之一，媒介组织围绕媒介产品进行日常化运作，本研究在田野调查之外，借鉴话语、叙事、经济、政治、社会等相关理论，对西藏电视台公开传播的媒介作品进行"文本细读"。一则，从电视节目文本生产体量、质量、类型等，可以整体了解西藏电视台作为省级视频媒体所担负的社会组织功能和组织产出情况；另则，通过精读西藏电视台不同节目文本，能细致把握西藏电视媒体生产所具有的共性和个性，以图在借鉴央视和国内一流电视媒体的融合发展现状，针对文本分析中反映的症候和特点，从互文的角度，发现和探索可供西藏电视节目生产的可能路径。（3）对西藏传统家庭不同个体媒介接触分析，尤其是西藏电视台媒介传播内容文本的分析（表情型和信息型）。以西藏传统家庭作为研究对象之一，通过与不同家庭成员的深访，重点关注西藏藏语使用者对西藏电视媒体的收看、节目评议等，针对性提出西藏电视转型的方向和可操作策略。

第二章

一路追赶的区域电视

西藏电视台于1985年8月20日正式建台，如果加上之前9年的筹备期，迄今已有40多年的发展历史。西藏电视台的发展既见证了边疆民族地区省区级电视台乃至全国电视业的勃兴与发展，也共同经历着当下电视从低谷到转型的历史关口。本章将在梳理西藏电视台40多年发展历史的基础上，对其基础建设、政策语境、媒介生产等进行描述和分析，重点从媒介社会学角度对西藏电视生产逻辑与路径框架展开探讨。

第一节 最晚起步与建设路径

1970年开始，中国电视业进入第二个飞速发展时期，出现了全国性建台浪潮[1]，在全国范围内开展的"电视会战"，搭建起了全国电视节目联播网，中国电视进入"联播"时代[2]。为了及时传递国家和党的声音，在国内第二次电视扩建潮中，西藏电视台于1976年10月开始筹建，就此汇入国内电视节目生产与传播的洪流之中。1985年8月20日，西藏电视台正式播出电视节目，成为国内最晚建立的省级电视台。

西藏电视台的起步可以分为筹备和初建两个阶段。

---

[1] 常江. 中国电视史（1958—2008）[M]. 北京：北京大学出版社，2018：100-101.
[2] 《当代中国的广播电视》编辑部. 中国的电视台[M]. 北京：北京广播学院出版社，1987：21，384.

一、筹备之期的两条路径

筹备之初,西藏电视台严重缺乏采编力量,设备条件非常落后,"全台只有4人,1部家用摄影机、2部摄影机、1台黑白电视转播车、1部100瓦发射功率的彩色电视发射机和7部电视接收机"①。作为地方一级媒体,自筹备伊始,西藏电视台确定的媒体定位是"向中央电视台提供新闻、专题类节目为主(电影胶片制作)"②。为及时传递国家声音,并向中央台传递西藏地方声音,在自身产出条件不允许的条件下,为满足电视台节目播出需求,最大可能地丰富电视荧屏,筹备期的西藏电视台采用了"借米下锅"与"自力更生"这两条生产路径。

(一)"借米下锅":借人建台与借节目播出

"借米下锅"是指西藏电视因自身力量有限而向其他媒体借人才、借节目。

借人建台。1976年9月,自治区党委核心领导小组与革委会批准西藏广播事业局组建电视台筹备组(无级别建制)。③ 当时,西藏当地严重缺乏电视人才,为顺利推进西藏电视播出工作,西藏电视台借人发展。首先,抽调和借用国内其他省区电视专业人才援助西藏电视台的建设,借用了吉林广播电视局的干部何仁,吉林电视台的播音员李晓梅,黑龙江省佳木斯电视台技术员李景才,到1977年,江苏无锡广电局电视发射工程师邓玉龙、陕西广电厅事业处工程师黄小成,也参与援助西藏电视台的筹建工作。④ 此后,10多名大学毕业生先后分配到筹备组。另外,西藏广播事业局还从西藏日报社、西藏电台抽调有经验的工程技术人员到电视台筹备组工作。在兄弟省区电视

---

① 江村罗布. 辉煌的二十世纪新中国大纪录·西藏卷 [M]. 北京:红旗出版社,1999:479.
② 拉巴平措,陈庆英,朱晓明. 西藏通史:当代卷:下 [M]. 北京:中国藏学出版社,2016:1303.
③ 西藏自治区地方志编纂委员会. 西藏自治区志·广播电影电视志 [M]. 北京:中国藏学出版社,2005:73.
④ 西藏自治区地方志编纂委员会. 西藏自治区志·广播电影电视志 [M]. 北京:中国藏学出版社,2005:73.

台、大学毕业生和西藏当地其他媒体的合力之下，西藏电视台筹备期的人才队伍，从最初的 4 个人，发展到 1983 年的 165 人。① 到 1985 年，西藏电视台正式成立，已经有译制部、技术部、发射台、总编室、翻译组、专题（对外）部、新闻室、节目科、播音组、行政科等科室，基本形成了体系完整的组织机构，实现了西藏电视台的建立和传播。

借节目播出。筹备之初，西藏电视人才紧缺、设备落后，一时之间"难为无米之炊"。为此，电视台派专人到中央电视台录制新闻、专题片等节目，在西藏电视台播出。早在新中国建立之初，广播事业局②（1950 年）和中宣部（1955 年）就先后发布行政公文，对地方媒体的生产和传播提出了要求：一是要求地方媒体向中央媒体提供地方内容，二是地方媒体要无条件转播中央媒体内容。③ 借由行政机制形成的"内容供给"和"传播秩序"，一方面使国家级媒体获得了覆盖地方的信息网络，另一方面也为地方媒体与中央媒体搭建了内容交换的机会。在此制度背景下，1979 年 10 月，西藏电视台开始转播由航空每天运送的中央台彩色电视录像带，1982 年开始播出央视录像节目。这些录像带和录像节目都是央视已经播过的专题片，西藏电视台形成了录制、转播中央电视台新闻节目（主要是新闻联播节目）、专题片的行政行为与交换关系。在自身组织力量、专业人才、硬件设施紧缺的现实情况下有了电视播出的"下锅之米"，不仅客观上解决了西藏地方电视产出有限的

---

① 西藏自治区地方志编纂委员会．西藏自治区志·广播电影电视志 [M]．北京：中国藏学出版社，2005：73．
② 现在的国家广播电视总局自 1949 年 6 月成立至今，其间经历 10 余次更名，依序为：中国广播事业管理处（1949 年 6 月）、广播事业局（1949 年 11 月）、中央广播事业局（1952 年）、广播事业局（1954 年）、中央广播事业局（1967 年）、广播电视部（1982 年 5 月）、广播电影电视部（1986 年 1 月）、国家广播电影电视总局（1998 年 3 月）、国家新闻出版广电总局（2013 年 3 月）、国家广播电视总局（2018 年 3 至今），机构名称更名，相应有上级主管单位变化。详情可参看国家广播电视总局之广播电视机构沿革．
③ 1950 年 4 月 1 日，广播事业局公布《广播事业局关于各人民台联播中央人民广播电台节目的规定》，1955 年中宣部转发了《广播事业局关于组织地方人民广播电台承担中央人民广播电台集体记者的决定》，规定地方台记者有为中央台采集并供给重要新闻的职责。改革开放之后，又以一系列行政法规的形式，扩展到电视新闻领域，各地方电视台、转播台、电视差转台和有限电视台必须以专用频道完整转播中央电视台一套的节目，并禁止在转播过程中以任何形式中断节目或插播自办节目。

阶段性困境，也满足了西藏当地老百姓看电视的需求。

（二）"自力更生"：自主开办四类电视节目

"自力更生"是西藏电视台作为媒体组织行动者的主体性表现，作为地方一级媒体，筹备期的西藏电视台同时尝试"自力更生"生产电视节目。

20世纪80年代，正值改革开放初期，中国在经历十年"文革"后进入全面建设时期，国家通过一系列重要会议①明确支持电视生产，尤其是1983年国家实行"四级办电视"政策，电视机的普及程度与电视信号的覆盖力获得飞速发展，西藏电视台也在此波建设热潮中开办了新闻节目《西藏新闻》，制作并播出了首部西藏电视纪录片《欢腾的草原》，录制并播出了一些文艺表演节目，筹拍了第一部藏族题材电视剧《还愿》。西藏电视台由此形成了新闻、文艺、纪录片、电视剧这四种节目类型，搭建起了电视节目生产与播出的主要框架。

二、初建路上的风格与类型

（一）领导关心

起步最晚的西藏电视媒体受到了党中央、国务院的亲切关怀和自治区党委、政府的大力支持。1984年，中央第二次西藏工作会议确立了西藏地方发展"援藏"制度，西藏电视台获得了国家政策的大力扶持。在1985年8月，曾经负责西藏和平解放工作的邓小平同志给西藏电视台题写了汉语台名，阿沛·阿旺晋美同志题写了藏语台名。1985年9月，在西藏自治区成立20周年时，中央代表团团长胡启立，副团长阿沛·阿旺晋美、李鹏、李铁映到西藏广播电视局了解西藏广电事业发展情况，指导西藏电视台的建设发展工作，表达了中央领导对办好西藏电视、发展好西藏电视的愿望。当年的西藏

---

① 这一时期召开的广播电视会议有《第一次全国电视节目会议》（1979年月8月，北京），《全国广播事业规划会议》（1980年2月，北京），《第二次全国电视节目会议》（1980年6月，北京），《第十次全国广播工作会议》（1980年10月，北京），《第三次全国电视节目》（1981年4月，北京），《全国电视新闻工作座谈会》（1981年4月，青岛）。

自治区主要领导①胡锦涛等，更是长期关注西藏电视台的发展，西藏电视台在中央领导、自治区领导的重视与关心下走上了快速发展的轨道。

（二）联播机制下的"上报"生产

1981年4月，全国电视新闻工作座谈会出台《中央广播事业局（集体记者）工作试行条例电视新闻工作细则》，规定各省、自治区、直辖市电视台都是中央台的集体记者，有责任、有义务向中央台提供新闻并必须转播《新闻联播》节目。② 自此，西藏电视台成为央视的集体记者，定期向央视提供第一手的新闻素材，无偿转播央视的一些新闻节目，形成"上报"生产模式。

西藏电视台给央视提供的内容，主要是西藏地方新闻、地方文艺，西藏和平解放及民主改革之后的发展成就。组织运作机制下的内容上报行为，使国家级电视台实现全国省区地方信息荟萃与地方行政区划全覆盖，另外，"上报"生产，也成为地方建设与发展成就之内容汇报，兼具地方政绩宣传和地方文化展演的意味。

与央视开始多层面的合作，是西藏电视台"上报"生产的另一种形式。中国媒体生产直接受命于中央宣传部，广播电视媒体同时受中央广播事业局的管理，在中宣部的常规统筹中，很多主题报道和宣传活动需要国家级媒体和地方媒体合作完成。西藏电视台与央视的合作，主要表现在三个层面：

1. 重大政治节庆的合作

在逢十、逢五的国庆周年、建党周年、改革开放周年等规律性重大政治节庆中，或逢西藏和平解放周年、民主改革周年、自治区成立周年等西藏地方重要政治节日时，西藏电视台以集体记者身份为央视提供相关主题的地方

---

① 刘春．足迹：纪念西藏电视台成立30周年（1985—2015）[M]．拉萨：西藏电视台出版，2015：3．历任西藏自治区地方党委书记或自治区主席，如郭金龙（2000年）、热地（2000年）、列确（2000年）、杨传堂（2005年）、张庆黎（2006年）、陈全国（2012年）、洛桑江村（2015年）等，在不同时间都有到西藏电视台视察指导工作。

② 中央电视台《当代中国的广播电视》编写组．电视新闻资料选编[M]．北京：中央电视台研究，1984：11．

内容，成为国家电视台凭借媒介机制建构统一国家治理的有机组成部分，如《新闻联播》中的新闻专栏、专题片的西藏，文艺节目中的西藏等。

2. 西藏重大经济建设成就的合作

国家每个阶段的"五年计划"中西藏取得的成就，中央历次西藏工作会议后国家治藏方略下西藏地方执行并获得的成就等，都是西藏电视台上报的重点内容，也是台内内容生产的重点。

3. 常态化合作

在国家电视台的各类宏大叙事的专题片、宣传片中，常常需要西藏地方媒体"及时"或"特此"上报西藏不同区域之地理风貌，西藏特有的藏历新年、雪顿节等传统节日，以西藏地方自然季节之变化、民族文化之发展，汇入国家级电视台关于中华民族多元一体的媒体景观建构、"天涯共此时"的媒体仪式营造等媒体生产体系。

（三）行政区划中的"下达"生产

建台之后，西藏电视台实行藏汉双语混频播出，其节目设置一方面要"向中央台提供新闻和专题类节目"①，另一方面，也要切实服务于西藏社会现实需求。

开办地方联播新闻。与西藏电视台同步而生的《西藏新闻》，是西藏电视台生产和播出历史最久的节目，也是西藏电视台的重点节目之一。1987年的西藏电视台与西藏人民广播电台记者整合为一体，成立西藏广播电视厅新闻部，派出外采记者记录西藏各地信息，当时西藏交通极其不便，外采记者到一个县采访，坐车往返需要4天时间，拍摄的电视素材都是托人送到拉萨，采写的新闻都是通过邮局发电报传回编辑部，译制人员又翻译成文字交给编辑部编发。② 作为地方一级电视媒体，西藏电视台在层级建制中仿制了央视的"集体记者"模式，将西藏7地市拉入了西藏电视台记者队伍，为西藏电视台提供稿件，同时不断扩大通讯员队伍，外采记者、集体记者、通讯

---

① 拉巴平措，陈庆英，朱晓明. 西藏通史：当代卷：下［M］. 北京：中国藏学出版社，2016：1303.
② 刘兆春. 足迹：纪念西藏电视台成立30周年［M］. 拉萨：西藏电视台，2015：64.

员稿件的联合力量使西藏电视台有了自制的新闻稿件。受交通条件、稿件转译、电视制作技术、人才力量等综合因素影响,开播早期的《西藏新闻》只有汉语版本,以西藏地方为叙事空间,每期10分钟时长,在后期发展中《西藏新闻》不断更名、改版,内容也不断丰富、调整。

电视纪录片的"自制"与"译制"。当时台内设7个机构,其中有新闻部、节目部和译制部3个专业部门。[1] 节目部负责纪录片生产,译制部负责纪录片的藏语译制。首先,"自制"纪录片以专题片为主。这些专题片由电影胶片制作,摄影师将成片放映在墙面白纸上,再用摄像机拍摄后用电缆发送到发射台播出[2],当时制作了《中伊健儿登珠峰》[3]《仁布略影》《扎寺喇嘛的一天》[4] 等,共计50多部,很好地承接和完成了专题片宣传任务,也满足了台里的播出需求,并且获得了不俗的成绩。其次,"译制"纪录片以央视专题片为主。在国家政策扶持下,1986年开始,西藏电视台在录制播出央视节目基础上,开办了《知识之窗》《动物世界》《世界各地》《华夏掠影》等栏目。西藏电视台纪录片中心的一位制片人指出,"这些栏目都是把央视电视专题片录像后,进行藏语译制播出,主要内容是自然风光、科技知识等"(D-52-M-XZTV-202008)[5]。在西藏电视生产能力和生产体量都有限的现实情况下,节目援藏客观上满足了西藏电视台的内容播出需求,也极大地丰富了西藏观众的精神文化生活。

"剧场录像式"文艺节目与"藏历春晚"的出现。西藏藏族老百姓素来喜好唱歌跳舞,西藏电视台自开播之后,就将西藏自治区各类文艺团体举行的文艺表演进行录制并播出,这种"剧场录像式"内容是西藏电视台最早的文艺节目类型。1984年,第二次西藏工作座谈会召开,《中华人民共和国民

---

[1] 西藏地方志编纂委员会.西藏自治区志·广播电影电视志 [M].北京:中国藏学出版社,2005:75.
[2] 索群.西藏电视事业及发展战略 [J].中国藏学,2005(3):184-191.
[3] 《中伊健儿登珠峰》,这部纪录片被作为国家礼品,送给伊朗国王巴列维。
[4] 《仁布略影》《扎寺喇嘛的一天》,这两部作品被央视列为国庆35周年优秀展播节目。
[5] 本文在引用深度访谈田野笔记时,对受访者都做了编码注明,编码的内容依次为受访者姓氏或名字第一个字(大写字母)、年龄(数字)、性别(M为男,F为女)、调查地点、调查时间,引用文字用楷体。

族区域自治法》颁布实施。国家希望通过大力改善少数民族的生活、生产和文化设施，恢复、重建大量宗教设施等举措，修补受到损害的国家—社会关系。① 在此背景下，西藏电视台推出了首届藏历春晚，"藏历春晚"承载着国家治藏战略下西藏地方关于国家统一、地方稳定和发展的重大政治任务，西藏地方一级大型联欢晚会正式进入媒介生产的历史视野，成为最受重视的西藏电视节目之一，也是西藏当地老百姓最喜欢的电视节目之一。

藏族题材电视剧的创作。承接《还愿》所形成的反思与批判性话语风格，初创期的西藏电视台陆续制作播出了《弯弯的吉祥河》《玛玛山的牧歌》《8个活着的人》《达瓦卓玛》《旺堆的哀乐梦》《阿古登巴的故事》《他们的地平线》《一个难忘的夏季》《藏边深处》等18部电视连续剧和《旦增的一天》《小罗布》《拉萨河畔的钟声》《市场一角》等6部电视短剧。这些电视剧带着寻根文艺的烙印从原始形态的生活方式中去挖掘民族心理的积淀，挖掘传统文化对民族心理的塑造和影响②，并且通过多姿多彩的题材，着力塑造各具风姿和神韵的荧屏人物形象，"执着地追求着中国电视剧的美学品格，自觉地探索了电视剧的民族作风和气派"③。这种反思风格也出现在20世纪80年代末期青海、甘肃等涉藏省区电视台的电视剧类中，如《格萨尔王》《藏民飞骑》等剧，塑造了藏族史诗英雄、当代革命战争英雄的形象。西藏题材电视剧在初创期的反思风格并未脱离其作为文艺作品而附带的文化建设功能。作为艺术类型之一的藏族题材电视剧不仅书写着国家变迁与时代脉动，而且记录和反映着社会发展与民生动态。初创期的西藏题材电视剧正是在这样的创作语境中，在思想上、创作风格上呈现出鲜明的开放气质，兼备文化艺术的审美特性和藏族文化传播的民族性④

---

① 关凯. 改革开放：制度的重建与意义的流变 [N]. 中国民族报，2013-08-02.
② 吴秋雅. 纪录与建构：中国电视剧1978—2008年发展综述 [J]. 当代电影，2008 (10)：82-88.
③ 曾庆瑞. 荧屏守望：电视剧理论与批评自选集 [M]. 北京：中国文联出版社，2014：19.
④ 脱慧洁. 藏族题材电视剧的叙事流变 [J]. 湖北民族学院学报（哲学社会科学版），2013 (6)：88-91.

三、西藏电视生产的基调形塑

西藏电视台是在国家政策扶持下,由国家级电视台、兄弟省区电视台和西藏地方报纸广播媒体众力协同建成的。西藏电视台的建立完成了中国媒体建制在行政区划上的全面覆盖,搭建了国家信息在西藏地方自上而下进行传播的平台,也开启了西藏地方媒体层级建设的历史。

在起步阶段,西藏电视台依靠"借米下锅"与"自力更生"两条路径,借鉴和模仿了国内其他电视媒体的生产类型、方式等,形成了西藏地方电视内容生产的初步模式与框架。

作为地方一级媒体组织,西藏电视台与国内地方媒体一样,首先,承载着传递并解释国家信息的媒体功能;其次,在行政区割与地方文化差异背景下,成为地方内容生产的主要载体之一;最后,西藏电视台是西藏地方视频内容的主要载体,在现代媒体发展史上发挥过、并将通过转型升级继续发挥地方媒体的建设功能。

第二节 黄金期的起舞

进入20世纪90年代,中国电视事业获得发展机遇。央视重新区割时段,出现了《东方时空》《焦点访谈》《新闻调查》等代表性电视新闻节目,"电视湘军"以综艺节目走出一条特色之路,电视语态变化促使电视内容创新,最晚建台的西藏电视台乘着电视发展的黄金时机,不断追赶国内电视事业发展的脚步。

一、基础建设与频道建设

西藏地广人稀,不利于人们及时接受广播电视信号,同时,西藏本土以藏语观众为主体,听不懂汉语节目,藏语观众对国家通用语言的掌握与使用有一个过程,这一时期,为改变这些制约因素,在已有基础与经验上,西藏乘着中国电视发展的黄金时机获得了发展机遇。

持续推进基础建设。首先，稳步建成西藏地方电视传播体系。1989年，拉萨卫星地面站建成投入运行，西藏电视台开始实况转播中央电视台节目。在全国电视事业扩大版图的时候，1995年西藏有线电视台投入使用，至1997年，两年多时间里，山南、昌都、那曲、日喀则、林芝等地区的有线电视网陆续投入使用。[1] 其次，边疆大型工程开始建设和使用。1998年，为解决西部地区广大农村和边远山区百姓"看电视难""听广播难"的问题，国家实施了"村村通"广播电视工程。西藏广播影视厅与各地市签订目标责任书，年内陆续建成644座"村村通"广播电视站，同时建成358座电视单收站、30座有线电视站、22座电视收转站、130座广播收转站、96座广播电视收转站、8座扩建站，完成30座县级电视台和1200座各类广播电视台（站）设备改造任务，维修电视发射机、调频发射机、太阳能电源设备等百余部[2]，极大地提高了西藏广播电视覆盖率，推动了国家信息建设和传播的力度。

增开新频道。随着20世纪90年代国内电视节目的丰富和电视媒体影响力的扩大，全国电视行业掀起了频道扩建的热潮。经历初步发展的西藏电视台，在援藏政策、实力积聚和经验积累的基础上，在全国电视黄金时期的喧闹中，也加入增开频道的热潮。1999年10月1日，根据国家广播电影电视总局兰州会议纪要精神和广发社字〔2000〕954号文件通知要求，为落实国务院办公厅国办发〔1999〕82号文件精神，西藏自治区对自治区广播电影电视局所属有限和无线电视台实施合并，增开了西藏电视3频道和4频道[3]，形成了省区级电视台的频道规模。

经济生活服务频道（XZTV-3，也称3频道），由原西藏电视台的2频道和原西藏有线电视台阳光18频道合并而成。该频道主要覆盖拉萨市区，以经济生活为切入点，节目内容以经济信息、股市资讯、市民衣食住行、生活百事为主，同时滚动播出综合频道的时政新闻条目。2002年该频道停播，

---

[1] 拉巴平措，陈庆英，朱晓明．西藏通史：当代卷：下［M］．北京：中国藏学出版社，2016：1305．

[2] 中国新闻年鉴社．中国新闻年鉴2000［M］．北京：中国新闻年鉴社，2000：115-117．

[3] 韩庆元．中国广告媒体：广播电视卷：上［M］．北京：中国标准出版社，2002：225．

2014年5月23日复播,汉藏双语播出,2019年12月再次停播。影视文化频道(XZTV-4,也称4频道),在西藏有线电视台新闻综艺频道基础上改造而成。该频道在电影、电视剧之外,也播出影视咨询、文化娱乐、音乐文艺等节目,每周固定举办一次以影视文化新闻为主的藏语节目,同时滚动播出综合频道的重点时政新闻。[①]

二、电视援藏开启

为培育西藏地方广播电视人才,广播电影电视部、央视、内地高校、内地兄弟省区电视台等持续开展"电视援藏"活动。这一时期电视援藏主要表现在干部援藏和节目援藏两个方面。

干部援藏为西藏电视事业发展注入了新的活力。(一)挂职交流。从1990年开始,中央电视台、河北、甘肃、山东等省的5位援藏人员进入西藏电视台工作。1993年10月,由各省市派出的援藏干部先后进藏。1995年,根据第三次西藏工作座谈会精神和国家机关的统一安排,广播电影电视部又派出5名行政管理干部援藏,张小平等国家机关干部进藏援助西藏广播电视事业建设。1997年7月,依据全国广播影视系统援藏会议精神,河南、广西等10省市派出16名编播和技术人员到西藏进行为期3年的援藏工作。这些援藏工作队伍,进入西藏电视台,通过"师带徒、专题讲座、现场指导"等方式,为西藏电视台培养了一大批敢想敢干的业务骨干,为西藏电视事业的发展奠定了基础"[②]。(二)人才培养。早在1979年,在山西太原就专门开办了服务西藏的广播电视中专班(后迁至成都广播电视中专学校);北京广播学院也每年为西藏培训一定数量的编、采、播人员;央视、兄弟省区电视台接纳西藏电视台人员交流或者到西藏电视台展开挂职交流。为促进西藏广播电视人才队伍建设,西藏广播事业局也在西安、咸阳招收30名优秀青年进藏工作。(三)广电系统对口援助西藏电视。1996年12月,广播电影电视

---

① 韩庆元. 中国广告媒体:广播电视卷:上[M]. 北京:中国标准出版社,2002:225.

② 刘兆春. 足迹:纪念西藏电视台成立30周年[M]. 拉萨:西藏电视台,2015:184-189.

部主持召开"全国广播影视系统援藏工作会议",制定了广电影视系统援藏工作的方针、政策、原则等,也制定了广播影视系统援藏的经费、物资、设备、节目、技术、人才等工作计划,落实了一批援藏项目。

三、节目类型丰富与产能提升

(一)新闻节目的扩充

随着西藏电视事业不断发展,为满足电视播出需求,西藏电视台全面推进新闻、专题、文艺、社教等各类电视节目。

联播节目不断改版、再编与译制。经历初创期新闻生产的经验积累,这一时期的西藏电视台不断改版和调整新闻节目。1996年,《西藏新闻》改名为《全区新闻联播》,1998年改为现名《西藏新闻联播》[1],参与并逐渐形塑了国内省区电视新闻生产和播出的框架与模式。有线电视传播体系的建立和卫星播出,对西藏电视台节目生产提出增量需求,在产出不足、人才有限等实际情况下,1996年西藏电视台将《全区新闻联播》汇总后再编为周播节目《一周要闻》;另外,又在《全区新闻联播》基础上,以深度报道和新闻评论形式再编为周三、周日播节目《每周报道》。[2] 再编的《一周要闻》《每周报道》都以藏汉双语播出,不仅解决了西藏电视台内节目资源有限、新闻节目不足的问题,而且解决了西藏不同区域电视接触差异造成的电视新闻实际到达有限的问题,扩大和提升了西藏电视新闻传播效果。1999年,西藏电视台又将央视《新闻联播》再编为15分钟的汉语版《正午直达》(后改为《午间新闻》)播出。《午间新闻》风格定位为"快、短、活",强化对前一天晚上到当天上午发生的区内重要新闻的报道,并及时报道国内外重大事件和区内各地(市)新闻等。[3] 再编自《西藏新闻联播》的15分钟时长的汉语

---

[1] 《中国广播电视年鉴》编辑委员会. 中国广播电视年鉴 2012 [M]. 北京:北京广播学院出版社, 2012:383.

[2] 《中国广播电视年鉴》编辑委员会. 中国广播电视年鉴 2012 [M]. 北京:北京广播学院出版社, 2012:383.

[3] 《中国广播电视年鉴》编辑委员会. 中国广播电视年鉴 2012 [M]. 北京:北京广播学院出版社, 2012:383.

版《晚间新闻》亦是如此。《晚间新闻》的风格为"深入、民生、服务、趣味",强化对新闻背景的挖掘,加大民生新闻的报道力度,注重新闻资讯的服务性,旨在展现西藏面貌和风土人情。①

同时,西藏电视台延续对央视《新闻联播》和《西藏新闻联播》的译制播出。基于地方媒体传输枢纽定位与省区电视媒体内在发展诉求,地方媒体在内部资源分配上,强调对国家声音和地方执行内容的及时准确传输。在行政赋权下,作为国家声音载体的央视《新闻联播》成为全国地方媒体新闻生产的执行标杆,省区执行载体《西藏新闻联播》在组织内部得到资源倾斜,在生产环节上得到高度重视。国家级与省区级"联播新闻"文本被不断再编、译制,在传播环节上"广告式"重复播出,一方面是地方媒体对国家声音接力传输制度的行政执行,另一方面,也是对国家顶层设计声音与省区级执行实践的凸显和强化,以实现和提高传播内容的有效到达,当然,不乏因为地方电视组织产能有限,多举措利用已有内容。

初试电视评论节目。《每周报道》中的深度报道和新闻评论版块,开启了西藏电视新闻评论节目的生产历史。1998年1月1日,《每周报道》更名为《新闻视点》,真正的西藏电视评论节目正式开播。《新闻视点》在文本形式上借鉴了20世纪90年代电视语态,发挥了电视媒体专长,以"正面宣传为主,运用现场报道、跟踪报道等形式,多角度、多侧面、多层次地报道社会关注的热点、难点问题"②,体现电视媒体"平民化的风格和人文关怀的精神定位"③,《新闻视点》栏目因此获得"中国新闻优秀栏目"称号④。

在新闻产出有限和藏语观众实际需求不断扩大的现实矛盾中,西藏电视台也在努力拓展藏语新闻节目。1999年9月15日开播的《新闻综述》是藏语新闻节目,主要报道国内外以及自治区重要新闻,介绍重要的新闻背景资

---

① 《中国广播电视年鉴》编辑委员会. 中国广播电视年鉴 2012 [M]. 北京:北京广播学院出版社,2012:383.
② 西藏自治区地方志编纂委员会. 西藏自治区志·广播电影电视志 [M]. 北京:中国藏学出版社,2005:76.
③ 孙玉胜. 十年:从改变电视的语态开始 [M]. 北京:生活·读书·新知三联书店,2003:2.
④ 中国新闻年鉴社. 中国新闻年鉴 2008 [M]. 北京:中国新闻年鉴社,2008:177.

料，对重大新闻事件、社会问题和现象进行分析、评论。① 文本由《每周要闻》和《新闻分析》两个版块构成，每周15分钟，周末播出。

评论节目《新闻视点》《新闻综述》的出现，是时代变化的症候，也是西藏电视台作为社会组织主体的主动行为。20世纪90年代，中国电视中《焦点访谈》《新闻调查》《东方时空》等节目类型的拓展、语态的变迁，引领了中国电视媒体在舆论监督、话语表达方式方面的巨大变化，对不断追赶国内电视的西藏电视台来说，在电视援藏机制的扶持下，依托已有生产经验和组织资源，借助电视改革机遇，在民族地区电视媒体双语传播要求下，尝试并丰富电视新闻节目类型、内容，是社会组织的一种积极行动力，当然多数节目的周播频次、重复播出也是产出有限的现实反映。

（二）电视文艺专题节目的出现

进入20世纪90年代，西藏电视台除了继续进行"剧场录制"文艺节目与"藏历春晚"这一大型综合文艺晚会的制作之外，也开始制作专题文艺节目，出现了《七色风》《西藏风情》《邦锦美朵》三档文艺专题节目。

西藏民众能歌善舞，不仅自身喜欢歌舞娱乐活动，而且也喜欢收看歌舞类节目。随着西藏电视事业的快速发展，"剧场录制"的文艺节目，既不能满足西藏电视日常节目播出的需求量，也不能满足老百姓想看、多看文艺节目的需求。因此，西藏电视台对自己的电视文艺晚会进行了再编再播，在此情况下，《西藏风情》栏目于1995年应运而生。此栏目每期30分钟，对西藏文艺晚会内容分片段再传播，或者分主题再传播。片段化、主题化传播晚会歌舞节目，受西藏电视台文艺节目产量所限，这是地方电视台对原创内容的再挖掘，也是地方电视媒体结合自身核心受众的收视喜好与需求而进行的资料再利用。

这一时期，凭借对电视节目生产经验的积淀，在"藏历春晚"这一大型文艺晚会之外，西藏电视台开始把西藏老百姓的歌舞活动搬上日常电视荧屏，西藏电视文艺杂志节目开始出现。1995年1月1日，《七色风》栏目创

---

① 西藏自治区地方志编纂委员会．西藏自治区志·广播电影电视志［M］．北京：中国藏学出版社，2005：76．

办，分《文化沙龙》《视觉西藏》《真情传递》三个版块，以展现西藏地方歌曲、舞蹈为节目内容。①《文化沙龙》版块是对西藏艺人或艺人团体的访谈，《视觉西藏》版块是关于西藏的专题，与新闻部门的专题节目有重叠交叉，《真情快递》是音乐电视版块。2015年《七色风》全面改版以后，每周6期，每期30分钟，以串编形式呈现西藏各地歌舞，展现西藏歌舞之乡的魅力，更是将西藏百姓生活的"小传统"引入电视传播的"大传统"，使西藏电视成为西藏社会脉动的记录者和传播者。

青少年是电视媒体的重要收视群体，为满足西藏青少年儿童的收视需求，西藏电视台也开办了少儿电视杂志节目《邦锦美朵》，栏目分为《同学》《校园直通车》《七彩舞台》。其中，《七彩舞台》版块就是西藏少年儿童的才艺展示。从版块定位来看，其叙事方式侧重于新闻性，而非文艺性，缺乏童趣、童心，并不符合少年儿童的观赏习惯和观赏心理。

文艺专题节目能够通过版块设置、内容选择、主题策划等，对西藏地方文艺内容、人才、故事等展开长期生产，这反映了西藏电视台制作生产能力的提升。结合西藏老百姓的日常生活与休闲娱乐方式，西藏电视在日常电视文艺生产中将电视生产与百姓生活相结合，确立了地方电视媒体贴近百姓、贴近群众的生产路径，呈现了西藏地方电视生产的媒介景观。

（三）继续译、产电视纪录片

西藏电视台的频道扩建、双语播出要求，给西藏电视纪录片提供了制作播出空间。1996年以后，西藏电视台新开办了《社会广角》《凡人小事》《雪域漫谈》《高原交响曲》《在西藏》等栏目。与此同时，西藏电视台加大藏语译制力度，年译制量达到130多个小时。② 藏语卫视分频后，开播了藏语版《雪域地平线》《大千世界》等纪录片栏目，西藏电视纪录片生产形成了自己的特征（见表2-1）。

---

① 中国新闻年鉴社. 中国新闻年鉴1999 [M]. 北京：中国新闻年鉴社，1999：370.
② 索群. 西藏电视事业及发展战略 [J]. 中国藏学，2005（3）：184-191.

表 2-1　20 世纪 90 年代西藏电视纪录片生产

名称	时间/时长（分）	版块/内容	频次
在西藏	1994/30	《西藏人》《雪域漫步》《企业走廊》《艺园访谈》	半月
雪域地平线	1996/20	《雪域新人》《青年话题》《社会与青年》《走进校园》《青春旋律》《知识窗》等	月
雪域漫谈	1998/30	地域风貌、风土人情、人文景观、经济发展、模范人物	周
大千世界	1999/30	知识性、趣味性、艺术性、综合性	半月

资料来源：作者整理；时间范畴：2018—2022 年。

1. 开播数量不少的藏汉语纪录片栏目。《在西藏》《雪域地平线》《雪域漫谈》《大千世界》等栏目大多以版块形式构成，多角度、多层面反映西藏本土社会生产生活。如《在西藏》栏目先后推出了热线追踪、艺术窗口、企业长廊、信息动态、用户指南、艺人访谈、亲情传递、社会扫描、漫步世界屋脊等 10 多个版块，在庆祝西藏自治区成立 30 周年中，推出活佛转世、日喀则专辑、山南专辑等。通过对西藏本土风情、文化的原生态记录，《在西藏》反映了当代西藏社会的世情风俗，呈现出西藏老百姓普通而具有地域文化特色的生产生活状态和精神面貌，发挥了书写"地方性知识"[①]、记录当代西藏历史的重要功能。该栏目先后荣获第五届少数民族题材优秀电视节目"骏马奖"二等奖、全国海外电视节目评比"优秀栏目奖"、"星光奖"优秀栏目称号[②]等。

2. 双语生产或双语播出是常态。《在西藏》《大千世界》等都以双语版本制作和播出。西藏广播电视节目译制制作播出中心成立于 1995 年 8 月，混频播出时期，纪录片生产基本是汉语生产，只有部分节目以藏语译制播出。藏汉语分频播出以后，提出"藏汉语并重，藏语强台"指导原则，西藏电视

[①] 克利福德·格尔茨. 地方性知识 [M]. 王海龙，张家宜，译. 北京：中央编译出版社，2000：222.
[②] 中国新闻年鉴社. 中国新闻年鉴 1996 [M]. 北京：中国新闻年鉴社，1996：359.

台加大了藏语纪录片译制力度，尤其是加大了关于国内、国际优秀纪录片的译制生产力度，译制题材和内容主要选择自然、科技、动物等类型。藏语卫视成为传播知识、普及常识的重要平台，也成为藏语用户了解国内、国际的重要窗口。

3. 西藏高寒缺氧的自然条件给电视节目生产造成了实际困难。西藏电视纪录片中心的一位编导曾经谈道：

"在高海拔地区拍片，考验人，也考验机器。为了顺利拍摄，通常都用毯子或衣服包裹着机器，一切到位后，立即开机拍摄，每次拍摄取景都是一次艰苦的历程。我们都集中在4月到10月间拍摄，摄像的基本撤出去了，台里见不到人。"（Y-29-M-201806）

自然环境造成的西藏电视生产的现实语境，使一线摄像者基本都有这种经历和体验，为满足电视台播出要求，大量纪录片都是在每年的4月到10月间集中制作，因而形成了西藏本土电视纪录片的季节性、时段性特点。

4. 西藏电视整体发展水平使节目生产的总体质量不高，纪录片也是如此。从20世纪90年代全国电视事业发展总体情况来看，内地电视业全面进入黄金时期，尤其是央视、内地卫视的电视纪录片出现了杂志类、谈话类、专题类等不同类型，电视纪录片获得突破性发展。同时，改革开放给电视行业带来媒体经营理念、媒体发展策略的变化，商业广告深入电视生产领域，冠名、贴片、赞助、植入等方式进入电视纪录片领域。在此背景下，多元化的生产资本催生出不少优质的电视纪录片。在国家电视援藏政策和西藏自治区财政的支持下，一方面，西藏纪录片生产获得了政策、资金等方面的支持，已成常态电视节目，也产出了一些质量不错的纪录片作品，如《在西藏》注重呈现西藏当地的风物人情，用镜头记录西藏当代历史，构建当代西藏社会的集体记忆，成为凝聚共识的媒介景观。另一方面，不可忽略的是，西藏本土有限的市场生态，尤其是高原环境造成的西藏电视人才不足等现实情况，必然造成西藏电视纪录片生产水平有待提高。缺乏优质产品就使得西藏电视纪录片难以形成品牌效应，难以走出自治区，走向全国纪录片市场，而只能是维持西藏电视台作为社会组织的自我运转。

(四) 藏族题材电视剧的丰富

进入20世纪90年代,随着国内电视台建设的拓展、电视人口覆盖率的提升、电视机社会拥有量的增长以及电视节目套数的增多,国内电视媒体进入黄金发展阶段,电视台需要大量节目填补播出时段。《渴望》《北京人在纽约》等剧引发的大众收视热潮和良好的市场效应,带动了电视剧生产的热潮和电视剧制播分离制度的实践,从而拓展和丰富了电视剧生产的类型、主体、主题等。

同期,随着国内电视事业的发展,电视剧成为观众最为喜爱的电视节目之一,加上广告带来的资本效应,电视剧生产从电视台自产自播走向制播分离,民营资本进入电视剧生产领域。

这一时期,西方反华势力借所谓"西藏问题"制造国际舆论,国内意识形态呈现严峻情势。1994年,中央第三次西藏工作会议召开,会议提出围绕西藏的"稳定"和"发展"两件大事,研究新情况,解决新问题,进一步明确加强西藏工作的指导思想,落实加快发展和维护稳定的各项措施,努力开创西藏工作的新局面。[①] 此次座谈会做出了中央各部门和15个省市"对口援藏、分片负责、定期轮换"的重大决策,并动员各省区市和中央、国家机关援助西藏,建设了62个项目,开创了全国支援西藏的新局面。这一阶段西藏主题成为不同电视生产主体关注的领域(见表2-2),藏族题材电视剧生产在这一时代背景下呈现出新的特点。

表2-2　20世纪90年代藏族题材电视剧生产情况

名称/集数	年份	制作单位	导演	编剧	演员
走进香巴拉/3	1994	CCTV/兰州电影制片厂	徐鸿钧	尕藏才旦	加布尔/宗吉/伦珠
雪震/12	1994	CCTV/原成都军区政治部电视艺术中心	杨韬/舒崇福	舒崇福/都爱国	杜志国/多布杰/曹培昌
我的妈妈在西藏/6	1994	SCTV	欧阳奋强	王焰珍	罗西子/黄萌/普布卓玛

---

① 第三次西藏工作座谈会的召开 [EB/OL].

续表

名称/集数	年份	制作单位	导演	编剧	演员
孔繁森/6	1995	SDTV/CCTV/XZTV	王文杰	赵冬苓	高明/宋春丽/顿珠多吉
天路/6	1995	总后电视艺术中心/CCTV	王文杰	马继红/刘毅然	丁勇岱/袁茵/焦体怡
班禅东行/11	1997	空军政治部话剧团	阚卫平	孙德民	毛孩/吴京安
西藏风云/25	1999	CCTV/西藏自治区宣传部/XZTV	翟俊杰	黄志龙/徐永良	刘永生/卢奇/古月

资料来源：作者整理；时间范畴：1983—2022年。

多元主体参与藏族题材电视剧生产。这一时期，制播分离机制并未马上出现于藏族题材电视剧的生产领域，但是生产主体已延伸至央视与四省涉藏省区电视台以及山东台等援藏干部相关的地方台。省区电视台与省区党委政府、宣传部联合制作是藏族题材电视剧的主要生产方式。与其他涉藏省区电视节目一样，藏族题材电视剧是政府管理西藏地方事务的一种意识形态建设方式。作为主旋律电视剧系列之一，藏族题材电视剧同样获得中央政府的大力支持，涉藏重大题材电视剧的选题、制作、开播都有专题讨论会。不少藏族题材电视剧获得过"五个一工程"奖、"金鹰奖"等[1]，这从政策层面支持着藏族题材电视剧的发展。

在商业主义浪潮中，藏族题材电视剧也吸引了民营资本的加入，如《班禅东行》《格达活佛》《雪域天路》《西藏秘密》等剧，实现了地方电视台与社会民营公司的联合制作。不过，相对于热播剧对资本的吸纳，藏族题材电视剧的意识形态要求和民族题材电视剧普遍偏低的收视效应等，在很大程度上直接影响了民营资本对此类电视剧的投入。

生产团体聚焦于数量有限的深耕群之中，如王文杰团队制作了《孔繁森》《天路》《茶马古道》，杨韬制作了《雪震》《西藏风云》《拉萨往事》，刘德濑制作了《回到拉萨》《西藏秘密》，欧阳奋强制作了《我的妈妈在西

---

[1] 获得过"五个一工程"奖的西藏主题电视剧有《格达活佛》《西藏风云》《雪震》《西藏秘密》等。

藏》《回到拉萨》。在主流社会群体对少数民族"地方性知识"有限认知的背景框架下，藏族题材电视剧作为大众传播作品，不仅要有严肃的政治意义，也要达到电视剧类传播的大众消费需求，因而在无形之中限制了藏族题材电视剧生产主体的能动性。

艺术风格上，电视剧突出"现实主义"美学风格。首先，电视文艺直接服务于西藏地方经济社会发展需要，遵循艺术反映真实生活的美学原则。中央第三次西藏工作会议确定了西藏地方社会的头等大事是稳定和发展。1999年拍摄并播出的电视剧《西藏风云》就是以电视剧的艺术形式向海内外观众解释所谓"西藏问题"的由来。《雪震》的背景内容是20世纪50年代川西剿匪的"黑水之战"，文本展现了解放军剿匪部队与国民党残余势力的军事斗争与政治斗争，也表现了藏族内部的阶级矛盾与民族矛盾等，以体现中国共产党的民族政策和民族工作。为了再现历史，藏族题材电视剧的许多故事场景都是在历史的发生地拍摄的。作为虚构类影像作品，藏族题材电视剧的众多叙事主题都有历史来源，在表现手法上注重纪实手法，如电视剧《孔繁森》中的雪灾、收养两个地震遗孤情节等。

叙事策略上的不断探索。（1）叙事结构的探索。导演杨韬在拍摄《雪震》时表示，要结合多层次的观念，在情理之中讲述一个引人入胜的故事，意料之外塑造几个有个性的人物，在此基础上，再为观众提供耐人寻味的内涵、发人深思的哲理和难以忘怀的文化氛围。① 《雪震》还打破电视剧结尾部分的叙事窠臼，在每一集的叙事任务完成后，在结尾部分大胆尝试了抒情方式，以藏族民歌为背景，让剧中人物的主观视点和西藏的自然风光或民俗风景等空镜头组合成"突破性的结尾"。② （2）叙事主题突出国族意识与家国认同。在话语主题上，发展期的藏族题材电视剧，首先是关于西藏当代历史的革命叙事。如《雪震》《西藏风云》等，集中于对西藏和平解放、民主改革等特定历史时段、特定历史的全景式、解密式挖掘和再现，形成共产党/国民党，新/旧西藏之间的对比叙事，以建构西藏社会制度和道路是"人

---

① 杨韬. 《雪震》导演阐述雪山的思絮［J］. 当代电视，1994（10）：18-19.
② 黄林. 突破性的结尾：《雪震》的启示［J］. 中国电视，1994（9）：16.

民的选择"和"历史的选择"。又如,《拉萨往事》通过 20 世纪 20 年代到 50 年代的西藏民俗民情以及历史风貌的再现,艺术地表达了西藏与祖国同呼吸共命运的主题。其次是关于古代西藏的历史叙事。如《苏吉尼玛》《格萨尔王》等,借助西藏社会大众熟悉的历史、史诗或传说等,展开关于西藏文化传承、社会秩序稳定的话语询唤。最后是关于西藏社会的建设叙事。如《我的妈妈在西藏》《孔繁森》《走进香巴拉》等,从民族交往、国家援藏政策扶持、兄弟省市援藏等角度展现国家治藏方略下当代西藏社会的变化和发展,既有地方社会纪录和"地方性知识"展现的特征,又有国家顶层设计下西藏地方发展路径的政治话语。(3)刻画人物形象时,打破单向度人物形象,塑造了形象生动的艺术形象。如 12 集电视剧《雪震》里的国民党中将司令夏禹非,作为蒋介石学生和部下,他有忠诚、殚精竭虑的性格,作为国民党将军,又有刚愎自用和趾高气扬的特征。

藏族题材电视剧的生产样态,是国内电视剧生产的一面镜子,也因西藏地理政治的特殊性而形成了个性化发展特点。其一,从内容分类角度看,藏族题材电视剧是关于西藏地区、藏族居住区和藏族社会等相关内容的挖掘和故事呈现,在中国电视剧生产梯队中属于少数民族题材类型,其产品主要在西藏和四省涉藏州县播出,与主流电视剧市场有一定的距离。在电视剧市场与商业资本竞争中,藏族题材电视剧的生产,既有明显的国家和地方电视媒体行政规划的特征,也有地方文化挖掘与地方媒体差异化竞争的意味。其二,从生产集数看,这一时期藏族题材电视剧从单本剧走向短篇、中篇连续剧,且以中篇连续剧为主。藏族题材电视剧集从短到长的变化,是国内电视剧制作技术提升的体现,也是国内电视剧在生产过程和资本交易中降低成本、实现利益最大化的结果。

藏族题材电视剧呈现出显著的精英特质。电视剧向来"具有大众文化属性,属于大众文化产品序列",在中国文化语境中,电视剧被"主导文化和精英文化灌注其中,隐退了它的某些大众文化特性,被赋予了文化、文学艺术的某些特质"①。电视剧在叙事视角、人物形象塑造等方面多角度传递精英特质。（1）上帝视角成为20世纪90年代藏族题材电视剧最常采用的话语策略。如《西藏风云》《班禅东行》等，借助全知全能的叙事视角，全面反映西藏历史的变迁，不仅能够揭露西藏旧制度的腐朽落后，也能顺理成章地表达新制度的优越性，以及西藏人民对新制度的极力拥护。（2）人物形象塑造集中关注中国共产党领导下西藏人民当家做主这一政治主体的变化与成长。电视剧中的共产党员、传奇人物、行业杰出人员等，都是作为新西藏建设发展的话语代表和时代典范出现的，具有精英引导的意味。在国家顶层设计和新中国治藏理念下，西藏社会的历史、革命、发展都成为国家统一、民族团结框架的文本再现。

第三节　世纪初的接力

一、"西新工程"与免费落地

2000年9月16日，江泽民同志就提高国内广播电视在西藏、新疆等边远省份的覆盖率问题做出重要指示，"西新工程"② 开始实施。2001年，中央第四次西藏工作会议召开，会议提出促进西藏经济从加快发展到跨越式发展，促进西藏社会局势从基本稳定到长治久安。

国家政策不断助力西藏电视节目传播。2002年，西藏电视台与尼泊尔太空时代网络签订了西藏第一套藏语卫视节目在尼泊尔落地的协议。该协议的签订扩展了西藏电视新闻宣传空间。自2007年10月1日起，西藏藏语卫视实现全天24小时播出。2007年实施了农村中央广播电视节目无线覆盖工

---

① 曾庆瑞. 荧屏守望：电视剧理论与批评自选集 [M]. 北京：中国文联出版社，2014：19.
② 中央人民广播电台民族节目中心. 新世纪的交响：中央人民广播电台民族广播2000—2012 [M]. 北京：民族出版社，2016：23.

程。① 2007年10月,西藏卫视实现24小时向海外滚动播出,成为全国首个实现全天候不间断播出的少数民族语言频道。② 2008年12月,西藏电视台在全国有线网落地入户,并且在周边国家落地。③ 西藏不同语种频道的政策性落地,扩大了西藏电视节目的覆盖范围,提升了西藏电视节目的传播广度。

西藏广播电视节目覆盖率、到达率不断提升。2009年,西藏完成了32.4万户的广播电视"户户通"工程,解决了160多万农牧民使用直播卫星接收设施收听收看46套数字电视节目和43套广播节目的问题。④ 国家政策的持续扶持,使得新世纪初的西藏电视事业在覆盖率上不断提升,在播出空间上不断扩大,这也向西藏电视节目的增产增质再次提出要求,需要西藏电视节目不断丰富。

二、节目出新与类型扩充

21世纪初,随着西藏社会不断发展和国家治藏方略的与时俱进,西藏电视台加大了节目开办力度(见表2-3)。

表2-3 2000—2009年间西藏电视台新增节目

时间	名称	类型	主要内容
2002	西藏旅游	旅游杂志	下设《太阳风》《风光存盘》《人在旅途》《指南针》四个版块。以西藏历史文化、民风民俗、山川景色、民间故事为主要内容⑤
2003	今日西藏	新闻专题	以新闻故事的方式,以单一主题新闻事件的深度报道,展示西藏社会取得的成就和变化,传达政策信息,解释疑惑,反映民心民意,为政府决策服务⑥

---

① 中国新闻年鉴社.中国新闻年鉴2008 [M].北京:中国新闻年鉴社,2008:177.
② 拉巴平措,陈庆英,朱晓明.西藏通史:当代卷:下 [M].北京:中国藏学出版社,2016:1306.
③ 赵靳秋,余萍,刘园园.西藏藏语传媒的发展与变迁1951—2012 [M].北京:中国传媒大学出版社,2013:210.
④ 中国新闻年鉴社.中国新闻年鉴1999 [M].北京:中国新闻年鉴社,1999:381.
⑤ 《西藏年鉴》编委会.西藏年鉴2004 [M].拉萨:西藏人民出版社,2005:159.
⑥ 《中国广播电视年鉴》编辑委员会.中国广播电视年鉴2009 [M].北京:中国广播电视年鉴社,2009.

续表

时间	名称	类型	主要内容
2004	正午直达	新闻资讯	联播新闻汇总再编
	邦锦美朵	少儿文艺	西藏少儿才艺表演与集锦
2005	飞天旋韵	综艺益智	文艺演出与竞赛的藏语专题节目
	每周艺苑	文艺娱乐	西藏文艺表演的藏语专题节目
2006	明灯	文化赏读	介绍优秀文学作品、优秀作家、新人新作
	农牧天地	农牧专题	立足并服务于农牧区、展示农牧区发展成就
	荧屏导视	信息资讯	西藏电视节目导视
2008	对话	藏语访谈	讲述西藏行业阶层精英的创业经验、发展经历，以个人折射西藏的发展和变迁

资料来源：作者整理；时间范畴：2000—2022 年。

这些节目，宏观上涉及新闻、文艺、社教服务等不同类型，微观上包罗信息咨询、专题报道、电视杂志、综艺娱乐等节目形式，涉及时政、社会、文化、农牧等内容，以年均一档的新增速度，加上原有的电视节目，极大地丰富了西藏电视荧屏。2006 年，全台自办栏目达到 34 个。①

大力创办新节目的主要原因是：其一，经历 20 多年的创立和发展期，西藏电视台积淀了电视制作的实际经验，在中国电视事业发展的黄金时代，西藏电视台也能"迎风起舞"，大展身手；其二，国家援藏制度极大地推动了西藏电视台与其他兄弟电视台在资源、技术、人才等方面的密切交流，尤其是国家广播电影电视总局、中央电视台在节目方面的支援，大幅提升了西藏电视藏语译制节目的质量，使得西藏电视台的内容生产在新世纪获得了"跨越式"的发展。

三、生产特征与持续规训

随着 21 世纪以来国际舆情与西藏社会舆情的变化，作为西藏自治区省区一

---

① 《西藏自治区概况》编写组．西藏自治区概况［M］．北京：民族出版社，2009：519．

级电视媒体，西藏电视台的喉舌功能愈加突出，宣传功能愈加强化和模式化。

（一）成就报道规模化

成就报道是传统媒体生产的常规内容，媒体对发展成就的报道，既是任何一个国家意识形态建设的需求，也是媒体作为国家文化意识形态工具的主动行为。到新世纪初，经历建国前期的基础积累、改革开放的快速发展，中国国家与地方在政治、经济、文化等方面都获得了巨大发展，取得了显著成就，西藏电视媒体的成就报道是基于西藏省区地方一级国家治藏方略实践成就的媒体再现，成就报道出现于西藏电视媒体的日常报道中，尤其是重大节庆时节（见表2-4）更是成就报道的"高光时刻"。

表2-4 西藏电视台成就报道与节庆宣传（2001—2010年）

年份	节庆	节目
2001	西藏和平解放50周年	百集大型系列报道《没有共产党就没有新中国》，专题片《放歌西藏》《天职》《赞美献给党》《民族团结》《风雨历程50年》《西藏妇女的新生活》《"老西藏"话新西藏》等
2001	建党80周年	结合中央第四次西藏工作座谈会、青藏铁路开工等节庆，开设《永远的旗帜：庆祝中国共产党成立80周年》《丰碑》《时代先锋》等栏目①
2005	西藏自治区成立40周年	栏目《西藏辉煌40年》《西藏记忆》《在祖国的怀抱》《丰碑矗立在雪域高原》《向着太阳》《当家做主四十年》等
2005	西藏自治区成立40周年	《西藏新闻联播》等新闻节目集中报道大庆新闻900多条
2005	西藏自治区成立40周年	组织"全国卫视走进西藏"大型采访活动
2005	西藏自治区成立40周年	参与大型纪录片《新西藏》，参与摄制青藏、川藏公路通车特别节目《高原五彩路》
2005	西藏自治区成立40周年	大庆当天，西藏两台与央广、央视综合频道、国际频道、新闻频道合作，对大会现场进行直播②
2006	青藏铁路通车	20集新闻系列报道《神奇的天路》、专题片《壮美天路》（9集）、大型歌会《雪域神舟踏歌来》和歌曲《天路》MTV
2006	青藏铁路通车	合作央视《青藏铁路全线通车特别节目——天路》节目③

---

① 中国新闻年鉴社．中国新闻年鉴2002［M］．北京：中国新闻年鉴社，2002：139.
② 《西藏年鉴》编委会．西藏年鉴2005［M］．拉萨：西藏人民出版社，2006：167.
③ 胡孝汉．实践与思考：新闻媒体提高舆论引导能力论文集［M］．北京：学习出版社，2007：620.

续表

年份	节庆	节目
2008	改革开放30周年	开辟《认真学习深刻领会十七大精神》《发展为了人民发展成果由人民共享》《2008：攻坚之年话攻坚》《站在新起点实现新跨越》《从身边变化看科学发展》等专栏①
		开展"雪域边线行"大型采访活动，开设《我的亲历》《风起云涌话巨变》等栏目
	奥运会	推出《北京奥运：中国金牌榜》《直通北京奥运》《奥运聚焦》《火线快评》《赛事分析》等栏目

资料来源：作者整理；时间范畴：2001—2010 年。

  成就报道是媒体生产的重头戏。在中宣部、自治区宣传部统筹安排下，西藏电视台的成就报道形成了自己的特点：第一，作为地方媒体参与书写国家重大节庆的地方篇章。在国家行政层级框架下，建党、建国、改革开放四十周年等国家重大节庆是典型的成就报道，不仅是国家级媒体内容生产的重要构成，也是国内不同层级地方媒体的重点生产内容。地方媒体关于国家重大节庆的内容生产，一方面是为国家级媒体的内容生产提供地方素材，另一方面，地方媒体要将国家整体成就史与地方成就史相结合，展现国家治理政策视野下地方区域的具体成就。对西藏电视台来说，国家重大节庆报道，既要在国家级媒体的发展成就中提供西藏地方发展成就之素材，还要在自身的内容生产中呈现国家治藏方略下西藏地方的实践成就。第二，西藏地方发展成就的重要书写者。在媒体层级建制下，地方媒体是国家治理方略下地方成就的呈现者与传播者。围绕西藏自治区成立周年、民主改革周年、中央西藏工作、青藏铁路等自治区层级重大节庆，西藏电视台作为地方媒体集群之一，用视听语言不断书写并记录着中央治藏方略下西藏发展成就，成为国家治藏理念践行的见证者与记录者。第三，内容生产形式多样。结合电视媒介特质，成就报道通常有专题报道、开辟栏目、纪录片、文艺节目等形式，在节庆报道时节，形成规模化效应与"众星拱月"的宣传格局。在类似"媒介事件"的周期性节庆宣传中，成就报道成为媒体内容生产的常规内容与框

---

① 中国新闻年鉴社. 中国新闻年鉴 2009 [M]. 北京：中国新闻年鉴社，2009：188.

架。第四，成就报道倾向经济向度。在正面宣传、主旋律宣传的总体基调下，成就报道尤其是节庆时节的成就报道，更是要求营造和谐良好的宣传气氛。经济建设成就是国家治理政策成效最易呈现的向度，自然成为媒体内容呈现最喜欢的选择。借助经济发展成就，既可以呈现并表达现代国家治理政策之正确性与正当性，又可以使媒体生产规避不必要的禁区风险。

(二) 突发事件报道的被动应对与强势宣传

近年来，西藏地方发生不少突发事件，如拉萨3·14事件、当雄地震、山南雪灾等。这些重大突发事件爆发后，一方面，影响西藏当地人民的生产生活，另一方面，在历史、地缘、网络技术等因素下，很容易引发国际社会的关注，极易对西藏舆情产生影响。西藏电视台在内的西藏地方媒体关于突发事件报道形成了自己的特殊性。

积极应对。拉萨3·14事件发生后，西方媒体通过网络途径，抢先发布信息。西藏迅速成立应急宣传领导小组和应急宣传报道小组，西藏电视台开办了《一手抓发展、一手抓稳定》《用事实说话》等40多个栏目，从经济发展、社会稳定、文化繁荣、人民生活水平提高等角度展现西藏发展成就，同时，也从多角度对达赖集团分裂行径进行批判揭露[1]，对西方媒体加以驳斥。

强势宣传。在"正面宣传""大局意识""稳定意识"等西藏地方特殊意识形态的境况中，在宣传制度和管理体制下，西藏媒体开展了大量的"反对分裂、维护稳定、促进发展"的专题教育。通过强势宣传，解释突发事件的真实情况，介绍中央治藏政策下的西藏发展和建设，用经济发展成就回击西方关于西藏舆情的攻击，这种集中开展的规模化、集约式专题报道，以强势宣传话语与业已形成的西方舆论处于各说各话的状态。

(三) 日常生产的制度化

电视播出需要稳定有序的日常生产秩序，西藏电视台在长期生产中形成了内部运行制度，主要涉及编委会制度、中心制、审核制等。

编委会的统筹协作。西藏电视台内容生产是在电视台编委会的集中管理

---

[1] 中国新闻年鉴社．中国新闻年鉴2009 [M]．北京：中国新闻年鉴社，2009：188.

和安排下推进的。对西藏电视台来说，随时跟进中宣部和自治区宣传部的统一安排，及时开展各类主题宣传报道活动是电视生产的常态工作，在电视日常生产中，编委会形成了自己的运作特点。第一，传达宣传主题，分解宣传任务，使台内各中心及时了解相关主题，展开相关内容生产。2004年，西藏广电局制定和下发了《关于上报中央"三台"稿件采用率的奖励办法》，西藏电视台由2003的倒数第一上升到第十七位。同时，按照区党委重振自治区文艺创作之雄风的指示精神，提出了繁荣广播影视文化，推进自治区先进文化建设的要求。① 2005年，西藏电视台对部分栏目进行新的策划和包装，3频道的《今晚九点》栏目，改版后信息量增大，新闻感增强，电视画面质量提高，给观众带来新的视觉享受。② 第二，督促各中心内容生产进度，了解和监督项目申请、经费使用情况等。如西藏电视台坚持"办好藏语电视节目，为西藏人民服务"③的办台方针，除了办好藏语新闻节目《西藏新闻联播》、央视《新闻联播》（译制）、服务性节目（如《天气预报》）和影视译制片外，还不定期在两套卫视播出藏语专题节目和文艺节目，以保证每天两个小时以上的藏语节目播出量。第三，评定各中心工作成效。通过编委会这一常态化的媒介管理机制，电视台内部形成了自中宣部到省区的信息联动，也建成了电视组织内部统筹协调、多中心齐头并进的内容生产样态。2004年，区委宣传组织开展广播电视记者"百乡行"大型采访活动，完成了7地市100多个乡的采访工作，采访藏汉语新闻稿件400多篇，采访历时4个多月，行程2.5万千米，成为全面反映自治区各地市、县乡镇经济发展成就和新闻宣传工作的亮点。

中心制下的分工生产。为统筹协调电视台整体运行，西藏电视台日常生产管理从建台之初的四个"部"转向分类更为细化的各种"中心"，其中负责内容生产的主要是新闻中心、社教中心、影视译制中心、大采访中心等。其中大采访中心负责全台各类新闻内容的生产，新闻中心负责各类新闻节目的编辑、剪辑、配音、审核、播出等，影视译制中心负责电视剧的购买和援

---

① 《西藏年鉴》编委会. 西藏年鉴2005 [M]. 拉萨：西藏人民出版社，2006：166.
② 中国新闻年鉴社. 中国新闻年鉴2006 [M]. 北京：中国新闻年鉴社，2006：252.
③ 中国新闻年鉴社. 中国新闻年鉴1999 [M]. 北京：中国新闻年鉴社，1999：381.

藏电视剧的译制等。

三级审核制的保驾护航。中心制是电视组织内部建设的基本架构，各中心根据自身内容生产特点和方式，又进一步细分出制片人中心制、主持人中心制等，在此基础上成为电视内容生产的生产者、把关者、播出者。从西藏电视纪录片生产情况来看，招标单位生产者提交内容后，责任编辑负责初步审核，主任编辑负责二级审核，制片人负责最后一步审核，才能最终播出。当然，重大选题，电视台的分管主编和台长也会参与审核。在逐层审核基础上，形成稳定长效的生产审核播出机制。

（四）媒介管理常态化

电视管理机构通过开展"净化工程""建设工程""防护工程""督查工程"等，加强了对电视播出机构的管理；通过开展抵制低俗之风、净化荧屏声频等工作，加强了对广播电视视听网站广告管理，清理整顿了有关播出单位的违规行为。

西藏电视台通过召开专家论证会、节目收视调查、赴其他省市电视台考察等方式，进一步明确"新闻立台、品牌树台、特色兴台、人才强台"的办台方针[1]，注重提高节目质量，提升电视组织传播力和影响力。如 2004 年，西藏电视台贯彻李长春、刘云山、徐光春等领导同志对广播电视工作的指示精神，落实苟天林常委关于"以办好节目为主导，以提高栏目和节目质量为重点，以加强领导班子和队伍建设为关键，以加强党的建设和完善制度为保证，以深化改革为突破口"的指示精神，贯彻全区宣传政治思想工作会议和广电会议精神，"坚持一个中心（以宣传为中心），围绕两个重点（宣传质量、改革发展），办好三件大事（设备改造、机构升级、人员增编），做好四个方面的工作（宣传工作、管理工作、整顿整改与制度建设工作、思想政治建设与人才队伍建设工作）"[2]，全面推进西藏电视台的各项工作，实现了中央电视台《新闻联播》的当日译制播出，创作拍摄了《雪山彩虹》《十年援藏》等电视专题片，年影视剧译制量超过 200 小时。

---

[1] 中国新闻年鉴社. 中国新闻年鉴 2010 [M]. 北京：中国新闻年鉴社，2010：210.
[2] 《西藏年鉴》编委会. 西藏年鉴 2005 [M]. 拉萨：西藏人民出版社，2006：167.

西藏广电局围绕国家广播电视总局关于治理整顿广播影视的文件精神，查处了非法接受境外卫星电视节目的单位，并按法规进行了严格的处罚；贯彻国家广播电视总局《关于热线、直播节目管理通知》，加大了直播节目管理，消除了可能隐患，保证了安全播出，加强了影视拍摄制品管理工作。

（五）藏族题材电视剧的商业化

台制电视剧数量萎缩。这一时期，西藏电视台的自制电视剧只有两部，分别是《达玛拉誓言》（2001）和《快乐生活》（2007）。《快乐生活》是首部藏语原创情景喜剧，以当代西藏社会世情为表现对象，话题涉及子女教育、医疗养老、邻里关系、夫妻矛盾等，在播出以后受到当地老百姓的喜爱。这一时期，西藏电视台大量参与拍摄了央视、社会资本联合制作的藏族题材电视剧，如《西藏警察》（2003）、《八瓣格桑花》（2004）、《文成公主》（2004）、《茶马古道》（2004）、《雪域情》（2005）、《心跳墨脱》（2005）、《雪山不会忘记》（2006）、《雪狼》（2006）等。

电视剧"买方市场"的逐渐形成。经过 20 世纪的改革开放，国民经济的持续增长与民众消费能力的显著提高，中国社会开始呈现出平缓而固化的结构性特征。国家治理基础日趋平稳和牢固，人民日常生活则进一步去政治化，世俗的快乐逐渐取代了精神的进取成为衡量现实生活价值的首要价值。①20 世纪 90 年代末期开始的大型综合性广电集团极为有效地整合了行业资源，也极大提升了媒介机构的市场竞争力，遂成为 21 世纪初电视产业发展的一个主要方向。庞大的媒介集团以频道经营、内容制作、演艺会展、新媒体业务等形成"大而全"的经营特色，其中的电视台、电视剧制作中心、电视节目交流中心、广播电视广告中心等，成为电视剧生产的重要制作方、发行方等。而广告业的发展壮大，电视剧带来的丰厚广告收入，以及制播分离机制的成熟，催动社会资本更为广泛和多元地加入电视剧生产行列，给电视台带来丰富的电视剧节目。在电视台审核把关前提下，在"一剧四星""一剧两星"等电视剧播出机制的不断调整中，优质电视剧成为各大电视台，尤其是省级卫视争夺的目标，藏族题材电视剧也成为电视剧生产的突破口。

---

① 常江. 中国电视史（1958—2008）[M]. 北京：北京大学出版社，2018：382-383.

商业主义对藏族题材电视剧的冲击。新世纪初，随着改革开放进程和媒体发展，新闻和电视剧成为中国社会拥有大批拥趸的电视节目。在事业性质、企业经营的媒体经营方式改革中，新闻始终是媒体组织的专属生产内容。20世纪90年代的制播分离机制中，电视剧成为电视台和社会资本多元参与的生产领域，在播出平台制约下，电视台是电视剧的审核和播出平台，收视率和购买势力决定着电视剧的卖方市场。相比主流电视剧广泛的市场接受度，少数民族题材电视剧因为民族话题、内容熟悉度相对偏低等因素，在市场传播中产生了一定的"文化折扣"，在商业逻辑直接影响下，藏族题材电视剧的生产数量相对较少。当然这一时期的生产数量，相比过去还是有了增加。

多元主体加入生产序列。在商业化浪潮冲击下，新世纪藏族题材电视剧的生产主体沿袭了中央台、地方电视台制作生产的路径，主动结合国家意识形态建设需要，电视剧是对藏民族生产生活的现实书写，也有宣传国家发展历程中重大历史时刻或政治仪式的作品。如2008年《雪域天路》就是中华人民共和国成立60周年大庆的献礼片，是典型的主旋律电视剧，这类"主旋律电视剧常常借助大众文化的流行逻辑来扩大国家意识形态的社会影响"①。此外，民间资本、社会资本采取与国家台或地方台联合生产的机制进入电视剧生产领域，在相对成熟的商业机制中丰富了藏族题材电视剧的话语空间，并且常常"借助政治力量来扩展市场空间"，呈现出商业化电视剧多途径实现生产的特点。在国家意识形态的政治诉求和商业化利益的追逐中，藏族题材电视剧与国内主流电视剧呈现出了相似的"娱乐电视剧主旋律化和主旋律电视剧娱乐化的现象"②。

这一阶段，藏族题材电视剧创作呈现三个显著的变化：一是对特定历史人物、传说的电视剧呈现，如《文成公主》《茶马古道》《康定情歌》中的人物、歌曲、传说等在藏区耳熟能详，在国内社会大众中也有广泛的认知基础，通过电视剧的故事化呈现，在时空转换间形成广义的"互文和互构"，进而形成藏区与国家同步同构的建构意义。二是对西藏当代文学作品的借

---

① 尹鸿. 冲突与共谋：论中国电视剧的文化策略 [J]. 文艺研究，2001（6）：20-27.
② 脱慧洁. 藏族题材电视剧的叙事流变 [J]. 湖北民族学院学报（哲学社会科学版），2013（6）：88-91.

用。西藏当代文学中出现了《西藏：系在皮绳扣上的魂》《紫青稞》《尘埃落定》等一批优秀的藏族文学作品。这些由藏族作家创作的具有显著藏文化表征的文学作品，已经积累了良好的阅读量和传播度，在"粉丝经济"下，原著粉带动电视剧传播效果，进而扩大电视剧的市场效应，藏族题材电视剧对西藏优秀文学作品的 IP 化操作，也是当前国内电视剧市场化运作中最常采用的策略。三是对影视明星的广泛借用。根据前期藏族题材电视剧市场传播效果和反馈，21 世纪以来的藏族题材电视剧在前后期制作中，既结合了 20 世纪 80 年代西藏本土文工团、文艺团体本色出演的优势，如藏族演员多布杰、洛桑群培、仁青顿珠等都成为西藏影视文化明星，也吸纳了 20 世纪 90 年代市场影响力显著的著名影视明星加入，如宋春丽、胡歌、郭晓冬、沈傲君等，以扩大藏族题材电视剧的传播度。藏族题材电视剧对国内影视明星的借用更多考虑了明星本身的社会影响力与美誉度，这与当前国内主流电视剧过度依赖流量明星和天价明星片酬制作等有一定的差异。如《西藏秘密》剧中，主演队伍由知名度较高的藏族、汉族等多民族演职人员组成，配角以及其他群众演员多是本地藏族演员，在西藏的演职人员达到了 300 多人，创造了当地记录。当然，选择内地知名演员与西藏本土演员搭配，是综合考虑市场、文化因素的结果，这也为藏族演员提供了发展平台和机会。

第四节 转型期的探索

一、续推基础建设

2010 年，中央召开第五次西藏工作会议，持续加大"西新工程"建设力度。西藏全区 1 千瓦以上功率等级的直属中波台数量达到 27 座，基本形成了覆盖全区的中波系统，"村村通"建设全面向"户户通"转变，全区所有"通电村"已全部实现"户户通"，未通电的地方也升级改造为直播卫星接收站点。为此，中宣部、国家广播电视总局给西藏赠送了 21189 套便携式太阳能直播卫星电视一体机、816 套太阳能数字广播电视接收设备、8 辆电影流动放映车和8套数字电影放映设备，① 全部投入使用，运行正常。

全区广播电视"进寺庙"工作开始全面展开。按照"城镇周边寺庙利用有线数字广播电视覆盖，边远地区寺庙利用直播卫星覆盖"的建设思路，完成了哲蚌寺有线数字广播电视"舍舍通"建设，并向全区寺庙赠送了5610台电视机②，通过有线数字电视实现了色拉寺、大昭寺的广播电视"舍舍通"覆盖，全区968座通电寺庙的广播电视"舍舍通"建设已全面完成。

移动多媒体广播电视CMMB建设全面启动，7地市顺利完成地面数字电视DTMB和移动多媒体广播电视CMMB两个项目建设任务。③ 同期，三网融合试点工作开始推进。成立西藏自治区三网融合工作协调领导小组，编制完成《西藏自治区拉萨市三网融合试点实施方案》报自治区政府审批，拟定了《西藏广电网络开展增值电信业务实施方案》《西藏自治区IPTV集成播控平台建设方案》等三网融合工作方案，完成了机构编制、项目启动、资金申报等前期工作，完成了"西新工程"第四期第二阶段工程任务。

内地媒体发展的实践说明，电视事业不只是喉舌工具，还可以增值，在市场经济环境下能得到更快发展，电视行业的投资结构由国家一元化变成国家和产业自身资本积累的二元投资结构，甚至通过吸收社会资金或借贷变成多元投资结构。④ 西藏电视台至今都是由国家投资建设发展的，对国家投入依赖大，投资主体单一化。

二、引入制播分离

西藏的战略位置和严峻的意识形态等因素，要求西藏地方媒体要不断提升业务能力，加大宣传力度，讲好西藏故事。除了国家媒体之外，在行政区割和属地就近基础上，西藏地方媒体是西藏故事最重要的讲述者。

在中宣部、国家广播电视总局统一管理下，2010年的全国文化产业体制

---

① 《中国广播电视年鉴》编辑委员会. 中国广播电视年鉴2013 [M]. 北京：北京广播学院出版社，2013：68.
② 《中国广播电视年鉴》编辑委员会. 中国广播电视年鉴2011 [M]. 北京：中国广播电视年鉴社，2011：108.
③ 中国新闻年鉴社. 中国新闻年鉴2011 [M]. 北京：中国新闻年鉴社，2011：215.
④ 罗贵生. 营销攻略：省级电视广告研究 [M]. 成都：四川人民出版社，2005：30.

改革工作会议以及全国影视生产创作工作会议都提到，要进一步提高西藏藏（汉）语卫视节目质量，尤其是要结合西藏广电实际，搞活内部机制。① 西藏电视台由此先后建立了节目质量评估、工作绩效考评、奖励等制度，进行了内部岗位竞聘制度与岗位分配制度等改革，拉开了新阶段省区级电视媒体的改革转型之路。

制播分离是电视生产市场化的有效途径，在把握正确舆论导向的前提下，将一部分制作权转移到节目制作公司手中，可以盘活资源，更好地实现栏目的融资、制作和营销等。在渠道稀缺时代，媒体独占传播渠道优势，在"事业性质、企业经营"的政策导向下，电视媒体曾在市场竞争中"一家独大"，创造了媒体创收的神话。在"媒介集团化"改革中，2009年《广电总局关于认真做好广播电视制播分离改革的意见》②将电视媒体制播体制从过去的"制播合一"正式转向"制播分离"，电视剧、纪录片、综艺节目等成为试点领域。

2010年12月，西藏电视台开始制播分离改革。③ 其中工作之一是推出《西藏诱惑》栏目，通过招投标，北京有四家制作公司成为《西藏诱惑》的生产单位。《西藏诱惑》在栏目招标中明确了"西藏故事，世界表达"的节目宗旨，栏目要不断增强各族群众对伟大祖国、中华民族、中华文化、中国共产党、中国特色社会主义的认同，充分反映西藏自古以来就是祖国不可分割的一部分，充分反映藏文化是中华文化的重要组成部分，同时宣传展示西藏独特的自然景观、悠久的历史文化、浓郁的民族风情和经济社会发展成就，并适时结合中央和自治区年度相关重大主题宣传实时策划相关节目选题。④《西藏诱惑》有5个子栏目，《西藏往事》是名人名家对西藏工作、生活和情感往事进行回顾，《藏地密码》是对人文地理、历史文化未知悬疑事件探秘，《经典西藏》是对自然、历史、民俗和经济社会发展变迁进行情节化、故事化叙述，《西藏漫游》呈现旅游景点、旅游线路和旅游服务，《藏地

---

① 中国新闻年鉴社. 中国新闻年鉴2010 [M]. 北京：中国新闻年鉴社，2011.
② 李晶晶，李升祥. 纪录片 [M]. 长春：吉林大学出版社，2019：167.
③ 中国新闻年鉴社. 中国新闻年鉴2016 [M]. 北京：中国新闻年鉴社，2016：514.
④ 内部资料，西藏电视台《西藏诱惑》招标广告。

飞鸿》展示文化名人和内地人士对西藏文化深度体验。这几个版块涵盖访谈、探索、人文地理、旅游和外拍真人秀等类型。

三、借力文化精英

中国电视媒体强调精英文化生产，这与中国国情紧密相关。中华人民共和国成立之后，频繁的政治运动，尤其是"文化大革命"造成了知识分子的严重断裂与知识分子地位的急剧下降，十一届三中全会以后，党对知识分子政策的调整，从根本上改变了这一状况。20世纪80年代出现了"新中国成立以来少有的学术繁荣、思想活跃的局面"，"知识界就重大社会问题和中国的未来走向发表言论的勇气是前所未有的"①。同时，电视机的迅速普及和第十一次全国广播电视工作会议上通过的"四级办电视"② 政策极大丰富了电视播出资源，中国人日常生活方式的剧烈变动，电视成为文化生活和家庭生活的中心，"电视以人们想象不到的方式消弭了社会中知识精英与普通民众之间，成年人与儿童之间，城乡之间、中国与外国之间等的界限"③。

中国电视从业者的知识分子和精英身份，以及盛行于20世纪80年代"文学热""美学热"等精英话语，使电视从业者和电视媒体生产多少带着用"传统"或"古典"的文化观念去塑造学步中的电视文化，使之成为与文学、艺术、新闻一样严肃、典雅的文化形态。④ 在电视媒体黄金时期，精英话语充斥于各类电视节目中，尤其是在纪录片中，如20世纪80年代的纪录片《话说长江》《话说运河》中，精美雅致的解说词，令人印象深刻。

西藏电视台的精英文化生产主要体现在纪录片方面，最具代表性的是《珠峰讲堂》栏目，这也是西藏电视台为提高节目质量、扩大媒体影响力的主动突围。鉴于西藏电视台"政治立台"的特殊性、西藏意识形态建设的严

---

① 萧冬连. 中华人民共和国史（1979—1981）：第十卷［M］. 香港：香港中文大学出版社，2008：444.
② 彭飞. 发展我国电视事业应走什么样的路子［J］. 中国广播电视学刊，1989（1）：64-68.
③ POSTMAN N. The Disappearance of Childhood ［M］. Vintage：Random House，1994：57.
④ 常江. 中国新闻史（1958—2008）［M］. 北京：北京大学出版社，2018：200.

峻性以及国家新闻管理制度特点，《珠峰讲堂》是经过多番论证和广泛调研后推出的一档讲堂类节目，在节目形式上高度仿制了央视《百家讲坛》，在叙事主题上却自有西藏电视台的个性特点。

《珠峰讲堂》自2015年8月17日开播后，节目选题紧扣西藏，播出内容涉及以下方面：（一）历史政治类，如《争议中的琦善》《郡王制度的兴废》《噶伦主政制度》等；（二）历史人物类，如《元代帝师八思巴》《促进统一的先驱萨班》《从万户长到史学家：蔡巴·贡嘎多吉的生平与成就》《唐蕃和亲记》；（三）历史文化类，如《汉藏史集中的传说与历史》《汉藏同源的历史脉络》《青藏高原岩画》《探寻藏地音乐》《元代西藏史话》《人间佛陀·释迦牟尼》《格萨尔与藏族文明》；（四）经济社会类，如《茶叶传入西藏》《茶马贸易》等；（五）生态故事类，如《牦牛》《普通人的珠峰》《喜马拉雅风云》《青藏高原的山与水》《寻找消失的王国》等。文本主题上，《珠峰讲堂》集中于对吐蕃王朝或其后西藏地方与中央政府互动交往历史的深入挖掘和专业呈现。西藏独特的地理位置、高原缺氧的生态环境，藏民族生生不息的精神、乐观豁达的气质，悠久的历史文化等成为西藏独特的文化表征。在青藏铁路、现代航空等交通网络助力下，西藏与外界的联系愈加频繁和广泛，西藏地方获得跨越式发展，西藏电视台利用本地资源的独特优势，成为生产和传播西藏文化的重要力量。文本形式上，讲堂类节目是通过多方论证、咨询后的结果，既与西藏电视台现有节目类型形成差异化，也是对成功运行节目类型（《百家讲坛》）的仿制，容易获得市场效应，有助于提升传播效果。

四、经历峰谷变迁

（一）厚积薄发的高峰

丰硕的产出。2012年，西藏电视台全面整合频道资源，开播了《西藏诱惑》《农牧天地》《飞天旋韵》等一批品牌节目，推出《行在拉萨》《娱在拉萨》等系列节目，制作完成《格萨尔王传奇》《阿古登巴》两部原创动漫作品。全台自办藏汉语各类栏目32个，自制节目7小时30分钟，日播出节目

65小时30分,自制节目总产量为12618小时,占总播出量的53.2%,购买、交换电视节目11120小时,占总播出量的46.8%,全年累计播发新闻稿件近1万条,上送央视新闻500多篇,采用100篇。① 同年,成立西藏广播影视制作中心,下设影视制作机构11家,完成专题片《唐蕃古道》《布达拉宫》《美丽新西藏》《神奇藏医药》《西藏今昔》《嘉措的格桑花》《西藏新画卷》《遍地格桑花》《光辉的历程》,参与制作电视剧《西藏秘密》,有90余部广播影视作品、栏目获得全国奖项。2013年,台内形成新闻、专题、文艺、译制等种类齐全、内容丰富、形式多样的节目格局,年自制节目量在3500小时以上,年译制藏语节目达到2500小时。根据央视索福瑞收视调查显示,西藏卫视第三季度间时段的收视涨幅超50%,黄金剧场收视涨幅达78%。西藏汉语卫视收视率达到西藏卫视有史以来收视最高点,收视排名从过去的第32名上升至全国第25名。② 西藏电视台继续做好《新闻联播》节目的剪辑上传工作,不断拓展电视台新闻资源利用范围,将《午间新闻》《晚间新闻》节目也一并剪辑到网站上,既增加了网站视频新闻的数量,也为电视台提供了更多的传播平台。

实行差额拨款。西藏电视台作为省区级视听媒体,是西藏地方企业发展与宣推的首选平台,广告收益不断攀升。

"在西藏地方广电媒体中,新闻、交通、音乐三类节目的市场份额名列前茅。电视媒体潜力继续提升,专业频道表现出对广告较强的拉动作用,西藏电视台不断努力优化汉语卫视频道广告结构,减少购物类广告,增加品牌广告,引进了健力宝、浪莎袜业、珠峰冰川矿泉水等一批品牌广告。《西藏新闻联播》《西藏诱惑》等品牌节目继续引领收视市场,拉动广告增长。充分利用藏语卫视频道在区内较高的收视率吸引区内外广告客户,并与西藏名牌企业签订广告协议,提高了藏语卫视广告的投放力度。"(C-35-M-XZTV-201807)

---

① 《中国广播电视年鉴》编辑委员会. 中国广播电视年鉴2014[M]. 北京:北京广播学院出版社,2014:64.
② 《中国文化产业年鉴》编辑部. 中国文化产业年鉴2014[M]. 北京:光明日报出版社,2016:302.

2012年，营销水平不断提升。西藏电视台在广告经营策略上，按照"抓大不放小"的方针，针对不同客户进行个性化服务，多样化的广告价格体系满足不同客户的需求；广告定价上，采取灵活的策略，年广告投放达到一定份额的客户，改变以往按播出次数来确定广告打折幅度的形势，以单位时间为基础均价，以套播打包捆绑的形式进行销售。① 2012年，全区广播电视广告收入为1.3167亿元，同比增长45%。其中，电视广告收入1.301亿元，同比增长44%，广告收入达到峰值。为此西藏电视台向西藏自治区申请并通过实行差额拨款，借助资金来源的自我获取，西藏电视台获得了一定的自主发展空间。

（二）猝不及防的低谷

《中华人民共和国广告法》改变电视经营的生态环境。2015年4月24日，新修订的《中华人民共和国广告法》审议通过，并于同年9月1日起正式施行。新《中华人民共和国广告法》不仅加强了对医疗、药品、医疗器械、保健食品等医药健康类广告的监管，更强化了对大众传播媒介广告发布行为的监管力度，明确规定大众媒体传播媒介不得以介绍健康、养生知识等形式变相发布医药类广告。② 因此，西藏卫视、拉萨电视台、西藏商报等全区大众媒介停播药品、医疗、保健食品等各类违法广告120余条。③ 电视健康类节目的播出集中于省级非上星频道和城市台频道，而其收视则主要集中于省级上星频道。2015年，西藏电视台广告收入6000多万元，受新广告法实施影响，较2014年减少超过50%。④

西藏电视台总编室工作人员表示：

"在电视黄金时期，西藏电视台也曾经自2014年1月1日开始从全

---

① 《中国文化产业年鉴》编辑部. 中国文化产业年鉴2013［M］. 北京：光明日报出版社，2014：323.
② 胡智锋，姚宏文. 中国电视健康传播报告2016［M］. 北京：中国传媒大学出版社，2017：81.
③ 《中国广告年鉴》编辑部. 中国广告年鉴2015［M］. 北京：新华出版社，2015：213.
④ 中国新闻年鉴社. 中国新闻年鉴2016［M］. 北京：中国新闻年鉴社，2016：231.

额拨款事业单位改为差额拨款事业单位,我们当时的广告收入达1.7亿。"①(Z-41-M-XZTV-201806)

"2018年,国家对电视广告进行治理,这次治理对全国的电视台影响都挺大的,最后就导致了我们台的收益直接大幅下滑,最后我们台就从差额拨款单位改回到全额拨款了。"(W-52-M-XZTV-201907)

收视率关系着电视收益,在收益锐减的现实境况中,2019年年底,西藏电视台关停了3频道,再次申请并恢复自治区财政厅全额拨款。

传统电视收益主要来自广告,国家广电总局对全国电视机构的规制与管理,直接左右着电视组织营收情况,收益丰沛阶段铺开的组织行为在缩水阶段难以为继。西藏电视发展受制于西藏社会有限的市场化程度,西藏电视有限的生产量、有限的知名度等,自治区财政拨款是西藏电视台发展的主要资金来源。在国内广电市场集团化发展中,通过扩建频道增收,西藏电视台同样"获益"。在国家全面依法治国、增强国家治理体系和治理能力现代化的进程中,必然出现的对电视媒体运营不规范行为的治理,给短时收益的西藏电视台造成了重创,也成为西藏电视台进行转型发展的时代必然。

五、探索媒介融合

(一) 布局新媒体

根据西藏自治区党委宣传部、网信办关于西藏电视台建设西藏网络电视台的批复,2015年西藏电视台到北京、上海、深圳、成都等地对中国网络电视台、上海、四川网络电视台及百事通、腾讯网、凤凰网、爱奇艺、优酷等视频网站进行考察。当年2月,西藏电视台全媒体发展中心成立,2月11日,西藏电视台正式上线运营官方微信公众平台"最心灵"②,推出藏语歌

---

① 总编室负责人这一说法与文献搜集数据有出入,收益多少涉及电视组织内部运营,在台内人员的表示下,作者也放弃了继续追问。可以肯定的是,西藏电视台在本世纪初的发展中确实曾经获得了过亿的广告收益,也达到了西藏电视台发展历史上的一个高峰阶段。

② 西藏电视台官方微信号最早定名为"最心灵",2021年,"最心灵"改为"西藏卫视+"。

曲《宁都啦》，24小时内点击量突破500万次，大型视频网站腾讯、优酷、土豆等都在首页头条位置进行推荐，在全国各大媒体和国外媒体及网络上产生重大反响，3月24日网络点击量突破2.1亿次[1]，创造了西藏电视媒体探索新媒体发展的奇迹。

"为了打响西藏电视台新媒体建设的第一枪，台里下了很大苦功，大家都知道藏族人都会唱歌、爱唱歌，我们在西藏藏剧团寻找了唱歌功底好、形象气质佳的边巴德吉，用藏语翻唱了大家熟悉的粤语歌曲《喜欢你》[2]，当这个熟悉的旋律响起后，一下子就引起了全民关注，只是没有想到会这么受欢迎。"（W-52-M-XZTV-201907）

"《宁都啦》能火起来，是大家一起努力的结果，边巴德吉唱得好，团队制作也想新招，包括采用当下流行的快闪方式，以年轻人集中的西藏大学食堂为活动现场等，我们台长出外调研时也是各种宣传，最后这首歌不仅在西藏电视台新媒体平台播出，也在腾讯、优酷等这样的综合网站播出，才形成了全网热火的现象。"（L-30-M-XZTV-201907）

2015年11月8日，西藏网络电视台"牦牦TV"与手机移动客户端"爱特西藏"APP同步上线。至此，西藏电视台形成了涵盖大屏端、"牦牦TV"PC端、"爱特西藏"手机移动客户端APP、"最心灵"微信官网平台端、"阳光西藏"藏汉双语微信平台端的新媒体布局，后续增开微信公众号"第三极拍客"与"天天说"，形成了"一网多端多微"的全媒体布局结构。

（二）组织融合

传统媒体属于国有，是党和人民的喉舌，媒体资金来源于各级政府财政，受各级党委宣传部领导。因此，媒体四级建制首先是党和国家的声音传播渠道，其次是地方辖区政治、经济、文化社会的媒体传播平台。媒体融合不仅是媒体组织内部的事情，还涉及国家、各级政府、媒体领导机构，以及

---

[1] 《中国广播电视年鉴》编辑委员会. 中国广播电视年鉴2016 [M]. 北京：北京广播学院出版社，2016：205.

[2] 粤语经典流行曲目《喜欢你》，在市面上有多种翻唱版本，西藏电视台推出的是藏语版《宁都啦》，采用快闪方式表现，给人耳目一新的视听觉体验。

其他不同媒介组织等。从社会组织生存和发展合法性角度看，传统媒体要自主进行融合转型发展；从现代国家建设角度看，媒介融合事关国家稳定和长治久安。于是，媒介融合便成为现代国家和社会组织共同面临的问题。

我国媒介组织具有"事业性质""企业发展"的特点。事业性质，意味着媒介组织的政治取向，即因政府主导和意识形态功能而具有政治组织特点；其组织运转和人事任命以现代社会科层制为基础，即晋升制度、行政级别、话语地位、行政班子等是媒介组织运行的基本规则，"权力""支配""纪律"① 构成政治组织运行的基本要素。"企业发展"则表明媒介组织的经济取向，"一个具有经济取向的组织，可能是一个经济能动组织"，理性经济行动成为常规或必然行为②，如系统地分配行动者，进行一定的储备或扩展业务。根据边际效益原则，系统会按照所估计的各种潜在用途的相对迫切性分配可供利用的效用，借助效用的生产或运输而系统性获利，行动者本人为此控制所有必需的生产手段，通过与现时的拥有者或者竞相出价者达成协议，系统地获取有保证的效用控制与处置权等。媒介组织兼具政治属性与经济属性，其融合转型路径必然附带着政治组织的科层制性质与经济组织的成本获利特征，这两种属性也会深刻影响媒介组织的融合行为。

省市级媒体的融合发展与同级政府、宣传部、财政部门等相关。作为现代社会组织之一，媒体虽然是意识形态建设的重要工具，但是其管理制度、资金来源、生产方式等与其他现代社会组织并无二致，若其自身经营性部分不够强大，媒体要进行改革发展，就要在各级政府既定财政预算中增加媒体组织的比例，必然影响其他社会组织的资金份额，同级政府和财政部门的有限投资成为极大可能。在此情况下，媒体组织的融合举措就是在政府资金有限投入、传统媒体盈利下滑的情况下，组织内部"勒紧裤腰"式地完善和提升。如此一来，媒介组织融合实践便最大可能地触及媒体组织内部机制、从业者收益等现实问题，媒介组织内部领导层、基层从业者对此呈现多样态

---

① 马克斯·韦伯. 经济与社会：第一卷 [M]. 阎克文，译. 上海：上海人民出版社，2009：147.

② 马克斯·韦伯. 经济与社会：第一卷 [M]. 阎克文，译. 上海：上海人民出版社，2009：169.

情况。

国家战略主导下，媒体融合已经是当前传统媒体发展的指导性改革方向。不同层级媒体的融合发展是媒体与主管政府、财政部门的联合行为。作为国家媒体四级建制的第二层级和国内媒体竞争的三四线位序，西藏电视台与国内其他媒体一道经历了传统媒体触网的整个历程：自办网站、台网互动、两微一端、云平台建设等。

(三) 媒介融合中的电视生产

西藏电视台以涉藏视频新闻网站"牦牦TV"为基础，加上"爱特西藏"APP，公众号"西藏卫视+""阳光西藏""第三极拍客""天天说"等，形成电视端、PC端、手机端、Pad端的多端口、立体传播的"微全"格局。在媒介融合进程中，西藏电视生产有沿袭，也有发展。

1. 融合与"大中心制"

"过去台里按照节目类型分为不同中心，过去有新闻中心、社教中心、电视剧译制中心、采访中心等。'牦牦TV'建立后，我们首先建立了'大采访中心'，所有信息的采写都汇集到这里，后来，广电融合后，两台的采访中心融合到一起，成为规模更大的采访中心，名称上我们还是叫'大采中心'。现在的'大采中心'记者出去采访要尽量多地准备素材，上传到系统后，广播、电视、新媒体、网络这些不同端口的编辑根据大采中心的稿件编辑播发。除了大采中心，我们还成立了纪录片中心、大型节目制作中心等。"（D-55-M-XZTV-202007）

"自治区宣传部部长在全区宣传系统会议上强调，西藏自治区媒体要立志把自身打造成'看、读、听'的头部媒体。西藏电视台要发挥好视频媒体优势，把自己打造成'看西藏'的首部媒体，《西藏日报》要成为'读西藏'的首选媒体，西藏广播台就要成为'听西藏'的领头羊。组织融合之后，我们整合了两台力量，在保证原有媒体供稿的基础上，大采中心要尽可能地给西藏电视台供稿，这也是适应受众视频使用的需要。"（X-48-M-XZTV-202007）

媒介融合中，媒体管理方式从"类型中心制"走向"大中心制"。在媒介融合转型的现实语境中，国内省区级广电媒体实现了组织融合，并相继成立了融合广电两台的大采访中心。组织融合涉及科层调整、薪酬待遇、职业规划等要素，也是媒介组织融合最为关键的制约因素。大采访中心的融合不触及过多个体职业发展实质因素，成为两台组织融合中最容易的环节，推动了组织融合的第一步。融合之后的大采访中心，要生产符合多端口分发需要的媒介产品，以有效供给原有组织生产播出需求，更进一步服务于多媒体生发的转型需求。

另外，媒介使用方式、使用环境、使用频次的变化，反向影响着电视媒体生产、传播方式与理念的变化。为符合智媒时代媒介使用者碎片化、及时性的媒介接触和使用习惯，西藏电视台在组织融合基础上，同样采取了多形式生产、多端口分发的策略，大中心制使得电视生产从生产源头进行改革，半成品、多端口、多形态产品成为生产主体在媒介融合环境下做出的生产行为调整。

2. 融合中的统筹性生产

2010年至今，西藏电视台在媒介融合进程中经历了两个关键节点：2015年，新媒体布局、全台改版；2018年，组织融合。媒介融合进程并未显著改变西藏电视媒体定位与生产框架（见表2-5）。

表2-5　2010—2016年西藏电视台主要生产内容

年份	专题任务
2010	中央第五次西藏工作座谈会精神；十七届五中全会；区党委七届七次会议精神；上海世博会"西藏活动周"宣传；昌都解放60周年庆祝活动；自治区十运会；第五届拉萨国家半程马拉松挑战赛；建党90周年；西藏和平解放60周年；党的十七届六中全会；全国两会；自治区两会；第八次党代会；十七届六中全会精神；创先争优强基惠民活动等
2012	党的十八大；自治区两会；全国两会；"十一五"成就宣传；"十二五"规划宣传；学习型党组织活动；援藏先进典型、民族团结先进典型宣传；"学习雷锋"宣传；中央文化部门援藏宣传；那曲社会主义主题宣传教育活动；藏历新年；"3·28"西藏百万农奴解放纪念日；西部大开发成就报道；中央"创先争优"活动、"学习型党组织建设"活动和"效能建设年"活动；"9·18"地震抗震救灾的宣传；节日宣传；反分裂宣传；建党节、建军节、国庆节

续表

年份	专题任务
2013	党的十八大精神；十八届三中全会；全国两会；全区两会；西藏百万农奴解放54周年宣传纪念活动；区党委八届四次全委会宣传；"3·29"拉萨墨竹工卡县境内山体滑坡、"4·20"四雅安芦山地震、"8·12"昌都地震；第十五届CCTV青年歌手电视大奖赛；CCTV《争奇斗艳2013"蒙藏维回朝彝壮"冠军歌手争霸赛》；第三届全国少数民族六一儿童节文艺晚会《同一片蓝天下》；《中国梦·最佳爱岗敬业模范颁奖晚会》；全区第三届专业电视舞蹈大赛等20多台大型文艺节目；藏历新年晚会
2014	组建成立通联部，做好上传央视新闻报送工作；做好自治区领导会见外国驻华大使、外国政要、学者、记者团等相关报道；"2014·中国西藏发展论坛"；首届中国西藏旅游文化国际博览会
2015	党的十八届五中全会精神；"十三五"规划；中央第六次西藏工作座谈会；"四个全面"战略布局宣传阐释；全面建成小康社会宣传报道、全面深化改革宣传；全面依法治国、依法治藏宣传；全面从严治党宣传；庆祝中国人民抗日战争暨世界反法西斯战争胜利70周年；自治区成立50周年大庆活动；第二届中国西藏旅游文化国际博览会；西藏"4·25"地震抗震救灾宣传；经济形势政策宣传报道（中央经济工作会议、自治区经济工作会议精神）；社会主义核心价值观宣传；"七一"建党节；"八一"建军节；"十一"国庆节；"3·28"西藏百万农奴解放纪念日；九月民族团结月；自治区成立纪念日等
2016	习近平总书记系列重要讲话精神；党中央治国理政新理念新思想新战略；治边稳藏重要战略思想；党的十八届六中全会；自治区第九次党代会；自治区两会；新旧西藏对比教育；第三届藏博会等

资料来源：作者整理自中国新闻年鉴、中国广播电视年鉴、西藏新闻年鉴等。

西藏电视台的融合进程涉及业务融合，组织融合，其组织运转理念依然遵循统筹性生产：（1）重视中央重要会议或重要主题宣传活动，如党的历次重要会议、国家领导人重要讲话精神、中央经济工作会议、中央农村会议、"四个全面"宣传等都是传播重点。（2）突出中央关于西藏地方重要会议的报道，如2010年中央第五次西藏工作会议、2015年中央第六次西藏会议、2020年中央第七次西藏会议，西藏地方媒体都要展开多角度、长时段的集中宣传活动。（3）记录西藏地方重大活动，如报道西藏自治区党委政府对国家治藏方略执行会议、践行行动，西藏第一、二、三届藏博会，西藏发展论坛，西藏地震抗震救灾宣传，创先争优强基惠民活动等内容。（4）执行节庆宣传，如国家层面的建国周年、建党周年、改革开放周年、抗日战争纪念等，地方层面的自治区成立周年、西藏民主改革周年、昌都解放周年等。（5）常规化完成不同月份的重点宣传内容，如二月份的藏历年、三月份的重点维稳月、七一建党、八一建军、九月民族团结月、十一建国等。这类宣传报道，经历中宣部顶层设计，自治区宣传部中层引导，西藏电视台等地方媒体基层执行，形成了国内媒体生产从统筹到实践的生产闭环，使得西藏电视生产在融合时代变迁中依然承载着"喉舌"定位，执行"宣传"功能。

3. 融合沿袭组织生产

媒介融合并未显著改变电视传统生产方式，作为媒介组织，西藏电视台沿袭着组织生产方式。

作为二级媒体，上报生产持续发展。向上级媒体常态化上报或提供地方媒体区域性内容是媒体层级建设的制度性规定。为提升上报质量，西藏电视台将长期以来形成的综合消息和简讯改为单条信息上报，2015年上报264条，央视《新闻联播》播出109条，新闻频道、中文国际频道、英语频道、财经频道等播出153条。[1] 西藏电视台也不断加强与中央媒体的合作，选派专人进入央视新闻中心记者部，组建通联部，做好西藏电视台对央视的上传报送工作。

持续媒介宣传，常规性开辟专栏、专题、系列报道等。2012年，党的十八大召开之际，西藏电视台推出《科学发展 成就辉煌》《雪顿故事》《以优异成绩迎接党的十八大》等专栏，制作了《雪域颂歌》《喜迎党的十八大藏语经典演唱》等主题晚会，摄制《光辉的历程》《遍地格桑花》等专题片。[2] 2016年，为贯彻执行习近平总书记系列重要讲话精神，西藏电视台推出《中国梦学习辅导问答》《推进全面从严治党 营造风清气正政治生态》等专题专栏和系列报道。[3] 这一年，西藏电视台先后推出《脱贫攻坚进行时》《走基

---

[1] 中国新闻年鉴社. 中国新闻年鉴2016 [M]. 北京：中国新闻年鉴社，2016：514.
[2] 《中国广播电视年鉴》编辑委员会. 中国广播电视年鉴2013 [M]. 北京：北京广播学院出版社，2013：67.
[3] 国家广播电影电视总局发展改革研究中心. 中国广播影视发展报告2017 [M]. 北京：中国广播影视出版社，2017：337.

层：喜看变迁》等专栏，开展了《两会特写》《高原党旗飘》《昔日贵族庄园诉说西藏变迁》等报道。①

重大宣传通常要开展大型采写活动。2010年，在中国共产党建党90周年及西藏和平解放60周年之际，西藏电视台与36家中央媒体"重走进藏路"，足迹遍布西藏7地市30多个县70多个点，行程近万千米，刊发了1000多篇新闻稿件。② 2013年，国内媒体践行"走转改"活动，西藏电视台开展《中国梦·美丽西藏》大型采访活动，组织60多名记者，深入全区基层，行程逾3万千米，开辟《民族魂 中国梦》《中国梦·西藏故事》等专题专栏，推出系列报道、重点报道、深度报道等专栏。③ 大型采写活动使媒介从业者切实践行"四力"，沉下心、抓活鱼，也使媒介组织打破常态化生产窠臼，实现媒体组织联动和媒体内容生产的组织层级勾连和互动。

常规节庆宣传不断推陈出新。除了常规的"藏历春晚""新春走基层"等活动，西藏各地一些具有显著知名度、在当地具有重大影响力的节日，如拉萨雪顿节、那曲赛马节、雅砻文化节、珠峰文化节等地方性节日④，也以媒介事件形式进入西藏地方媒体的常态化报道视域。

治藏成就报道结合实际工作开展宣传。2011年，西藏自治区党委决定在全区深入开展历时3年的"创先争优强基础惠民生活动"，自治区、地市各级媒体、新闻网站统一开设了《深入开展创先争优强基惠民活动》《强基惠民和谐发展》《党员风采》《时代先锋》《走基层看变化》等栏目。⑤ 2013年，媒体重点宣传区党委政府实施或推进的重大工程，如农牧民安居工程、拉萨市区供暖工程、社会治安网格化管理、寺庙管理的"六个一"和"九有"工作等。成就报道一方面肯定了国家治藏方略取得的实际成效，另一方

---

① 国家广播电影电视总局发展改革研究中心. 中国广播影视发展报告2017 [M]. 北京：中国广播影视出版社，2017：337.
② 中国新闻年鉴社. 中国新闻年鉴2012 [M]. 北京：中国新闻年鉴社，2012：208.
③ 《中国广播电视年鉴》编辑委员会. 中国广播电视年鉴2014 [M]. 北京：北京广播学院出版社，2014：63.
④ 《中国广播电视年鉴》编辑委员会. 中国广播电视年鉴2013 [M]. 北京：北京广播学院出版社，2013：67.
⑤ 中国新闻年鉴社. 中国新闻年鉴2012 [M]. 北京：中国新闻年鉴社，2012：208.

面也将成就建设与民心呼应直接联结，为国家政权稳固和西藏社会长治久安营造良好的舆论环境。

社会治理报道常抓常新。西藏特殊的战略位置造就了西藏意识形态建设的特殊性，西藏地方媒体形成了特有的媒介生产图式与工作规律。首先，西藏媒体都重视敏感节点的社会治理报道和舆情动态。在"治国必治边、治边先稳藏"的国家战略与维护西藏地方稳定的政治大局下，国家、西藏自治区党委、政府高度重视西藏地方意识形态建设，西藏地方媒体长年开办《四新》《藏汉史话》《今日西藏》等专栏，以及时报道维稳工作的动态和消息。① 2010年，时逢西藏百万农奴解放54周年，经自治区党委和宣传部统一部署，西藏地方媒体开展了"爱国、团结、和谐、发展、文明"为主题的核心价值观宣传活动与新旧西藏对比宣传活动，西藏电视台开辟30多个专栏，刊播《人民日报》《西藏日报》的社论、评论员文章和署名文章。其次，日常报道框架重视西藏地方社会治理。结合西藏地方区情，西藏自治区、区党委宣传部，政府在国家治藏方略的顶层设计下多角度规划并指导了西藏地方的媒介生产活动。针对西藏社会现代化发展与藏传佛教的关系，西藏电视台先后开展了依法依规管理宗教事务、寺庙创新管理、寺庙法制主题宣传教育活动，促进西藏地方社会的稳定与长治久安。针对西藏地区民族分布格局，媒体开展了民族团结进步创建活动、城镇网格化管理、"结对认亲交朋友"活动、"先进双联户"创建评比活动等，不断宣传民族团结，倡导并实践民族交往交流交融的新型民族关系，促进西藏社会民族关系和谐融洽。

突发公共事件报道不断完善。西藏地域广袤，地理环境多样，是地震高发地区，且有强度大、分布广等特点，地震等突发公共事件的报道与社会稳定紧密相关，西藏地方媒体和地方政府高度重视突发公共事件的报道。2013年"3·29"拉萨墨竹工卡县境内发生山体滑坡，2014年日喀则地区吉隆县发生里氏5.0级地震后，在地方政府统一领导下，西藏媒体全线动员组织报道队伍，开展全时段多方位的抗震救灾宣传报道。西藏地方媒体在突发公共

---

① 《中国广播电视年鉴》编辑委员会. 中国广播电视年鉴 2013 [M]. 北京：北京广播学院出版社，2013：67.

事件报道中形成了一些工作惯例：在早期的工作经验中形成并制定了《应对突发公共事件新闻宣传工作预案》，以确保突发公共事件的宣传报道工作能组织有序、准确及时；在西藏社会稳定大局下，一旦有突发事件都会成立突发公共事件新闻宣传工作领导小组，以确保新闻宣传报道工作能有序推进；媒体已形成基本的报道框架，即自治区党委、政府的快速反应、抢险救灾、关注民生、灾后重建等，以及自治区党政军警民齐心协力、众志成城参与抗震救灾、灾后援助等①，以抢占舆论制高点，掌握涉藏舆论引导的主动权、话语权。

4. 融合与译制生产

无论媒体技术如何发展，媒介生态如何变迁，媒介生产和传播的目标并未改变，即有效到达媒介使用者。作为三大传统藏语生产媒体之一，西藏电视台始终保持着稳定向上的译制水平和译制总量，在西藏广电组织融合之后，西藏电视台的译制生产也在不断发展。

新闻作为日播产品，其时效性同样作用于新闻译制工作。网络环境下新闻生产的时效性打破了早先的固定时间节点，进一步提升了新闻译制工作的时效性标准。媒体四级建制保证了国家声音和自治区声音自上而下的传达渠道，在国家行政层级管理和政治赋权下，民族语译制播出不仅是完成信息传播要"听得懂"这一现实需求，而且要保证译制工作的及时高效、准确严谨，以服务于国家政令传达与信息传播畅通的政治大局。

除了新闻译制，纪录片译制、影视剧译制也是民族地区民族语电视生产的重要内容。在国家电视援藏制度下，西藏、内蒙古、新疆等地民族语电视频道可免费获得国家广播电视总局、央视等提供的优质影像作品进行译制播出，以满足民族地区民族语受众的收视需求。西藏电视译制节目在实践中不断发展：（1）译制内容不断丰富。西藏电视台译制节目随着国内电视节目的丰富"水涨船高"。如2012年，西藏电视台译制完成了系列专题节目《天路盛开格桑花》、系列文艺节目《民族先锋》等，也译制了影视剧《燃情岁

---

① 中国新闻年鉴社．中国新闻年鉴2012［M］．北京：中国新闻年鉴社，2012：209.

月》《永远的忠诚》等。①（2）译制视域不断拓宽。随着西藏社会现代化发展，西藏当地社会出现新变化、遇到新事物，法制宣传、实用技术等内容不断进入译制领域，成为地方媒体关注地方发展、服务当地社会生产生活的重要体现。如《高层建筑防火常识》针对的是西藏高海拔地区现在出现高层楼房以后，如何应对防火这一现实问题。（3）译制速度不断加快。2013年，先后译制藏历新年晚会、《吉祥晨曲》《欢笑2013》等文艺节目和《中美外交大揭秘》等81集、3931分钟的专题节目，译制《包青天》《铁梨花》《西藏秘密》等电视剧，部分节目实现与汉语版的同步播出。

5. 传统生产与微生产联袂

媒介生态变迁和社会大众媒介使用方式的变化不断推动和拓展西藏电视台生产策略，为满足社会大众通过手机、Pad、网络等不同端口使用媒体的现实情况，西藏电视台在组织生产基础上，推动传统生产与微生产联袂行动。

西藏地域辽阔，地方文化丰富多彩，如当吉仁赛马节、拉萨雪顿节、山南雅砻文化节、日喀则珠峰文化节等，这些节日融西藏不同区域传统文化与现代商业活动于一体，具有传播地方文化，促进地方信息沟通，促进地方社会经济发展的实际功能。这些活动通常是"政府搭台，经济唱戏"，这种助推地方经济发展的"媒介事件"是地方媒体的生产内容之一，在场记录并传播了地方社会活动。

西藏的传媒不仅承担着传媒基本的信息传播责任，而且具有构建国家形象的功能，也具有维护国家统一和民族团结的作用。藏语媒体是实现藏族地区社会和谐稳定、繁荣发展的主要宣传机构，既是大众传播媒介，也是捍卫国家利益的特殊战斗平台。因此，加强涉藏国际传播，推进媒体融合，在发展中走出一条可行之路，不仅关系到西藏本地区各媒体自身的发展，更关乎舆论宣传阵地的掌控，关乎西藏的和谐稳定与发展。②

---

① 《中国文化产业年鉴》编辑部. 中国文化产业年鉴 2013［M］. 北京：光明日报出版社，2014：324.
② 中国广播电影电视社会组织联合会，广西人民广播电台. 加强国际传播能力建设 讲好中国故事［M］. 北京：中国国际广播出版社，2019：324.

六、坚守内容生产

西藏广电组织融合之后，媒介从业者以存量合并为主，西藏电视台处于收入锐减、层级重建、转型探索之中，依然是内容生产的核心力量，电视端变为渠道之一，电视端总体呈现"量少重播"的特征。

（一）不断调试的新闻节目

1. 联播节目持续发展。1998年更名为《西藏新闻联播》，一直是台里最重视的电视新闻节目，在不断改版中持续发展。以央视《新闻联播》为基础的《午间新闻》依然存在，而改编自《西藏新闻联播》的《晚间新闻》不再播出，改为直接重播《西藏新闻联播》。这种以"地域"+"新闻联播"为外在表征的新闻节目类型，是全国地方电视新闻节目中最为特殊的存在，在组织资源、人力配置、播出时段等方面占据着绝对优势。

2. 评论节目出新。20世纪90年代开始，西藏电视台先后推出过《每周报道》《新闻视点》《新闻综述》等评论节目，2015年又改版推出了《高原新闻眼》，西藏电视新闻评论节目在不断试验中积累经验，缓步发展。

溯源于《全区新闻联播》的《每周报道》以深度报道和新闻评论为主，脱胎于《每周报道》的《新闻视点》则突出了现场报道和跟踪报道。这种溯源和脱胎使西藏电视评论节目历经"杂糅"，变身为以现场报道和深度报道为表征的"评论"节目，折射了20世纪90年代国内新闻评论节目的不断尝试突破与历时变化。作为民族地区地方电视台，在评论节目广受关注的时代，也制作播出了"要闻+分析"的藏语评论节目《新闻综述》，尽力满足西藏不同语种社会观众对新闻类节目的需求。2015年推出的《高原新闻眼》《民生周刊》，在宣传定位上以"评论"为题眼，文本框架则以"要闻+行业汇报"为主。在演播室为主的叙事空间内，在"关注时事、展现事实，发表观点"的生产流程中，围绕当期文本主题，再编全国不同地域同类新闻，详述西藏本土行业动态，在"正面宣传为主"和顾全"西藏稳定大局"下，成为西藏社会行业业绩的"汇报单"。

前后推出的4档新闻评论节目经历了从"联播"节目改编，到"新闻+

评论",再到"新闻+行业"的变化,是新闻节目生产传播的时代缩影,也是地方电视媒体生产力、创造力的投影。

3. 民生新闻的开启。民生类新闻节目开始于西藏电视台 2002 年的藏语咨询节目《今晚九点》。

  "《今晚九点》节目长 15 分钟,我们用平视镜头,走到西藏拉萨的大街小巷、街道里弄、田间地头,关注西藏普通百姓在生活中遇到的难题、困难等。在网络技术不怎么发达的时代,依靠西藏电视台记者持续外采和追踪报道,借助了西藏电视台民族语记者和编辑力量,记录了当时西藏社会很多普通人的状态,当时这档节目受到了很多人的喜欢。我们出去采访,老百姓一看是《今晚九点》的都特别欢迎;区委领导也很喜欢,专门打电话到台里,把《今晚九点》的节目刻成光盘送到区里,说是很多领导都喜欢看。"(Z-47-F-XZTV-201912)

2014 年开播的《民生进行时》在 3 频道播出,在网络媒体加持下,节目版块由"图片咨询""主播侃新闻""服务零距离""生活小贴士""有事您说话""援藏干部"等构成,实际上"图片咨询""主播侃新闻""生活小贴士"三个版块都是对网络信息的再编再播,而"服务零距离""有事您说话"则调动了台内力量,在制片人制度下,这个由台聘人员构成的节目,沿袭了民生类节目关心百姓生产生活的定位和宗旨。

相比西藏新闻联播节目在资源、人员、制度方面获得的保证,民生类新闻节目生产只是西藏电视台的组织行为之一,在财力、发展等主要因素影响下,民生类节目成为可替代的内容之一。

(二)从文艺到综艺的变化

随着国内电视节目的发展,最近十年,除了新闻、电视剧之外,电视综艺成为最能吸引观众、最能吸纳资本的节目类型。在国内头部媒体的电视综艺竞争中出现了湖南电视台的《超级女声》《歌手》、浙江电视台的《中国好声音》《王牌对王牌》、江苏电视台的《非诚勿扰》等所谓"现象级"电视综艺节目,电视综艺进一步带动网络综艺节目的推陈出新。西藏电视台也在电视综艺和网络综艺的竞争之中寻求突破之路,在常规文艺节目和大型文艺晚会之外，经国家广播电视总局批准，2015年西藏电视台（汉语卫视）推出大型才艺竞秀综艺栏目《扎西秀》。

《扎西秀》旨在挖掘西藏文艺新人、弘扬民族文化、增进民族团结、促建和谐社会。节目采用制播分离，由西藏影视发展有限公司和中视天彩传媒有限公司联合制作，采用分阶段、层层选拔的方式开展全国海选、分赛区初复评、北京争霸赛。节目方式采用竞技类、真人秀方式，分三个战队进行比赛，呈现了新的民族音乐试听元素。《扎西秀》的一位负责人表示：

"《扎西秀》创下了西藏卫视的很多个第一，接轨了国内电视市场。采取全媒体营销方式，开始了宣推组建制，与腾讯、优酷、土豆、爱奇艺等大型主流媒体建立了战略合作伙伴关系进行联合播出；《扎西秀》还成功引入了广告冠名，'泰泓珠宝'对节目的冠名，在一定程度上提高了节目的档次，冠名商在节目播出时，在手机微信平台与节目组共同展开了'泰泓之星'选拔，形成了台网互动、线上线下共同营销的节目。《扎西秀》对西藏电视人的市场试水是意义非凡的。"（G-44-M-XZTV-202007）

《扎西秀》在节目环节设计、传播策略、影响力方面等虽未形成显著效果，却是西藏电视台对综艺节目的一次有益尝试和深入实践，也极大地丰富了西藏电视节目类型。

（三）电视纪录片的延续

在西藏电视节目生产类型中，从筹备到创台，再到当下媒介融合时代，不曾中断的节目类型只有两类：一类是新闻节目，另一类是纪录片。

承接长期以来形成的电视纪录片生产经验，2015年的电视台改版和之后紧随的媒介融合行动中，西藏电视纪录片生产呈现多向度发展特征：

1. 纪录片类型不断丰富。在电视组织统筹性生产框架中，专题片是最为常见的电视纪录片类型，始终肩负着直接宣传的媒介功能。另外，随着电视纪录片事业的发展和国内电视纪录片类型的创新和交流，西藏电视台也陆续推出了口述类（《口述西藏》）、讲堂类（《珠峰讲堂》）、纪实类（《跟我学藏语》《骑行318》）、版块类（《西藏诱惑》）等记录片，这些不同类型的电视纪录片，一方面承袭纪录片经典叙事理念，另一方面，不断创新当代电视纪录片叙事策略，使西藏电视纪录片生产呈现多彩丰富的荧屏景象。

2. 话语风格兼顾国家、精英与大众。《雪山架彩虹》《当家做主40年》《西藏今昔》《走进西藏》《当家做主之路》《飞跃空中禁区》等，这些节庆专题片、成就专题片、区情专题片等是西藏电视台承接宣传任务，结合具体主题常态化地宣传国家话语。以《珠峰讲堂》为代表的讲堂类纪录片，借助社会文化精英力量及其研究成果，在文献梳理和逻辑中，将国家话语与精英话语相结合，服务国家治藏方略和西藏社会发展现实需要。以《西藏诱惑》为代表的工业化电视纪录片，文本框架关注西藏社会普通个体，叙事内容注重西藏地方革命史、建设史的挖掘和呈现，叙事主题聚焦于特定地域环境中生产生活的再现，叙事主旨立意于呈现西藏社会平凡而伟大的现代化发展，呈现了国家治藏理念下的国家图景这一"大传统"，以及国家大传统之下的西藏当代社会日常生活这一"小传统"。

3. 生产主体涉及媒体自产与社会生产。2010年开始在西藏电视台施行的"制播分离"机制率先使用于电视纪录片领域，《西藏诱惑》由此诞生，北京四家专业纪录片制作机构成为西藏电视纪录片的生产主体。2015年，借电视台改版之际推出的《珠峰讲堂》节目则采用合作形式，在媒体组织和社会精英的合力下，推出了西藏主题讲堂类纪录片，成为西藏电视台的品牌栏目之一。

（四）电视剧的断片

在制播分离机制下，电视剧实现了市场化运营，长篇电视剧已经成为国内电视剧生产的主要类型，这种变化可以有效降低成本、提高电视剧制作的品牌效应和影响力。藏族题材电视剧也呈现这一特点（见表2-6）。

表2-6 新世纪西藏题材电视剧生产情况

名称/集数	年份	制作单位	导演	编剧	演员
香格里拉/36	2011	云南省委宣传部	蒋家骏	周力军	胡歌 王力可

续表

名称/集数	年份	制作单位	导演	编剧	演员
西藏秘密/46	2013	西藏自治区宣传部/北京品众佳艺公司/XZTV/CCTV	刘德濒/刘雪松	刘德濒	郭晓冬 沈傲君 曹炳琨 多布杰 仁青顿珠
便民警务站/20	2016	XZTV			洛丹 达珍 阿旺仁青 尼珍

资料来源：作者整理；时间范畴：2011—2022年。

最近十年的藏族题材电视剧已经完全是长中篇电视剧的样态，最新的《西藏秘密》是46集。从广受视频媒介爱好者青睐的豆瓣评分来看，《西藏秘密》豆瓣评分达到8.0分，是截至目前藏族题材电视剧市场接受度、受众认可度最高的剧目，也就意味着藏族题材电视剧发展前景大有可为。

藏族题材电视剧文本基本呈现两大特点：一是藏族题材电视剧的藏族编剧队伍有待发展壮大，只有当代文学改编中出现的原著作者，以及《快乐生活》《便民警务站》等剧是西藏本地藏族编剧，由此可以折射出藏族题材电视剧生产中藏族编剧人才的缺乏。二是藏族题材电视剧文本对西藏社会的认知影响着藏族题材电视剧的生产质量和传播效度。国内电视剧发展历程显示，电视剧这样的大众文化如果不能引起社会"话题"的讨论，就不能进入社会大众的生产生活里，更谈不上传播效果了。引发社会广泛关注和讨论的《西藏秘密》导演刘德濒，本身是北京电影学院副教授，研究西藏历史、文化、民俗数十年，被公认为"西藏题材第一人"，参与并创作了《西藏风云》（1999年）、《回到拉萨》（2003年）等藏族题材电视剧，多年来编写过多部电视剧、电影剧本。《西藏秘密》从搜集文献资料、采访顾问专家、撰写剧本、到最终拍摄完成用了14年时间，他也凭这部电视剧获得第三十届中国电视剧飞天奖优秀编剧奖。该剧的出品人之一，著名藏族文化投资人江洛金·次旺云丹在谈到投资《西藏秘密》的原因时也表示，自己并非特别追求经济效益，而是希望通过这部电视剧播出后的收视率，以及大众对该剧的反响,来了解以西藏文化作为电视剧的题材是否会被大众认可。①《西藏秘密》引发的话题、受众认可度等给了投资人肯定的答案,预示了藏族题材电视剧的编剧、创作、生产等大有可为的发展前景。

第五节 西藏电视的生产逻辑与衍变路径

西藏电视生产经历筹建、初步发展、持续发展到转型发展这四个比较清晰的阶段。

与西藏电视生产史同步而行的是西藏地方电视事业发展史。西藏电视台从筹建开始,经历有线电视、电视上星、频道扩建、西新工程、"村村通""户户通""寺寺通",直至当前正在进行的媒体融合、县级融媒体建设等,西藏电视生产史见证了国家在西藏地方自上而下的广电媒体基础建设史,也形成了西藏电视的生产逻辑与衍变路径。

一、组织边界上,由"内"而"外"生产

组织社会学提到,社会由组织构成,不同社会组织具有不同的生产模式,其中,内在性生产是组织内部完成组织任务,外在性生产是组织运转依靠外部构成。② 在组织生产的初步发展期,西藏电视台依靠"借米下锅"和"自力更生"策略完成组织生产内容,电视援藏机制中的片源虽然属于外部资源,播出却是完全依靠组织内部从业者完成藏语译制的再生产。

随着国内媒体集团化改革,西藏电视台也在企业化经营中实行制播分离机制,纪录片、电视剧、电视综艺的生产从完全依靠电视台内部生产转向电视组织与社会资本协同生产。北京的四家纪录片公司通过竞争进入西藏电视纪录片栏目《西藏诱惑》的生产序列,西藏影视发展有限公司和中视天彩传

---

① 孙岚君,朱琪.江洛金·次旺云丹:藏文化传播的探路者[EB/OL].中国西藏网,2013-02-19.
② 李友梅.组织社会学与决策分析[M].北京:生活·读书·新知三联书店,2019:8-9.

媒有限公司进入西藏电视综艺节目《扎西秀》的电视生产领域。21世纪以来，藏族题材电视剧生产时断时续，社会资本涌入藏族题材电视剧生产已呈常态。社会资本进入电视生产领域，成为电视生产、传播、营收的共同利益相关者，这种"外在性"生产改变了单一的电视媒体生产主体现状，单一行政"资源依赖路径"扩展至绩效、提成、奖励等经济路径，电视生产涉及社会资本、电视媒体主管部门和电视媒体三方博弈协商与资本角逐。

二、组织方式上，主动式生产

媒介融合时期，内容生产从媒介组织生产走向自媒体、企业媒体、社交媒体"众声喧哗"的时代，在国家意识形态建设的刚性需求中，媒体组织肩负的宣传责任尤为重大。2013年8月19日，习近平在全国宣传思想工作会议上发表讲话指出，青年群体基本不看主流媒体，大部分青年通过网络获取信息，要尽快掌握网络舆论的主动权，人在哪儿宣传重点就应该在哪儿。① 新媒体发展带来的舆论阵地和话语空间的转移，促使国家及时调整舆论宣传工作重心和策略。同年12月30日，习近平在中央政治局就提高国家文化软实力研究进行第十二次集体学习时强调指出，为了提高国家文化软实力和国际话语权，加强国家传播能力建设，构建对外话语体系，必须发挥好新兴媒体作用，增强对外话语的创作力、感召力、公信力，讲好中国故事，传播好中国声音，阐释好中国特色。② 2014年8月18日，中央全面深化改革领导小组第四次会议审议通过了《关于推动传统媒体和新兴媒体融合发展的指导意见》。习近平在会议上强调，着力打造一批形态多样、手段先进、具有竞争力的新型主流媒体，建成几家拥有强大实力和传播力、公信力、影响力的新型媒体集团，形成立体多样、融合发展的现代传播体系。国家战略从媒介使用者、技术等综合角度强调了传统媒体转型的迫切性和重要性。

西藏电视台的"牦牦TV""阳光西藏""西藏卫视+""珠峰云"等，是在媒介融合时代传统媒体组织对媒体定位的坚守，也是传统媒体转型发展的

---

① 习近平在全国宣传思想工作会议上发表讲话［EB/OL］.新华网，2013-08-19.
② 习近平在中央政治局就提高国家文化软实力研究进行第十二次集体学习时的讲话［EB/OL］.人民网，2015-06-25.

内在要求。地方媒体融合进程蕴含着国家驱动和社会驱动的综合因素。国家驱动层面，国家通过顶层设计以应对新媒体冲击，确保获得数字时代媒体传播话语权与"领导权"，也是借助媒介融合机制强化媒体行政管理体系；社会驱动层面，媒体组织在社会组织竞争和资本分配中意图借助融合策略强化组织"合法性"，扭转源自技术提升语境造成的组织影响力和引导力下滑的颓势，并亟待再次回归话语传播的引领地位。

三、生产历史上，跟进式生产

在国内电视黄金时代诞生并起步的西藏电视，在历史、人才、技术、资源等综合因素影响下，位处国内媒体序列的三四线位置，在内容生产上处于跟进式生产状态。

国内电视黄金时代的市场化竞争给国内电视带来两个方面的变化：一是行政层级差异中的倾向性选择。在上星播出的全国市场竞争中，央视依托地位赋权和资本优势，在新闻领域建构权威地位，在传统优势新闻节目《新闻联播》之外，20世纪90年代还推出《焦点访谈》《新闻调查》等节目。地方卫视虽然实现了卫星播出，但是在新闻信息获得方面与国家电视台难以比肩，除了东方卫视借助区位优势开辟全国新闻之外，其他省级地方卫视相继在综艺、电视剧、纪录片等领域进行倾向性选择，如湖南卫视的《快乐中国》、安徽卫视的《剧行天下》等。二是全国省级卫视的差异化竞争。这主要体现在生产内容的地方性上。在媒介"事业性质"的宣传功能之外，央视广告收入和地方电视上星播出格局激发并改变了全国省级卫视动力，在差异化媒体定位基础上，省区级电视媒体针对性地建构了内容生产体系。如湖南卫视在《快乐大本营》之后陆续开发了《超级女声》《歌手》《乘风破浪的姐姐》等所谓"现象级"电视综艺节目，浙江卫视在《快乐男声》之后持续推出《奔跑吧兄弟》《中国好声音》《王牌对王牌》，安徽卫视在《剧行天下》之外开始举办"国剧盛典"，与湖南卫视的"电视金鹰节"、四川卫视的"四川电视节"等形成竞争。在省区级卫视热火朝天的竞争中，省级电视生产从原有"面面俱到"转向"重点突破"，除了新闻、电视剧这两大传统收视点，综艺娱乐成为当下电视媒体的新经济增长点，吸引着电视媒体生产热情，甚至反向影响到央视内容对电视综艺的开发，推出了《幸运52》《星光大道》《央young之夏》《你好，生活》等节目，在资本吸引中热播节目以成功的模板很快成为其他电视台竞相模仿的对象。

西藏电视台的跟进式生产，一则体现于节目类型的创立方面。从历史悠久的新闻资讯节目《西藏新闻节目》、地方旅游节目《在西藏》，到后期出现的评论节目《民生进行时》《高原新闻眼》等，再到实行制播分离机制后推出的纪录片《西藏诱惑》《珠峰论坛》、综艺节目《扎西秀》等，这些节目类型都是国内媒体已经开播过并且播出成功的案例。在资源有限的现实语境中，经过广泛调研，这些市场检验过的成功案例、类型加上西藏地方特征，成为西藏电视节目类型生产的主要方式。二则体现于电视生产管理的跟进。通过广泛调研国内头部媒体媒介融合现状、问题或经验，西藏电视台以审慎的态度，开展新媒体中心建设和管理，采用微生产方式等，缓步推进西藏电视媒介融合进程。

四、地域环境上，特色式生产

在地域区割与差异化竞争中，地方性内容是省级电视生产的现实框架。在新闻、纪录片、娱乐节目、电视剧等不同节目类型中，西藏7地市的城市、乡镇、农牧区等以发展成就与新变化进入西藏电视视野。在电视媒体的镜头画面、声音语言中，西藏电视"拟态化"呈现并建构出西藏在国家治藏理念下的媒介景观，呈现了国家话语中的"大传统"与国家话语中西藏百姓"小传统"交织交融的新西藏景观。

西藏电视生产也因西藏地方地理环境形成特殊性。西藏高海拔、高寒环境对媒介生产与媒介从业者具体实践提出实际要求，在地理环境制约下，西藏电视生产具有季节性特征。

地方媒体生产涉及"国家权力与社会势力"①，作为整体的国家借助中宣部、广电管理机构，以理性且连贯的方式，推行明确指令和利益法则；不

---

① 乔尔·S.米格代尔，阿图尔·柯里，维维恩·苏．国家权力与地方势力[M]．郭为桂，曹武龙，琳娜，译．南京：江苏人民出版社，2017：17．

同层级、不同地域媒体的执行方式则需要依据地方实际开展具体行动。西藏电视台的生产历史成为社会诸领域协商互动的累进过程,一方面,跟进国家现代化建设中经济发展的话语框架,重点呈现西藏地方的经济发展成就和政治改革成就,以体现执政党执政理念的正确性和合法性;另一方面,西藏地方在历史变革中有达赖分裂集团、西方反华势力的长期存在与舆论威胁,相比国内其他地方媒体,西藏地方媒体生产更多以"维护国家领土完整""服务西藏社会稳定"为最高旨归。

第三章

西藏电视里的国家与地方

在国家和全国兄弟省市对口援藏和支持下,西藏电视媒体在基础建设、人才培养、节目制作等方面获得了扶持,这助推了西藏电视媒体的发展。同时,相较于内地省区,西藏较为滞后的生产力、高寒缺氧环境,造成了专业人才"难引进""留不住"等现实困难,导致西藏电视媒体长期处于人才匮乏、创新力不足的境况。当下,在媒介技术变迁与媒介融合国家战略助推下,西藏电视媒体同样加入媒介融合洪流,展开转型发展。

本章将从媒介社会学视角出发,以西藏电视文本为关注重点,借助参与观察、深度访谈和文本细读方法,深入分析西藏电视文本,适度阐释西藏电视文本背后的力量、场域与关系,并以西藏电视媒介融合转型为契机,探讨其融合转型的问题、症候,并就此探讨长期处于三四线位置的电视媒体在融合发展中的突围和扭转逆势的可行性策略。

第一节 二传手与建构者:西藏电视新闻

新闻是媒体之"重器",它在相当大的程度上决定着"社会视野""议程设置"和"舆论导向"。[①] 媒体机构的"社会分量"和社会价值很大程度上取决于它在新闻传播中的影响力和权威性。"新闻立台"是媒体立身之本,媒介组织的社会定位决定着新闻生产的角色功能,进而左右了媒介组织的资

---

① 喻国明."互联网+"时代关于"新闻立台"的思考:兼论中央电视台的媒体价值[J].声屏世界·广告人,2015(12):175-176.

源分配，在"企业化经营"、制播分离、"集团化发展"等媒体改革中，新闻节目始终是电视媒体的"自留地"，新闻生产是西藏电视媒介生产的中心工作之一。

在西藏电视台节目生产历史中，新闻节目不断经历开播、改版、停播的变化。其中，唯一未曾中断的新闻节目是《西藏新闻联播》，这一带有区域空间标志的联播咨询类节目，也是国内电视新闻节目中的重点类型。在这一节，我们以《西藏新闻联播》为研究对象，对其文本展开分析，以此管窥西藏电视新闻生产的场域特征，也借此探索地方电视新闻生产的媒介功能与现实意义。

一、"联播新闻"的溯源与衍变

联播新闻是电视媒体新闻生产的常用形式，除了组织生产的特征之外，制度保证成为关键因素。

1950年4月1日，广播事业局公布《广播事业局关于各人民台联播中央人民广播电台节目的规定》，要求各地方电台必须联播中央广播台19点或21点的两次新闻节目。1955年，中宣部又转发了《广播事业局关于组织地方人民广播电台承担中央人民广播电台集体记者的决定》，规定地方台记者有为中央台采集并供给重要新闻的职责。这一新闻生产与管理策略在改革开放之后，又以一系列行政法规的形式，扩展到电视新闻领域。各地方电视台、转播台、电视差转台和有线电视台必须以专用频道完整转播中央电视台一套的节目，并禁止在转播过程中以任何形式中断节目或插播自办节目。[①] 中央电视台《新闻联播》延续了这一由行政力量主导的媒介行为和建设格局。至1980年，央视《新闻联播》基本形成了固定的节目形态和播出方式，成为各地方台追随和模仿的样板。

1981年，在青岛召开的全国电视新闻工作座谈会明确规定"各省、自治区、直辖市电视台都是中央电视台的集体记者，有责任、有义务向中央电视

[①] 艾红红.《新闻联播》研究[M]. 北京：中国广播电视出版社，2008：148-153.

台提供新闻，各省、自治区、直辖市电视台必须转播《新闻联播》"①。这些规定确保了《新闻联播》能覆盖全国不同行政区域，也强化了全国"联播"的本质特征。

省级卫视的联播类新闻生产既与央视新闻联播节目有关，也与中国特定的国情和媒体体制有关。"文革"结束以后，中国国家建设转为以经济建设为中心，电视媒体获得发展机会，全国微波中继传输网络的完善使中央电视台和地方电视台之间的新闻传输网络初步形成。

1981年的青岛电视会议除了提到举全国之力办电视《新闻联播》节目之外，还提出要求各地方电视台必须承担中央电视台的集体记者为《新闻联播》供稿，并且必须在每天19点转播《新闻联播》。② 央视《新闻联播》由此成为一档独具中国特色的日播新闻节目，不仅拥有国家赋予的崇高的政治地位，也因制度保证的覆盖范围而在电视独大时期成为绝大多数中国人了解大政方针、获取外部信息的最主要的窗口，与《人民日报》一样以"国家话语中的政治内涵和政治影响力而成为远远超过世界上其他任何一档的电视新闻栏目"③。

央视《新闻联播》的内容框架、语态风格、可视化形态，均清晰地表现出作为执政党最重要宣传工具的政治自觉。"播音员"以汉语普通话的规范、语音语调的庄重、朗读稿件的准确以及着装形象的严肃等，成为电视新闻的有机构成元素，其政治符号的仪式性功能远远超过新闻节目的专业性功能，在形式上追求"外形上的井然有序以及组织性"，以确保"信息的传递沿着一条严格控制的路径"完成，"最大限度排除任何含混性或可能性的阅读多义性"④，以"全知全觉的雄心"，以"寻求确定性而给予事物一种秩序"⑤。

---

① 杨伟光. 中央电视台发展史（1958—1998）[M]. 北京：北京出版社，1998：157.
② 杨伟光. 中央电视台发展史（1958—1998）[M]. 北京：北京出版社，1998：156.
③ 常江. 中国电视史（1958—2008）[M]. 北京：北京大学出版社，2018：126.
④ 许加彪. 国家声音与政治景观：《新闻联播》的结构和功能[J]. 现代传播（中国传媒大学学报），2009（4）：75-77.
⑤ 阎立峰. 思考中国电视：文本、机构和受众[M]. 西安：陕西人民教育出版社，2009：16.

《新闻联播》形成了比较固定的版块和基本稳定的播出次序,"较为呆板"。①作为中国政治秩序在新闻生产领域最重要的体现,《新闻联播》的新闻编排严格遵循执政党话语与国家权力秩序,这种被政治安排的"集体无意识",成为强化既定权力结构的话语策略。②新闻价值的确定,在多数时候是新闻事件本身的显著性,事件或人物在政治语境下的重要性等综合影响的结果。在繁文缛节色彩的编辑机制与错综复杂的责任关系中③,央视《新闻联播》的生产惯习得以养成。

二、西藏电视新闻的生产与译制

《西藏新闻联播》是西藏自治区全区新闻综合节目,也是西藏电视台最为重视的电视节目,《西藏新闻联播》代表了西藏电视台的新闻生产力与新闻产出能量,在一定程度上也反映了西藏电视新闻的话语生产特征。

(一)分工协作的电视新闻生产

从节目基本内容的构成看,《西藏新闻联播》由时政新闻、(系列)专题报道、地市新闻、快讯、专栏五个基本稳定的版块组成。节目版块如此划分,不仅有利于新闻的前期分工采集,也利于节目的后期编辑。

日常新闻生产中,西藏电视台新闻中心由1位新闻中心主任、1位责任编辑、2位编辑、2位播音员、2位录影师,大采访中心主任等当班,自早上9点开始到晚间播出为止。重大新闻、突发事件发生时,新闻中心都是全员待命。西藏电视新闻生产依然具有个体负责、组织运作的生产特点(见图3-1)。

新闻生产后期工作在SobeyNet系统上完成,由新闻中心编辑部、部门主任、台长合力完成。SobeyNet系统可以完成选择、编辑、剪辑、合成等工作。

西藏电视新闻生产在新闻中心进行了细化分工:

---

① 杨伟光. 中央电视台发展史(1958—1998)[M]. 北京:北京出版社,1998:164.
② VAN DIJK T A. News As Discourse [M]. New Jersey: Lawrence Erlbaum, 1990.
③ TUCHMAN G. Making News: A Study in the Construction of Reality [M]. New York: The Free Press, 1978:37.

```
                    台长
                     ↓
                   中心制
      ↙              ↓              ↘
  大采访中心      SobeyNet系统      新闻编辑中心
      ↓         ⇄         ⇄         ↓
   主任记者                       主任编辑  播音员
   记者                          责任编辑  录影师
                                  编辑    切盘
```

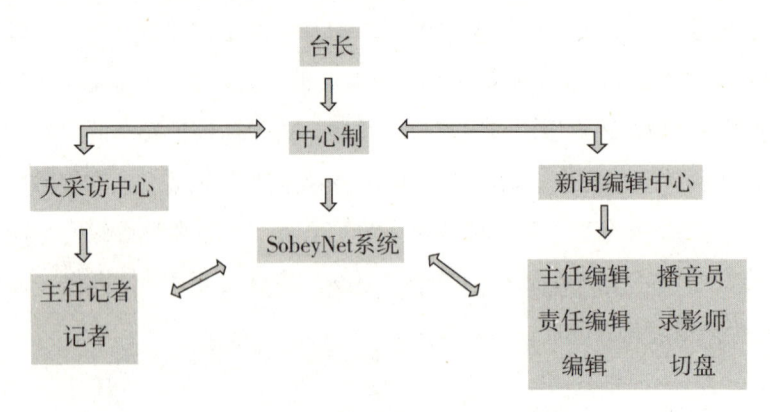

图 3-1　西藏电视新闻生产流程

资料来源：作者整理；2018 年 1 月—2022 年。

1. 部门主任的任务

"时政新闻版块每天都会预留，我们要密切关注每一条时政新闻的变化，主要是根据区委宣传部要求，及时调整相关内容或者细节。我们的总时长不变，时政新闻版块有变化，后面的其他版块相应就会变化。时政新闻关系着新闻头条，这个排序基本固定，以主题报道或区党委书记为头条，非头条部分不是自治区常委活动，就是成就报道等。"（Z-48-M-XZTV-201806）

西藏电视的日常新闻工作中，新闻中心主任是电视新闻的直接负责人，不仅负责新闻活动的采写计划，也负责新闻稿件的最终播出与条目排序等。联播新闻节目对行政层级的复制传递着节目性质的特殊性，作为省区一级级别最高的视听新闻节目，地方一级时政新闻在联播新闻中自然占有重要位置，新闻中心主任的日常工作就是及时跟进并完成时政要闻的制作与播出。

2. 编辑的初次筛选

"我们的编辑都有基层采写经历，非常清楚稿件采编业务。记者在系统中提交的稿件被选中后，编辑会统筹安排；如果被选稿件中有不清楚的地方，我们都会及时联系大采访中心主任或采访记者，要求及时补充和完善所需部分。"（L-42-M-XZTV-201806）

西藏电视台新闻中心的常规生产中,编辑负责专题报道、地市新闻、快讯和专栏这些内容的筛选。每天有2位编辑当班,2位编辑各有分工,这种内部分工并不固定,更多处于工作惯例和时效考虑。

3. 责任编辑的努力"平衡"

"我们选择稿件的基本原则是'平衡',通常要考虑当天新闻条目在类型上的均衡,要考虑到7地市在条目分布上的'平衡'。当然,也不是每一天都严格分配,也会综合考虑近一周或近一月内报道条目在类型、内容、地市等方面的'平衡'。"(L-42-M-XZTV-201806)

责任编辑通常只负责组建当天节目内容和条数,而"平衡"成为西藏电视新闻编辑在内容条目处理上的基本原则。

4. 播音员的"随时"与"及时"

"新闻要求时效性,这个时效性对应着采写编播的每个环节,每一步都要有时效性。播音员这一环就是要'随时待命''及时录制':在台里,轮值播音员随时待命录制节目,一旦责任编辑、中心主任审核通过单条新闻,播音员就要完成录制;为了后期剪辑,每一条新闻都需要男女播音员分别完成录音,以备整体播出时男女播音的均衡搭配。"(S-33-M-XZTV-201806)

有别于电视镜头中光彩闪耀的播音员,电视新闻日常生产场景中的播音员,只是媒体生产"采写编播"中的一环;播音员的外在形象甚至可以分为"出镜部分"和"镜外部分","出镜部分"的播音员有适宜的妆容、得体的服装,录制节目时精神焕发,恰当适宜;"镜外部分"的播音员,无高声亮嗓,着装随意,也会认真核对稿件等。播音工作有"台前"和"幕后"之别,这种"日常生活中的自我呈现"①,成为一种表演,却不限于播音员们。

5. 及时更新的录影师

索贝系统显示责任编辑和中心主任审核通过单条新闻之后,当班的2位

---

① 欧文·戈夫曼. 日常生活中的自我呈现 [M]. 冯刚,译. 北京:北京大学出版社,2008:15.

录影师随时进行播音员录音工作，并及时上传录音成果。在单条新闻出现修改之后，录影师负责及时重录，并及时上传、更新录音，以便编辑、责任编辑重新组构。

策划、采写、录制编辑，甚至往复修改，新闻生产是流水作业，也是协同生产。结合西藏地方地理位置和北京时间的时差，以及西藏当地人生产生活作息规律，《西藏新闻联播》节目在每天19点30分首播。这一时刻，是人们下班回家、从田间地头回家、放牧归来的时间。在西藏电视台内，往往是大采访中心、编辑部、部门主任、台长等齐聚播控中心，集体收看节目的时间，每个人都在根据自己的任务分工，对节目进行最后的审看，根据具体情况，进一步确定22点30分重播盘的内容，至新闻重播之后，相关人员才算完成当天新闻节目，才可以下班回家。次日，这一工作流程被不断重复、更新和推进。

（二）旨在有效的译制新闻

全国省区级电视媒体准点转播央视《新闻联播》，是国家四级办台中形成的行政惯例。民族自治区电视台不仅需要直接转播汉语版央视《新闻联播》，而且要根据当地主体居住民族语言使用情况，译制播出民族语版的央视《新闻联播》。这是国家信息传播的现实需求和行政命令，也是民族地区省级卫视的一项重点生产内容。

西藏地处祖国西南边疆，长期处于反对西方敌对势力渗透、反对民族分裂、反对宗教极端势力的最前沿，战略位置非常特殊。在这样一个以藏族为主体、多民族交错杂居的地区，办好少数民族语言广播电视，把党和国家的声音及时传入千家万户，维护祖国统一、民族团结，促进西藏社会长治久安和高质量发展，是西藏广播电视工作者义不容辞的责任。因此，藏语新闻节目是媒体生产的刚需内容。

首先，译制新闻工作受到了党和政府的高度重视和支持。随着中国电视事业的整体发展，西藏电视台也不断发展。在40年的发展历程中，西藏电视台坚持从西藏实际出发，坚持"贴近实际，贴近群众，贴近生活"，坚持

<<< 第三章　西藏电视里的国家与地方

"以藏语为主""办好藏语电视节目,为西藏人民服务"① 等指导方针,不断推进西藏新闻译制工作。在党和政府的高度重视和政策扶持下,西藏建立了广播电视影视剧译制中心,这是西藏地方影视作品译制的中坚力量,西藏电视台的藏语影视剧、纪录片等均出自这里。

其次,新闻时效要求藏语新闻译制中心高速运转。

"台内需要翻译播出的新闻,主要是央视《新闻联播》和《西藏新闻联播》,都要准时播出,实际上,藏语新闻译制中心有两个办公室,一个负责央视新闻译制,一个负责台内新闻联播。"(X-49-M-XZTV-201806)

"台里采用索贝系统,拉萨这边主要是北京和江苏对口支援,北京和江苏他们用的是索贝,我们也用了索贝。"(L-42-M-XZTV-201806)

"省区级地方台通常在下午3点之前就可以在下载端口收到当日央视《新闻联播》定稿,从下午3点收到定版,到晚上7点播出,每天就在这几个小时内,翻译、配音、录音、播出藏语新闻,这对我们译制人员的翻译能力要求是非常高的,有一些专门的术语,比如'治国理政'呀,'治边稳藏'呀,'脱贫攻坚'呀,这些专门的词语,都有严格的要求,不能随意翻译,不能翻译完了我们藏族老百姓听不懂,所以,我们这边的藏语翻译,绝对都是专家。我们也要考虑到安全播出,绝对不能出错,所以,我们藏语新闻译制中心就集中了西藏电视台藏语译制的中坚力量。"(Z-42-M-XZTV-201806)

"确实,台里新闻生产方面主要是汉语采写,藏语生产很少的,最主要的藏语人才都集中在译制中心了。除了译制新闻节目,我们很多节目都是需要译制的,纪录片呀,电视剧都是。台里招藏族进来的时候,主要考虑的是藏语译制。"(Z-52-M-XZTV-201806)

互联网技术使媒体业务的多条工作能多线共时展开,藏语新闻译制工作也在索贝系统中完成,包括翻译、剪辑、录制、合成等后期编辑为主的再生

---

① 西藏自治区统计局. 西藏社会经济统计年鉴 1990 [M]. 北京:中国统计出版社,1990:82.

产过程，系统也可同步显示编辑情况，以备及时调整内容和再生产。

翻译制作好的两档藏语版新闻联播节目，都在藏语卫视播出，它们是与汉语卫视的汉语版同时播出的。

最后，译制新闻是一种再生产。

无论译制央视《新闻联播》，还是《西藏新闻联播》，都是在汉语定版基础上的语言译制。保持内容不变是译制央视《新闻联播》的基本前提，同时译制也要考虑央视新闻的主播口型、口播时间和长度等因素。

在表达习惯上，藏语与汉语表述有显著的长度差异，译制工作要求严格使用藏语官方使用规范，这就需要对相关音频和视频进行小幅度地再剪辑和配音。

早先的译制工作由非编版卡完成编码、解码和编辑。在国家援藏政策支持下，藏语译制工作作为"西新工程"项目之一，西藏广播电视台获得藏语译配网系统（Pyramix）。这是一个集非编网络、新闻共享、媒资管理为一体的网络系统，包括音视频上下载、视频合成、文稿翻译、审片、配音、拟混音、音视频合成等功能，实现了译制工作的全数字化、网络化译制。① Pyramix系统的音频制作与西藏电视台现在采用的SobeyNet系统兼容，能保持编辑结果的帧精度不变。其中，上下载、视频制作、配音、拟音、混音、音效、终审等关键生产业务站点设置于系统内网，文稿抄写/翻译、看片、初审等站点设置于系统外网，外网站点只能以只读方式进行访问，内外网之间实现物理隔离，从基础架构上保证了系统具有高度的安全性。

从节目上载开始，历经看片、文稿翻译、抄写校对、片头片尾制作、文字审查、录音、音频制作、初审、合成、终审、下带等，其中需要用到的工作站有：上下载工作站、看片工作站、抄写/翻译工作站、配音工作站、拟音/混音工作站、精编工作站、初审工作站、终审工作站。通过这一系列运作，藏语版央视《新闻联播》《西藏新闻联播》得以与观众见面。

三、西藏新闻的文本结构

《西藏新闻联播》节目的版块构成，既有对央视《新闻联播》的模仿，

---

① 刘朝. 藏语译制的数字化改造［J］. 现代电视技术，2006（10）：76-79.

也是根据自身实际进行了探索。

(一) 时政版块对政治秩序的复制

时政新闻版块是节目的重中之重,时政新闻版块中最重要的部分是头条新闻的选择。目前,《西藏新闻联播》的头条有三类:传达学习、贯彻执行国家政令,西藏发展成就或区内主题报道,西藏自治区的重要活动。

"台里得到当日自治区党委相关领导的活动计划后,会派出专门的摄像记者,联合西藏日报社的文字记者进行跟随采访,形成文字稿件和视频资料。通常西藏日报社负责文字稿件,电视台负责摄影录像;有时,自治区领导的活动报道由自治区相关部门提供通稿,电视台只采录视频资料。"(L-42-M-XZTV-201806)

时政新闻采集集合了三方面的力量,除了电视台,还集合了日报社、党委指导下的相关部门等。

"时政条目,尤其是头条的长短,通常都是根据自治区党委宣传部相关规定或者临时电话通知,进行视频内容长度的剪辑。新闻中心会根据头条内容长短,进一步调整其他构成部分。"(L-42-M-XZTV-201806)

新闻头条选择并非新闻媒体独立判断,在地方宣传诉求下,媒体组织的直接主管部门和上级部门深入影响甚至左右着媒体组织新闻头条的选择。

央视《新闻联播》的头条中,领导人活动占据显著比例,并且只是将国家主席的当日活动作为头条,其他政治领导人并不做头条播出,这一选择"严格依照了执政党对国家权力的规划"[①]。2003年3月28日,央视《新闻联播》头条播发了题为《中共中央政治局召开会议研究进一步改进会议和领导同志活动新闻报道等工作》的报道,此后,各类行业工作会议报道被严格禁止,工作总结式报道被取消,每天的时政新闻总量也有明确限定。这一政策的出台主要调整和改变了国家和地方各级"新闻联播"中领导人报道和工

---

① 常江.《新闻联播》简史:中国电视新闻与政治的交互影响(1978—2013)[J]. 国际新闻界,2014(5):120-132.

作报道的出现比例和频次，而国家最高领导人和地方行政最高负责人的报道比例、时长等并不在此调整范畴。

《西藏新闻联播》时政新闻，尤其是头条选择中，前两类头条，一方面完成了地方卫视对国家重大信息的传播任务，另一方面也形成国家—地方权力层级的行政规制。第三类头条复制了央视模式，通常是西藏自治区现任党委书记活动，常委活动出现顺序遵循了自治区常委排序。《西藏新闻联播》的头条选择和文本排序，严格遵循了政治意识形态和社会现实，具有现状维护、社会镜像和拟态仿真的意蕴。

（二）主题报道重点承担宣传任务

主题报道是联播类新闻的头条内容之一，也是媒体最为重视的新闻生产内容之一。《西藏新闻联播》先后推出过"科学发展成就辉煌""以优异成绩迎接党的十八大""先心病患儿救助在行动""非遗传承人风采""天路六年行进在高原""走基层·一线见闻""雪顿故事""惠民实事暖人心""强基础惠民生·干部在基层"等系列主题报道。[①]

"我们的报道任务，来自中宣部和西藏自治区党委宣传部的要求和部署。"（X-49-M-XZTV-201806）

西藏电视台要根据上级部署，在不同时间节点开展相关主题的系列、组合大型报道，内容包括党和政府重大会议、重要节庆，自治区重要节日、大庆、重大工程、重大经济成就等。在长期生产中，西藏电视新闻的主题报道形成了自己的特点。

一是鲜明的政治性。媒体是党和国家的喉舌，故媒体生产担负着新闻宣传的首要责任，主题报道是宣传报道任务之一。主题报道关涉国家和省级两个层面，中宣部会根据国家发展和重大时间节点给各级各类媒体组织提出宣传要求。如2019年是中华人民共和国成立70周年，中宣部提出"壮丽70年"的主题报道活动。地方媒体既要贯彻执行中宣部的主题报道任务，也要

---

① 《中国广播电视年鉴》编辑委员会.中国广播电视年鉴2012 [M].北京：北京广播学院出版社，2012：383.

根据所在行政层级和区域实际规划地方特色的主题报道活动。如西藏电视台的"新旧西藏对比"主题报道。

"为了宣传贯彻十九大精神,西藏电视台综合运用新闻、专题、栏目等形式,组织电视文艺晚会、政论片、纪录片、经典藏语歌曲演唱会、音乐电视节目等大型专题节目。"(X-49-M-XZTV-201806)

在特定主题框定下,电视节目从不同角度、不同类型,展现西藏科学发展、和谐稳定、民生改善、民族团结的局面。例如,在十九大宣传活动中,西藏电视台做的相关新闻报道达 2700 余条,各档新闻栏目播出 700 余条次,网络宣推 1900 余次。[①]

二是时间跨度长。主题报道是根据国家或地区发展中的现实需求提出的舆论宣传行政行为,为解答历史或现实问题,或营造特定氛围,宣传报道都需要一定时间长度来形成规模效应。

"区党委宣传部提出的'新旧西藏对比'宣传,历时 5 年(2012—2017)我们台里在新闻报道、纪录片、访谈节目、文艺节目等节目类型中都涉及这个主题,就是要集中形成旧西藏的悲惨生活和西藏和平解放后新西藏人民翻身做主人的幸福生活的鲜明对比。"(X-49-M-XZTV-201806)

三是组织重视。不同层级媒体作为所在行政组织的下属单位,按照制度执行上级管理部门的任务成为媒体组织的运行常态。主题报道作为国家或地区宣传工作的重头任务,媒体组织的生产状态也是一种任务执行,行政规制、组织管理条例和工作奖惩成为推动主题报道顺利进行的重要措施。

"重大主题报道通常都会得到媒体组织部门的高度重视,我们也会调动台里各频道、各中心、各栏目的力量,进行人员配置和结构安排,以高效高质地完成宣传报道任务。"(X-49-M-XZTV-201806)

2005 年度西藏自治区成立 40 周年大庆专题报道,在西藏电视新闻好稿

[①] 孙海悦. 西藏自治区新闻出版广电局:让十九大精神贯穿工作全过程[N]. 中国新闻出版广电报,2017-12-01.

评选中，该系列报道荣获了特等奖。① 2006年，西藏电视台制作的新闻系列报道《神奇的天路》获第17届中国新闻奖电视类二等奖。② 主题报道既是各级各类媒体新闻生产的常规类型，也是一项政治任务，从中国新闻奖、西藏新闻奖，到媒体组织内部奖励等不同层级或类型的奖项设置，激励着媒体组织和个人对主题报道的投入，奖项、奖励所带来的职业声誉，则进一步助推媒体组织和个人在新闻报道生产类型、方式等方面的选择和权衡。

（三）地市新闻与平衡

我国媒体组织的四级建制，一方面保障了国家政令自上而下的通行，另一方面为自下而上的信息上报提供了保障体系。央视《新闻联播》在报道内容上十分重视对国内各个地区的新闻的覆盖。1981年开始的央视新闻改革不断调整单条新闻的长度，几十秒到1分钟的简讯成为节目最常见的单位形态，以确保对各地新闻的囊括。新闻空间覆盖全国各地，同时借助技术、内容和制度的保障实现统一国家的意识建构。

四级建制自央视采用之后，在不同层级都进行了推行。省级卫视沿袭了这一自上而下的新闻惯例，形成了地市新闻版块的供稿体制。依照央视新闻联播机制和"四级办台"媒体建制，《西藏新闻联播》的地市新闻由西藏7地市电视媒体提供。

> "台里有要求，地市稿子不能送时政新闻，主要送的是展现地市发展建设成就、社会动态类稿件，他们也很高兴，地市新闻能在区台播出，是地市电视的业绩，也是地市成就的展示，地市领导都很重视，我们会尽力做到7地市在周内、月内保持大致相等的采稿量，'平衡'是我们不断学习的结果，也是我们实践的结果，就是为了保障西藏7地市都有稿件能在省级卫视播出。"（L-50-M-XZTV-201806）

地市新闻是地市记者专业能力的表现，与地市记者工作绩效等直接挂钩，直接带动了地市媒体供稿的积极性。同时，地市稿件的内容规定看似是

---

① 中国新闻奖评选委员会办公室. 中国新闻奖作品选：2005年度·第十六届［M］. 北京：新华出版社，2006：383.
② 中国新闻年鉴社. 中国新闻年鉴2008［M］. 北京：中国新闻年鉴社，2008：177.

自上而下的行政规制，但从另外一个角度看，也是自下而上的组织业绩，甚至是地市层面政治业绩的隐性呈现。当场域实践关系社会组织或个体的产出、收益时，作为行政体系序列中的西藏区级媒体采用"平衡"原则就成为维持社会组织运转的常态化策略。

（四）快讯与行业动态

虽然电视媒体失去了黄金时代的影响力，但是层次行政中的政治赋权使传统媒体在重大新闻发布上依然保持着独特的公信力和权威性，在固定时长、固定时段的传播行为中，新闻快讯是联播类节目为丰富信息容量而采取的重要举措。

"快讯信息一般由电视台自己采制，或者由社会各部门宣传部门自己提供。"（L-42-M-XZTV-201806）。

"我们融合之后，所有专职记者都到大采中心了，要求所有的记者都要给电视供稿，现在我们的快讯稿件比较多。"（Y-33-M-XZTV-202012）

快讯稿件主要涉及教育、卫生、体育、文化等内容。社会各部门通常会提供相应的稿件或视频，电视台进行选择、编辑、播出，重要活动也会派出记者前往采访摄录。

为丰富报道内容，快讯通常是一句话新闻和掠影镜头。快讯的来源、类型、内容反映了社会构成的动态景观，既折射了国家治理的宏大景观，也投射了社会组织活动的中观动态，具有记录社会动态的重要价值。

（五）配合宣传主题的专栏

开设专栏是针对重大宣传主题进行的媒体生产活动。《新旧西藏对比》是西藏电视台配合西藏自治区宣传部开展的"新旧西藏对比"宣传活动而特设的专栏，历时5年（2012年12月—2017年12月）。

专栏内容通常在采访对象的生活场景中进行，借助采访对象对旧西藏苦难生活的追忆，对比今天新西藏的幸福生活。《新旧西藏对比》关于旧西藏的苦难生活，基本采用的是历史上的纪录片或影像资料；而关于新西藏的幸福生活，几乎都是在或养花或擦领袖相片的场景中进行。这种对比叙事传递新西藏好、中央政策好、社会主义好、中国共产党好等的传播旨归。①

在四级办台的媒体层级制度下,联播类新闻作为各级电视台最为重要的节目类型而存在,占据着电视台最为丰厚的资源和最多的人员,成为电视媒体新闻生产的首要政治任务。联播类新闻节目在节目结构、主题选择、话语风格等方面借鉴并复制着央视联播新闻的运行模式和生产方式。同时,作为具有特定覆盖范围的电视媒体,西藏电视台"平衡"地呈现行政管辖范围内不同地市、不同社会组织、不同行业的发展、成就等,这便成为联播类新闻生产的另一个准则。

四、联播新闻的生产框架

新闻生产是一种话语生产,能够反映和建构社会观念。在40余年的新闻生产历程中,西藏电视媒体形成了自己的生产惯习和话语风格。诸多以媒体新闻编辑部作为调查对象的研究,发现媒体作为专业组织,其日播压力和日常播出流程使媒体生产形成了一个便于执行的框架。②

"一直说要融合,推进过程这么慢的原因,一个是融合之后的'大三定'一直没有出来,另一个是融合后的中央总台级别提高了,那我们这里融合之后会不会提高也是大家关心的问题。这两个问题解决了,2018年两台融合应该就会很快。"(X-49-F-XZTV-201805)

"'大三定'出来后,2018年年底我们挂的牌,自治区宣传部部长兼的台长。融合之后,大采中心的记者融合到一起了,大家都要给电视台供稿,不过其他部门的人,还是在原来的部门干活,办公地点也没变。中央第七次西藏工作会议之后,关于西藏媒体宣传有具体的指导,台里推行新的中心制,负责内容生产的有七八个吧,如融媒体新闻中

---

① 脱慧洁,赵婷婷,李娜. 对比与框架:《新旧西藏对比》的内容分析 [J]. 东南传播. 2015 (10):66-67.
② 盖伊·塔奇曼. [M]. 麻争旗,刘笑盈,徐扬,译. 北京:华夏出版社,2008;赫伯特·甘斯. 什么在决定新闻 [M]. 石琳,李红涛,译. 北京:北京大学出版社,2009;迈克尔·舒德森. 新闻社会学 [M]. 徐桂权,译. 北京:华夏出版社,2010.

心、融媒体娱乐节目中心等。"(D-52-M-XZTV-202006)

"现在是个过渡时期,'小三定'没有出来,每个中心下面具体有多少人,现在还不确定。除了大采中心的记者融合之后,其他部门的人目前还是在原来岗位上,编辑、主播都要制作和播出原来的节目。"(Z-29-M-XZTV-202012)

西藏广播电视台的融合进程,首先,自治区层面的整体策划,这是在国家关于加快传统媒体融合转型这一顶层设计下的行政行为,融合主要涉及自治区级媒体在融合之后行政层级变化、相关人员行政级别等问题。其次,这一融合也是媒体内部的行政行为。在新中心制下尚未确定的"岗位""工资"关系到每一位从业者的切身利益,也是关系到媒介组织持续发展的重要因素。

在这一具体情况下,目前两台融合之后电视新闻节目的生产类型和组织生产特征并未变化,下面对当下这一时期电视新闻节目生产框架进行综合分析。

(一)坚持正面宣传、主旋律宣传

自20世纪80年代末开始,国家明确加强了对全国媒体的管理。1989年,中共中央政治局常委李瑞环在全国宣传干部研讨班上发表了题为《坚持正面宣传为主的方针》的讲话,要求新闻宣传工作应当做到"有利于稳定,有利于鼓励,只能帮忙,不能添乱",要"旗帜鲜明地宣传现实生活中进步的、光明的、先进的、积极的东西"。[1] 1990年《人民日报》发表元旦社论《满怀欣喜迎接九十年代》,明确指出"中国的最高利益就是稳定""稳定压倒一切"。自此,"正面宣传为主"和"稳定压倒一切"就成为全国新闻宣传工作严格遵循的根本性原则。

在国内电视台的新闻节目生产中,中央台以行政层级和国家赋权获得了资源优势,成为新闻生产的"巨无霸"。从卫星播出到媒介融合,技术打破了信息传播的地域限制,在市场利益分割中,地方省区级电视台在不断尝试

---

[1] 李瑞环. 坚持正面宣传为主的方针:在新闻工作研讨班上的讲话[J]. 新闻战线,1990(3):7-14.

跨地域传播的可能性。东方卫视以地域优势和经济优势选择了主打海内外信息生产,成为新闻生产的"轻骑兵"。江苏电视台新闻中心一位从业者表示:

"媒介融合之后,电视台的竞争更加激烈了。开会的时候,台里领导就表示,在五大头部省级卫视中,江苏台现在靠后了,其他头部媒体都在娱乐节目上发力,江苏台有《非诚勿扰》《新相亲故事》,这只是一个品牌节目,要提升竞争力,江苏台要寻找新的突破点。台里经过反复考量,打算做新闻。虽然大家都知道做新闻,地方台都比不过央视,但是,台里要去努力,看能不能实现新闻的跨区域报道,我们一直在争取。以前我们做过《南京零距离》,把民生新闻做到了全国领先,相信媒介融合环境下,我们做新闻也会取得好成绩。"(F-F-25-JSTV-202106)

媒体在媒介融合中的突破,与其说是媒体组织的企业化经营,毋宁说是在中国市场化大潮下社会组织参与社会资本竞争与利益分割的主动行为。作为头部媒体的江苏电视台,其现有资源持有、媒介生产与经营反映出行为主体明显的创新意识。受广告法和媒介融合后媒介使用转向等因素影响,西藏电视台将组织运营方式从"差额拨款"变回自治区"全额拨款",在组织运行资本缩水的现实境遇中仍保持2015年改版之际形成的新闻节目生产体量,主要有三档节目,分别是《西藏新闻联播》《午间新闻》《高原新闻眼》。

"西藏最大的要求就是要稳定,稳定就要做好宣传。《西藏新闻联播》播出时间是根据西藏和北京的时差调整的,这是西藏的晚间黄金时间,但是还有人在这个点看不到,我们就专门开设了《午间新闻》,主要内容是对《西藏新闻联播》的再编和再播,就是希望《西藏新闻联播》里关于国家和自治区的重要信息能被更多人看到。"(L-M-50-XZ-TV-201806)

"我们每个时期都有宣传任务,自治区宣传部会提前给我们下达,这当然也是中宣部从上面下达的,根据每个阶段的宣传报道重点做就可以,台里各中心会根据宣传主题展开节目策划。新闻中心通常都有专题报道呀,开辟专栏呀,等等,我们的'新旧西藏对比'主题宣传就进行了5年。我们当时开办《高原新闻眼》这个评论节目，一方面是上面有要求，电视新闻节目中必须有一档评论节目；另一方面，我们也想尝试，在维护西藏稳定这样一个大局面前，我们的评论节目也是借新闻评论做好宣传吧。"（X-49-F-XZTV-201806）

在国家治藏方略和稳定西藏的政治诉求下，西藏电视端的三档新闻节目形成了鲜明的叙事策略和导向意识，"正面宣传""主旋律宣传"是西藏电视新闻生产严格遵循的行业准则。其文本框架定位于"治藏方略与成就""新旧对比"等。其中，"治藏方略"侧重于国家政策、治藏稳边策略、政策执行等，"治藏成就"集中于西藏各地的经济发展和既得福利，而"新旧西藏"在历时对比中形成了新西藏和谐稳定、经济发展、百姓安居乐业以及旧西藏万恶的主题结构和意识建构。

（二）准确传达信息是首要功能

作为西藏自治区行政级别最高的视听媒体，及时准确地传递中央和自治区的声音是西藏电视媒体新闻生产的首要功能。

"对我们民族地区电视台来说，除了汉语卫视上要准时转播，藏语卫视也要准时译制播出藏语版的央视《新闻联播》，这个台里一直是非常重视的。"（L-M-50-XZTV-201806）

"对西藏自治区来说，做好《西藏新闻联播》是台里的头等大事，按点、安全播出是我们的硬性要求，《西藏新闻联播》从来都是台长亲自抓，每天《西藏新闻联播》播出前，也是新闻中心人员最集中的时候。"（Z-M-48-XZTV-201806）

央视《新闻联播》在制度保证、国家赋权、层级规制中，成为下级媒体新闻生产的学习样本，其生产模式、话语风格、节目结构、文本框架等不断得到"因地制宜"的仿制。仿照央视《新闻联播》国家/省区的两级叙事层次，《西藏新闻联播》建构了西藏自治区/地市的两级叙事层次，这种基于层级管理的行政分层也延续至市级、县级电视媒体的联播类节目，成为国内新闻生产数量最多的节目类型，不仅形成了国家政令、重大信息等自上而下的传播渠道，也形成了行政层级自上而下的管理渠道。

西藏电视新闻节目，一方面执行了省级卫视转播国家台《新闻联播》的任务，在西藏地区传播了国家台最具象征意义的新闻节目所建构的国家符号、层级规范和中外对比隐喻；另一方面，仿照央视《新闻联播》的生产方式，制作和播出了省级新闻联播节目，传递了西藏地方贯彻执行国家治藏方略、建设发展西藏、新旧西藏对比和沿袭层级规范的隐喻，并结合西藏不同地域人们生产生活作息时间，对每日播出的联播类节目进行了分时段的重播（三次）。

《西藏新闻联播》是西藏电视台新闻中心倾尽全力的新闻节目。

> 在我调研的6月里，从晚间5点左右开始，西藏电视台播控中心内外就挤满了人，台长坐在播控室的窗外，紧盯着电视屏幕，边看屏幕，边提修改意见，大采中心主任、新闻中心主任、责任编辑、主播都集中在播控室里，或站或坐，每个人都紧盯着屏幕，当发现字幕上有错别字了，画面不理想了，或者台长提出具体要求了，相关人员就会迅速去录音室里、编辑器前等，进行重录或重剪。重新修改的稿子会再播、再看。这样的行为，可能反复多次，一直持续到正式播出。即使正式播出后的整档节目，有时还会给出修改意见。（采访笔记，2018年6月）

播控中心严阵以待、高度重视的"集体审片"，是"安全播出"这条媒体纪律约束下的行为，也是西藏电视新闻工作者高度责任意识和职业素养的集中体现。

（三）文本类型突出硬新闻

在固定栏目生产中，西藏电视新闻生产形成了"政治+经济+社会"的节目结构，节目类型似乎有外在差异，实质上题材选择更多倾向于硬新闻类。硬新闻是关系国计民生的政治类和经济类信息，通常以各级行政层级的政治领导人活动、工作会议、政策决议等为表现形式，也包括国家经济运行状况、税率变化等内容。如央视《新闻联播》以会议、调研等形式传播政策动态，以局势变化和互访关注国家安全与国际交往，以行业精英为典型报道对象，以领导有力、顺利解决为突发事件报道模式，以突出中国改革发展的创新、科技、基础建设、教育、外贸等取得的成就，形成正面报道的程式。

作为地方电视最重要的新闻节目,《西藏新闻联播》侧重于国家政策、治藏方略的传达学习与贯彻执行,着眼于边疆稳定与富边兴藏,突出党和国家的领导,强调自治区党委政府的行动作为;经济报道集中于国家经济政策在基层的贯彻执行及其成效,突出国家援藏政策和兄弟省市的援藏活动及成就;社会新闻立足西藏地区的文化传承与保护,凸显西藏社会的各项发展成就、国家民族政策给西藏民众带来的福利,从软新闻角度进行文化意识形态的建构。

在改编自央视《新闻联播》的《午间新闻》中,国内部分以短消息形式扫描全国各地实时动态,与西藏区内形成信息互动和媒体同步同构的拟像。《午间新闻》的话语风格也是复制联播类节目,形成了近似的联播类节目。在形式上,《午间新闻》其实并未完全与联播类形成差异化风格。

评论节目《高原新闻眼》由消息集锦和演播室内容构成。消息集锦部分以全国各地消息动态呈现全国各地各项事业蓬勃向上的发展景象。作为节目主体部分的演播室内容,集中介绍西藏自治区各行各业践行国家治藏方略、发展西藏的情况,较少关注新闻事件、社会现象等,缺乏观点表达和舆情导向。

西藏电视新闻生产中的宣传话语体现出新闻内容的严肃性质和"泛政治化"特征。"政治+经济+社会"的新闻类型生产突出硬新闻,既是新闻节目定位和长期实践的结果,也是新闻生产常规化播出需求的反映。媒体组织运转和日播压力形成了媒体生产框架。媒体框架是媒体刻意强调、阐释和呈现的符码,媒介生产惯于使用这些来组织产品和话语。在这样的语境中,媒介框架能够帮助新闻从业人员很快并且按常规处理大量不同的甚至是矛盾的信息,并将它们套装在一起。由此,框架就成为大众媒介文本编码的一个重要的制度化了的部分,而且可能在受众解码的形成中发挥关键作用。[1] 为了迅速完成新闻报道,媒体生产就根据社会分工形成了政治、经济、文化等不同的条块化管理和生产机制。

---

[1] 奥利弗·博伊德·巴伊特. 媒介研究的进路[M]. 汪凯,刘晓红,译. 北京:新华出版社,2004.

硬新闻经常采用宏大视角或上帝之声，这些内容以准确严谨的专业术语、结构规范的语法和句式影响着普通百姓的生产生活，也因自上而下的宏观性、宏大性和概念性，与日常生产生活的微观性、微小性、碎片性等产生话语差异和距离。话语反映着某一社会集团的意义和价值观①，有助于社会知识和信仰体系的建设②，思想观念与话语之间存在着互相建构的关系。思想观念一方面体现为社会不同主题的话语实践；另一方面，话语也相应地不断再现、影响和改变着社会成员的思想观念。媒体对于话语的梳理和传递至关重要，媒体引领着传播活动，是话语的载体，构成了一个社会的符号生产领域，起到了展示集体观点、储存集体记忆的作用。③

央视《新闻联播》立足全国，以政策传播和建设成就彰显国家治理能力，在历时对比中建构和强化国家政策的正确性和合法性。而西藏电视媒体的联播节目和类联播节目则立足西藏自治区，传播国家治藏方略和地区发展成就，凸显民众对中央政策的支持和国家帮扶行动的感恩，在新旧历时对比中体现政策的正确性和决策的合法性。

（四）体现空间秩序

西藏电视媒体注重"地域空间"的选择和布局，呈现西藏、全国、国际三个层次的变化。作为省级媒体，西藏电视媒体重点关注西藏本土空间。如《西藏新闻联播》借助符号的"能指"与"所指"④ 不断凸显文本关注的"地域空间"。片头以改编自《天路》的18秒开始曲、动态化的地球、数码世界地图、节目名称、时间刻度、西藏自治区地图等符号，不仅传递了西藏电视传媒人开放的国际视野、求新求快的新闻生产诉求，而且建构了西藏新闻联播"全球视野、落脚西藏"的地域空间。正文通过采访地域、播音员、记者、受访者等常用符号，体现出省级卫视"立足本土"的报道策略，不断

---

① FOUCAULT M. The Order of Discourse [M] //SHAPIRO M. Language and Politics. New York: New York Press, 1984: 108-138.
② FAIRCLOUGH N. Discourse and Social Change [M]. Cambridge: Polity Press, 1992.
③ PAN Zhong Dang. Framing analysis: Toward an integrative perspective [J]. The Chinese Journal of Communication and society, 2006 (1).
④ 费迪南·德·索绪尔. 普通语言学教程 [M]. 高名凯, 译. 北京: 商务印书馆, 1980: 65.

强化西藏本土地域空间。片尾舒缓的曲子、正常日播后的播音员、明天再见的邀约，是西藏地方发展、社会稳定、秩序井然的隐喻。尽管有纷繁复杂的社会现状、世界变幻，但在忙碌的工作之后，一切都在条理中，这是"符号神话"[①]对现状的肯定与维护。

西藏电视媒体新闻生产也关注国家，放眼世界。在《午间新闻》《高原新闻眼》等不同节目类型中，节目内容在版块设置、内容呈现、话语表述上都关注全国动态和国际动态。如果说《西藏新闻联播》是扎根西藏覆盖七地市的内在纵览式新闻节目，《午间新闻》就是从区内到国内再到国际的外向简讯式新闻节目。《午间新闻》在节目版块设置上分为区内、国内、国际三个部分，在报道数量上呈现逐次递减的特征，既突出节目以区内空间为重点，又在新闻信息报道中与国内形成互动，并了解了国际形势。《高原新闻眼》的消息集锦版块由3~5条与当日评论主题相关的国内同类消息组成，评论版块则以针对区内具体问题或事件的评论为主体，形成了区内区外紧密联系的态势，也形成了国内媒体在关注相关问题上的互文互动。

新闻生产中的地域空间不仅是媒体组织内部的自觉框架，也是西藏电视媒体基于行政层级和媒体生产体量综合考量的结果。中国媒体行政区划和媒体层级制度自然形成了各级媒体的新闻空间，同时地域、民族、文化、语言等接近性因素也使媒体新闻报道的叙事空间在实践中形成了倾向媒体所属区域和所属层级的特征。国家对一些特殊新闻报道范围也进行了具体规定，如不能实行异地监督等。地域空间的建构既反映了节目定位，也反映出节目所处的社会环境、影响因素等。列斐伏尔（Henri Lefebvre）将空间细分为物理空间（自然）、心理空间（空间的话语建构）和社会空间（体验的生活的空间）。[②]从社会空间看，西藏电视媒体新闻生产顺应政治、现实所需而生，"以政治为本位"是新闻生产的首要诉求，以行政命令规范上情下达，也规制着地方中层执行的叙事空间；从物理空间看，西藏电视媒体新闻生产在时

---

① ELIADE M. Rites and Symbols of Initiation [M]. New York: Harper and Row, 1965: 48-49.
② 亨利·列斐伏尔. 日常生活批判：从现代性到现代主义：第三卷 [M]. 叶齐茂，倪晓晖，译. 北京：社会科学文献出版社，2018：647.

空维度上形塑了西藏地方的空间叙事，传递了国家主权规制下的地方媒体话语空间；从心理空间看，在固定时段、固定时长顺利播出，西藏电视媒体新闻生产传递了国家领导有力、地方发展、社会稳定的时代隐喻。

五、小结

西藏电视"新闻联播"节目以硬新闻类型、严肃的文本主题、自上而下的宣传话语和刻板严正的演播室形式等为表征，节目整体呈现对国家"大传统"传播的严肃性、正统性和泛政治化特征，这种生产理念与方式在信息传播上具有准确严谨的优势，也以常态化传播形塑着媒介使用者的社会认知和价值体系，是媒体传播的传统生产方式。

联播类节目是西藏地方电视媒体生产的重点内容，在组织资源分配中占据绝对优势，双语开播从未中断，不断改革创新，从大采访中心、新闻中心到新闻中心主任、台长形成了一个完整的采编播体系。在产出能量有限和宣传定位下，"新闻联播"节目被不断再编、改编，以不同名称在不同时段"广告式"反复播出。联播节目重视对关系国家发展的重要讲话、精神、理论的学习，通过抓典型、抓理论、抓基层等方式[①]，呈现省区层面对国家和中央相关指令、精神、讲话的学习、贯彻和执行；重视国家和省区两级重点政治节庆报道，在常规新闻生产流程中，发挥媒体从业者的主动性，从前期策划、中期深入实践到完成报道任务，养成并不断加固媒体生产的惯习，也建构和记录了西藏的发展历程。从营造舆论声势、宣传农牧区建设到反映建设成就，联播节目的每一阶段均会开设专栏，采用典型报道、重点报道等各种形式展开强势宣传[②]，以集中力量形成对西藏社会的议程设置和舆情导向。

媒介融合时代，现代性带来思维和交往方式的变化，全媒体阵容带来媒体生产的多元化和用户选择的随机性和多样性，电视媒体以声画传播体现典型的娱乐特质和"共场性"。媒介融合环境下的新闻生产，不仅需要考虑用

[①] 中国新闻年鉴社. 中国新闻年鉴 2004 [M]. 北京：中国新闻年鉴社，2004：219.
[②] 中国新闻年鉴社. 中国新闻年鉴 2004 [M]. 北京：中国新闻年鉴社，2004：219.

户媒介使用习惯和喜好，也要在文本内容上与普通百姓"三贴近"，在议程设置、传播形式上不断创新，使普通百姓在生产生活中产生互动、共情和共振，进而在突发事件、重大事件发生时能及时而准确地引导舆论，体现传统媒体的公信力，发挥其引导力和影响力。

第二节　仪式转换与神话再造："藏历春晚"的个案分析

过传统节日是文化传承的重要途径，尤其是传统新年。藏历新年是藏族群众最为重要的传统节日，是有着浓郁而富有藏民族特色的年俗文化。在中国现代化进程中，传统年俗文化受媒介文化"春晚"的深远影响。电视时代开始后，大众媒体花半年甚至大半年时间精心筛选、彩排、录制节目，在除夕之夜给社会大众呈现一部时长 4 小时的"视觉盛宴"，这成为媒体生产的"媒介事件"和"新年俗"。

藏历新年电视综艺晚会是西藏电视台最重要的文艺节目。1984 年，筹建中的西藏电视台创办并播出了首届"藏历春晚"，随后"藏历春晚"成为西藏电视台稳定发展并连续制作的电视文艺节目。"藏历春晚"的创办与其说是对央视春晚的模仿，毋宁说是媒体四级制度和行政区割下区域媒体为区域核心受众而进行的针对性生产。在央视春晚强大的覆盖面和影响力下，省级卫视春晚都避开了大年除夕夜这一播出时间，"藏历春晚"播出通常结合藏历新年时间，在藏历新年前夜播出，或者在全国新年前一天播出。

在落地政策的倾斜与帮扶下，1986 年，西藏电视台作为全国第二家省级卫视上星播出，提高了电视节目覆盖范围。因为语言、民族心理的接近性，除了西藏自治区，青海、甘肃、四川、云南四省涉藏州县民众也是"藏历春晚"的主要收视群体，海内外藏族同胞也是"藏历春晚"节目的收视群体。

藏族人同样讲究阖家团聚、亲友团聚，尤其重视年终团聚，也喜欢收看"春晚"和"藏历春晚"，如果赶上春节和藏历年在同一天，为了不与"春晚"冲突,"藏历春晚"便会在古突夜①的晚上播出,西藏人也逐渐形成了古突夜看"藏历春晚",囊噶夜②看"春晚"的习惯。

一、藏历年俗与文化意义

藏历新年是一个综合性的节日,也是藏历年末一家团圆的日子。新年有众多年俗,并以各种富含意义的仪式活动构成这一节庆活动的内容,不同的仪式传递着不同的文化意义。

首先是时间概念的建立。传统的生产生活方式决定着人们的日常作息和出行起居时间。传统藏历新年在时间意义上并不单指某一时刻,而是涵盖了从腊月大扫除、购买年货到正月十五这一较长的时间段,不同时间点的具体活动构成了春节的时间序列。藏历十二月底,家家户户都会选择一个吉日进行"图恰"③,将家中角落积了一年的灰渍和垃圾彻底清扫,干干净净地迎接"罗萨"④的到来,寓意"辞旧迎新"。腊月二十九的年夜饭要吃"古突",大年初一要起早"抢吉水",初二开始互相走访、拜年、请客,初三敬奉"屋脊神"等,这种由具体仪式活动构成的时间序列既是一种节日文化,也是人们的现实生活。

其次是关于神的敬奉。年夜饭吃"古突"最早源于民间驱鬼辟邪的习俗,新年贡品由切玛、德嘎、鲁古等构成,切玛⑤里面装满用酥油拌好的糌粑和青稞,再插上酥油花、罗萨梅朵⑥以及彩色青稞麦穗,寓意来年五谷丰登、吉祥如意。"德嘎"⑦由不同类型的"卡塞"⑧组成,"卡塞"源自苯教祭祀礼仪,那时时兴活物祭祀,佛教传入后忌杀生,演变成用各种造型的"卡塞"来代替活物祭祀。供品"鲁古"摆上供桌有两种传说:一说是羊头

---

① 藏语"古突",意指藏历十二月二十九日。
② 藏语"囊噶",意指藏历十二月三十日。
③ 藏语"图恰",意指"大扫除"。
④ 藏语"罗萨",意指"新年"。
⑤ 藏语"切玛",意指"吉祥物"。
⑥ 藏语"罗萨梅朵",意指"新年绢花"。
⑦ 藏语"德嘎",意指"祭品"。
⑧ 藏语"卡塞",意指"油炸面食"。

在藏语中叫"鲁古",与藏语"年头"一词谐音,因而成为新年供品;二说是过去雪域高原有很多猴子,供品常遭猴子偷吃,猴子怕羊,羊头遂被摆上供桌,供品得以保存,自此形成新年供羊头的习俗。初三时节人们各自登上自家的屋顶敬奉"屋脊神",把崭新的经幡插在屋顶上,然后煨燃柏枝,向空中抛洒糌粑、青稞面,飘动的经幡和袅袅上升的"桑烟"寄托人们的祈愿。年俗讲述了有关民族起源、信仰变化的历史记忆,也提供了人神互动的具体时空和话语内容,在举家参与、亲友共聚的群体性交流中,深化了关于生产生活与信仰观念等价值体系的实践体验和文化传承。

最后是关于年俗项目的开展。年夜饭吃"古突","古"藏语即九(表示二十九),"突"即"突巴"(面疙瘩汤或糌粑粥),面疙瘩里包有石头、羊毛、辣椒、木炭、硬币等,吃到石头代表心狠,羊毛代表心软,木炭代表心黑,辣椒代表嘴巴不饶人,硬币预示财运。正月初一凌晨,人们要冒着零下二三十度的严寒,早早到河边背回新年的第一桶水,传说此时的水最为圣洁、清甜,谁家最先打上吉祥水,则预示新的一年里能免去许多灾难。藏历正月见面互道"罗萨扎西德勒",亲友登门拜年时,男主人手捧"切玛"出门迎接,互祝"扎西德勒",女主人要提着披挂哈达的铜壶向客人敬酒,晚辈要拜年,长辈要给晚辈发"压岁钱"等。这些日常生活中的习惯、朴素经验和对美好生活的祈愿在这一重要时刻不断重复和实践,持续强化和形塑着民众的基本认知和价值观念。

在时间序列中对神的敬奉和家庭、亲友之间小群体范围的互动与交流,体现了不同年龄性别的家庭成员的角色功能和由此建构的家庭秩序和世俗伦常,形成了文化习俗的传承,传递了人们对未来生产生活的美好憧憬。

二、"藏历春晚"主题与意义生成

春晚高标准的文艺节目、巨大的媒介效应和丰厚的商业利润,形成了特有的"春晚文化"和"春晚市场",在媒体责任与经济价值追逐中,春晚汇成了"政治正确+商业大餐"的框架。相比央视和兄弟省区春晚的这些共性,西藏社会的特殊性使"藏历春晚"形成了自己的鲜明特色,且建构了"藏历春晚"的话语框架和文化意义。

（一）"区国一体"是基调

西藏地处西南边疆，达赖分裂势力和西方反华势力对西藏的持续分裂活动等形成西藏地方意识形态建设的特殊性。我国媒体，尤其是西藏地方媒体在西藏信息传播中更加强调媒体肩负的社会责任。"政治立台"定位下的西藏电视台，长期肩负着正确传播西藏信息、凝聚人心、夯实基础的媒体责任。

"藏历春晚"是西藏自治区的综合联欢晚会，也是自治区年末时节层次最高的大型晚会，是一个承载着众多复合功能的节目。近40年来，"藏历春晚"始终坚持并鲜明强调"区国一体"的主题基调。在文化、民族心理、地域等接近性的前提下，"藏历春晚"首先服务于区内观众，同时兼顾区外甚至国外藏语观众；"藏历春晚"亦是关于"西藏一年"重大事件汇报、成就呈现和文化搬演的重要平台，全面呈现着当下西藏社会现状。

随着媒介技术的发展，"藏历春晚"不断更新节目形式以表达主题内容。如2019年小品《站岗》、情景歌舞剧《詹娘舍日记》就采用纪录短片的形式，呈现了寂寥艰苦的边防哨所上边防战士们平凡而伟大的工作，传递了西藏边防官兵"缺氧不缺精神、艰苦不怕吃苦"的可贵精神。2018年的歌曲《洁白的仙鹤》是根据玉麦姐妹与国家主席之间的来往信件专门创作的故事，反映了西藏边疆地区普通民众在发展生产的同时，守护边疆、维护国土完整的伟大功绩，再次凸显了"家是玉麦，国是中国"的"区国一体"主题。西藏作为中国不可分割的一部分，这种政治主题无缝衔接于联欢晚会的现场，使普通百姓在"欢乐、喜庆、团圆、幸福、希望、和谐"的"藏历春晚"中接受爱国主义的熏染，借助广播电视技术使抽象的国家、民族转化为具体可感的影像，唤起人们的归属感和认同感。沃泽（D. W. Wolters）曾言，国家是不可见的，它必被人格化方可被见到，必被象征化方能被热爱，必被想象才能被接受。[1]"藏历春晚"立足西藏地理位置的现实，从国土守卫、边疆稳固的角度讲述关于国家的想象，同时以西藏七地市拜年、西藏不同村落的

---

[1] WOLTERS O W. The Fall of Srivijaya in Malay History [M]. London：Oxford University Press，1970.

祈福折射出西藏边疆守土有责的现实,将西藏社会个体普通而平凡的生产生活转换为个体群像生产生活于边疆、守卫边疆、守护国土的宏大叙事,用国家领土完整传递个体幸福期盼,将传统年俗中的个人情感时空转换为媒介公共空间,从而将藏历新年转换为社会个体共同守卫边疆、获得幸福生活的国家建构时刻。正因如此,"藏历春晚"所表现的主题思想或文化内涵与党的意识形态以及特定环境紧密地联系在一起了。

(二)治藏成就是重点

一方面,"藏历春晚"的节目内容是关于西藏革命与建设初期的历史记忆,如西藏和平解放、西藏民主改革、青藏公路、川藏公路、青藏铁路修建等。"十七年时期"(1949—1966)出现的民族题材影视剧、歌曲,培养的民族艺术家就成为呈现这段历史记忆的符号表征和载体。如西藏民主改革后成长起来的民族歌唱家才旦卓玛,在央视春晚作为民族事业发展、民族团结进步的符号而出现,在"藏历春晚"则作为翻身农奴的代表来再现西藏建设初期的光荣岁月,她演唱的《共产党来了苦变甜》《翻身农奴把歌唱》《毛主席的光辉》《洗衣歌》《再唱洗衣歌》等是历年"藏历春晚"的经典节目。这些由当年的著名歌手演唱的老歌在将人们带回往日情境的同时,悄悄地将宰制性话语"没有共产党就没有新中国,就没有社会主义新西藏"具体化,以政权建立的合法化延续政权传承的合法化。从某种意义上说,这是一个非常典型的话语策略,借助话语符号,不断重现西藏地区初建时期的"创伤情境",以便使西藏地区闪回决定民族命运的关键时刻,以不断重复"再确认"那一艰难时刻,借此来定期地重新召唤西藏地区初建的那股力量。

另一方面,"藏历春晚"节目内容也涉及西藏现代化的当代记忆。在西藏社会跨越式发展中,道路、水利等基础建设,移民搬迁安居工程,全国援藏项目,强基惠民等系列工程,群众文化活动场所和资源等获得了全面发展,这些内容就成为西藏治藏成就的符号表达。"藏历春晚"每年都有一两个电视纪实短片,集中于对西藏和平解放以来或过去一年来西藏行业建设成就的蒙太奇呈现。同时,以记录短片、歌舞、小品等多类型节目,多角度汇总并讲述西藏建设成就,以反映国家治藏方略的正确性,增强西藏各族民众建设美丽西藏的自信心和自豪感，从而达成"凝聚人心，夯实人心"的媒介传播旨归。如《向往神鹰》《天路》等经典名曲，小品《幸福的藏家人》《三岩地区搬迁》等，实时创作的《小康路上》《好山好水好心情》等，都是在赞颂中国共产党领导下西藏社会所取得的巨大成就，通过复杂的社会历史现实建构了政治的合法性。

（三）民族团结是主线

西藏自治区是以藏民族为主体，回、蒙、汉、珞巴、门巴等多民族交错杂居地区，民族交往的历史和现状形成了西藏多民族文化共同发展的盛景。因此，民族团结是"藏历春晚"必不可少的叙事主题，通常从以下两方面来呈现。

一是讴歌"老西藏"和感怀"藏二代"。西藏和平解放以来，为全面推动西藏社会生产力，中央制定了一系列援藏政策和优惠措施。"老西藏"就是在中央援藏政策背景下出现的一批批赴西藏工作的内地各族干部。在"同吃、同住、同劳动"的时代语境下，"老西藏"极大地推动了西藏社会生产力发展，与西藏人民结下了深情厚谊，呈现了藏汉民族交流交往交融的历史盛景，书写了助力西藏社会发展的时代赞歌。如2019年"藏历春晚"的歌曲《老西藏》表达的，"像一尊尊铜像，虽来自不同的地方，年轻的生命，伴随着钢枪，默默地驻守在最高的地方"，讴歌了老西藏们"特别能吃苦、特别能战斗、特别能忍耐、特别能团结、特别能奉献"的不朽精神。在老西藏"献了青春献终身，献了终身献子孙"的伟大壮举中，西藏社会出现了各行各业的藏二代、藏三代，他们跟随父辈的足迹，说着流利的藏语，扎根在西藏的各条战线、各个行业，成为西藏社会发展的持续源动力。"老西藏精神"是联系当代历史和当下现实的精神纽带，使民族交流交融的记忆在不断重现中得到强化，以实现国家话语中民族团结、民族共同繁荣的政治目标和中华民族多元一体的话语召唤。

二是表现日常生活中的民族团结。民族团结作为中华一体的具体表征，以形式多样的节目贯穿于"藏历春晚"生产的整个历史。2018年的《我在西藏过新年》《双节奇缘》等讲述了当下西藏社会藏、汉、回、蒙等民族交流交往交融的现实境况。2019年邀请五大民族自治区歌手联唱《谁也离不开谁》，体现了民族区域自治制度下五大民族自治区民族事业的繁荣与发展。

（四）地方文化与电视展演

在中国全面推进现代化的进程中，西藏社会获得了跨越式发展。从1965年西藏实行民主改革以来，中央已经专门召开了七次西藏工作会议，形成了一系列的中央治藏方略，西藏已全面进入小康社会。

"藏历春晚"自开办以来就重视对西藏传统文化的展演，它是传播藏族优秀传统文化的重要窗口。2006年的"藏历春晚"中，日喀则市拉孜县农民表演的民间歌舞《飞弦踏春》由32位拉孜县农民踏歌而起，节奏明快、气氛热烈、特色鲜明，反映出西藏普通民众欢乐祥和的日常生活样态和清新质朴的精神风貌，成为当年"藏历春晚"观众最喜爱的节目之一，也受到社会各界的广泛赞誉。之后，该节目受邀于第三届全国少数民族文艺汇演开幕式在北京人民大会堂演出，并于2007年登上央视春晚，成为影响力最大的民间原创节目之一。民间歌舞自此成为"藏历春晚"舞台上的特色内容，陆续出现了一批优秀作品，如班戈谐钦《天湖之舞》、果谐《黑氆氇·白氆氇》、卓舞《雅砻春潮》、工布歌舞《玉湖蓝莲》等。这些源自西藏各地市的民间歌舞，经过编排和舞台化呈现，反映了西藏社会基层普通民众丰富多彩的文艺活动和精神文化生活，是当代西藏地方和西藏当地人的故事。同时，这些西藏社会普通而日常化的"小传统"，隐性折射出在国家治藏方略这一"大传统"下，立足西藏、发展西藏，以及西藏社会和谐安定的政治意味。

"藏历春晚"的歌舞节目可以分为主旋律歌曲和藏族传统歌曲两大类。主旋律歌曲既有关于西藏故事的当代历史经典歌曲，也有根据当下国家发展、西藏建设而创作的当代主旋律歌曲，如关于生态文明建设的《我的家乡》《藏花一朵朵》，关于创新创业的《小草》《梦的翅膀》，甚至直接将国家意识形态建设进行艺术化，如歌曲《我心中的四讲四爱》《撸起袖子加油干》表达人们感党恩、跟党走的坚定决心，歌舞《我站立的地方是中国》《不忘初心》《这里是祖国的高原》《老百姓的贴心人》等表达区国一体。藏族传统歌曲通常分为民间歌曲、宗教歌曲、宫廷歌曲三类。[①]藏晚舞台上出现的传统歌曲,以民间歌曲为主,如《高原红》《踏地狂舞》《飞旋踏春》《大地鼓》《桃花深处》《和谐家园》《潮涌三江》等。这些歌曲以藏族生产生活为主要内容,配合特定主题,将西藏不同区域的地方性舞蹈与特定歌曲主题相结合,以歌伴舞的形式反映西藏不同区域异彩纷呈的文化色块和西藏当地普通老百姓阳光热烈、朝气蓬勃的精神面貌。

(五)家庭和人是缩影

新年是阖家团圆的日子,家庭和人自然是"藏历春晚"必不可少的叙事符号。历年"藏历春晚"都创作有数量不少的语言类节目、纪录短片等,这些都是家庭故事和人的故事。如《拉巴的故事》《世界之最》《哈罗!吉祥》《年楚河畔的笑声》《后藏之最》《话说世界杯》《岁岁平安》《一张火车票》《双喜临门》《姜昆开店》《藏二代》等,这些节目将家庭、个人融于社会热点、国家治藏政策中,以很多家庭都可能遭遇的问题、波折,很多个人都可能遇到的困惑、困难等,反映当代西藏社会的世情与动脉,极易引发观众收视共情。同时,这些家庭故事和人的故事都以困难化解、问题解决等喜庆结局收尾,又符合新年吉祥如意的传统习俗和民族心理,受到了西藏当地人的喜爱和赞誉。家庭与个人成为内容呈现与意义建构的符号缩影,勾连和传递更为广泛意义的时代声音。

家庭与人融于"家国一体"的叙事框架。家庭故事和人的故事不仅是个体向度的存在,更是集体向度的象征。通过家庭与个人,延伸至国家,以家庭和人的微观视角,折射国家向度的宏大内涵。如《幸福藏家人》《回家过年》《我的家乡》《阿吉拉姆的微笑》《扎西客栈》等以沙画、歌舞、情景剧、哑剧等形式,在阖家团圆的喜庆欢愉中,一边讲述感念亲恩、颂扬亲情的家庭文化,一边反映国家"兴边富民""脱贫攻坚""乡村振兴""生态文明"战略下西藏社会个体发展、家庭生活水平日益提升,以及西藏乡土社会不断进步的国家话语。家庭和人作为西藏故事的缩影、象征,以微观叙事策

[①] 觉嘎.藏族传统音乐的分类和分布以及与之相关的自然信息和人文知识[J].音乐艺术(上海音乐学院学报),2015(1):123-136.

略，询唤家庭和个人层面的情感共振，从而营造了"家国一体"的媒介仪式和场景。

家庭和人还是询唤的对象。藏历新年，既是藏家人一年到头阖家团圆的日子，也是家庭成员围炉而坐、畅谈收获、讲述故事的时候，甚至是家风传递的重要时刻。作为媒介仪式的"藏历春晚"在这一时刻还会汇聚年度典型人物，如中宣部表彰的"时代楷模"玉麦姐妹、国家改革开放40周年的"改革先锋"尼玛顿珠等，这些典型人物以平凡人生创造不平凡事迹，成为推动社会发展的力量象征和精神标杆。举家团圆时刻，媒体将典型人物植入家风延续的场域空间，用"幸福是奋斗出来的"时代话语，与家庭和个人的奋斗经历、收获等形成互动，召唤普通人"见贤思齐"与努力奋斗。

三、神话再造和话语重构：媒介对社会生产的影响

电视媒介借助符号超越并完成了从传统年俗到媒介年俗的仪式转换。仪式是一个发生在宗教崇拜过程中的正式活动[1]，具有阶级属性，也是体现社会规范的重复性象征行为。[2] 从身体在场到视觉在场，从小群体到大众群体，从实践仪式到观看仪式，从人神在场到国家在场等系列仪式的转换中，符号象征为媒介仪式传播提供了内容支撑，而仪式传播的重点向来在于意义的生产和建构。"藏历春晚"以西藏社会大众和藏语使用者为主要受众，其生产不可避免地要有西藏特点，它也是中国现代化发展、社会转型的文艺呈现和话语隐喻，其年俗转换和文化意义生产有自身的独特功能。

"藏历春晚"生产是一种神话再造。"神话是世界观，是一种反复出现的主题"，它是"创造出的故事"[3]，也是"繁荣昌盛的工业"[4]，维系和推动

---

[1] 马克斯·韦伯. 经济与社会：第二卷：下 [M]. 阎克文，译. 上海：上海世纪出版股份有限公司，2010：664.
[2] 大卫·科泽. 仪式、政治与权力 [M]. 王海洲，译. 南京：江苏人民出版社，2015：175.
[3] ELIADE M. Rites and Symbols of Initiation [M]. New York：Harper and Row，1965：48-49.
[4] 伊万·斯特伦斯基. 二十世纪的四种神话理论 [M]. 李创同，张经纬，译. 上海：生活·读书·新知三联书店，2012：3.

着现代社会的发展。神话源于国家存在和发展的意识形态需求，借助神话的象征作用推动社会心理的整合。传媒生产的现代神话是为了凝聚和整合可以作为模仿对象或审美对象的生活经验，以忽略现实的不足，将日常生活神话化，从而再造现代西藏的"香格里拉"隐喻。

"藏历春晚"是西藏地方与国家间的集体记忆。法国心理学家莫里斯·哈布瓦赫（Maurice Halbwachs）在《论集体记忆》中提出，集体记忆是个体在社会环境之中唤起、识别和定位的文化框架①，而唤起、识别、定位集体记忆的途径主要是亲身实践和媒介传播。正在进行的现代化建设，使西藏传统熟人社会逐渐转变为现代陌生人社会，媒介成为人们获取信息和建构记忆的主要途径，也相应地削弱了身临其境的传统交往实践机制。从这个意义上说，"藏历春晚"成为普通个体建构集体记忆的重要载体，从个人、亲友、家庭之间的亲密空间置换为整个西藏社会甚至整个中国国家的公共空间，将小群体的亲密交往转置为地区范畴的民族交往，通过对西藏当代革命历史的不断回忆，对当下西藏社会建设现实的不断歌颂，以热情洋溢的情感、喜庆祥和的氛围，群体一致的参与等，形塑一种仪式化的狂欢。"藏历春晚"突出和强调在国家治藏方略下西藏各族群众共同的情感、价值和记忆，在盛大仪式中提供一致性内容，从而发挥维系集体情感、凝聚社会力量、建构民族共同体的实际功用。从传播仪式观角度来看，"藏历春晚"不单单传递信息，还借助场景、话语、主题、声音等符号元素生产的媒介仪式，以共同的情感、信仰、规范和价值观念为基础唤起历史记忆，并形成一种民族团结与共同体认同。在全家团圆、举国欢庆的重要时刻，以通俗的流行文化超越年龄和空间的界限，形成一种家庭交流的新形式和全民狂欢的新样态。作为一种电视文化仪式，"藏历春晚"通过仪式中的声音、形态、内容唤起西藏各族民众对中华民族大家庭的共识和认同，通过对现实的符号化呈现，让人们在这种仪式中通过所谓的平凡的日常生活被"召唤"在一起，形成共同的集体记忆，以一种非强制性的互动、观看、共享方式召唤民族认同，凝聚共识。

---

① 莫里斯·哈布瓦赫. 论集体记忆 [M]. 毕然, 译. 上海：上海人民出版社, 2002：23.

<<< 第三章 西藏电视里的国家与地方

"藏历春晚"是文化政治建设,也是意识形态建设。马克思、恩格斯在《德意志意识形态》中提出,任何社会都是由经济基础与上层建筑构成的,经济基础是生产关系的总和,而上层建筑包含由法律、政治制度构成的政治的上层建筑与由政治思想、哲学、宗教、道德、艺术等构成的观念的上层建筑,意识形态具有虚假性。[①] 与马克思相反,葛兰西拒绝意识形态概念的纯否定用法,而将其当作一个描述性概念,认为它是"一种在艺术、法律、经济行为中以及在所有个体和集体生活中显露出来的世界观"[②],并且区分了"有组织的意识形态"与"个人主观推测的意识形态",认为前者是一定社会集团共同生活观念的表达,它是由"有组织的知识分子"创造传播、具有很强的社会改造力量。"有组织的意识形态"是心理健康、积极的组织力量,它构成人们获得社会地位意识的斗争场所。在意识形态基础上,葛兰西提出"文化霸权"(cultural hegemony)概念,所谓赢得霸权,就是在社会生活中确立道德、政治、知识的领导,采取的做法是将自己的"世界观"(意识形态)传播到整个社会中,从而将自己的利益等同于整个社会的利益。阿尔都塞(Louis Althusser)则提出意识形态通过想象性置换与异化的表述,反映个人与其实在生存条件的想象关系。[③] 意识形态"起作用"或"发挥功能"的方式是通过"传唤"或"询唤"的作用,在个人中间"招募"主体或把个人"改造"成主体(它改造所有的个人)。春晚从推崇"娱乐"到注重"政治与商业诉求"的变化路径,折射出中国大型综艺晚会的媒介功能变迁和中国社会发展的现实需求。

作为西藏自治区最高级别的大型晚会,"藏历春晚"的主旨并非复述传统年俗或家庭日常生产生活,而是从传统年俗或者家庭组织的微观叙述中隐喻西藏地区的中观层面甚至国家的宏大层面:以"时代楷模""改革先锋"等先进个体,体现西藏社会发展中普通劳动者人有其业、业有所成的良性社

---

① 中共中央马克思恩格斯列宁斯大林著作编译局. 马克思恩格斯选集:第 1 卷 [M]. 北京:人民出版社, 2012:41-42.
② 安东尼奥·葛兰西. 狱中札记 [M]. 曹雷雨, 姜丽, 张跣, 译. 北京:中国社会科学出版社, 2000:35-36.
③ 路易·阿尔都塞. 意识形态和意识形态国家机器(研究笔记)[M]//斯拉沃热·齐泽克. 图绘意识形态. 方杰, 译. 南京:南京大学出版社, 2006:122-125.

会生态；以家庭组织的井然有序、欢腾喜庆的家庭氛围，以小见大地转喻西藏千千万万家庭所享有的普通而实在的幸福生活。这种秩序严谨的话语结构在微观层面上询唤社会个体的西藏历史记忆、当下现实的认可与追随，在宏观层面上询唤西藏民众对国家治藏方略的肯定。

从全国开展的"四讲四爱""脱贫攻坚"到西藏地方的"中央对西藏七次工作会议""国家援藏政策"，立体呈现中央顶层设计框架下的中国全面建成小康社会的政治蓝图和西藏地方贯彻执行中央政府决策的地方景观，"藏历春晚"实现了从日常生产生活的微观叙事向国家统一、地方发展的宏观叙事的转换。这种宏观叙事是一种历时与共时参照下的"合法化"建构。近代历史上，西方列强对西藏的侵略历史、中华民族同仇敌忾抵御外侮的抗争史、中国共产党领导下的西藏和平解放、西藏民主改革等西藏社会的当代史，在时间序列中建构了中国共产党领导的西藏革命建设的合法化。

这种宏观叙事也是一种合法化的建构。通过文体成就、家庭幸福、建设成就、援藏建设、各行各业成就等，"藏历春晚"赞颂国家治藏方略，肯定西藏的制度选择，感恩国家扶持西藏，显性传递中国共产党治藏建藏政策的合法性和正当性。它还通过符号的横向组合在时间轴上建立了一个宏观图式，将宏大蓬勃的治藏成就、稳定有序的社会秩序与当下团圆热闹的欢聚时刻、"走在春风里"的未来图景相互连接，在节目创造的虚拟时空中互文式地印证国家治藏方略的伟大和正确。同时，它也以纪录短片、才旦卓玛、大旺堆、历史记忆、老西藏、西藏现代教育、改革先锋、现代建设、脱贫攻坚、强基惠民、安居工程、乡村振兴等密集式符号群表现国家顶层设计的正确性。哈贝马斯指出，合法性意味着某种政治秩序被认可的价值，统治秩序的稳定性也依赖于自身在事实上的被承认。① 这就是说，合法化意味着一种政治秩序必须有充分的理由和依据才能得到了人们的认同和接受。韦伯区分了合法化建构的三种类型：依靠颁布规章的理性根据、依靠神圣性的传统根据和依靠权威人物卓越性的感召性根据。② "藏历春晚"的意识形态建构方

---

① 哈贝马斯. 交往与社会进化 [M]. 张博树，译. 重庆：重庆出版社，1989：184.
② 马克斯·韦伯. 经济与社会（第一卷）[M]. 阎克文，译. 上海：上海世纪出版股份有限公司，2009：322.

式充分采用了上述三种合法化途径。

首先,从历史角度展现民族交往、国家治理西藏的共同记忆与和平解放西藏、实行民主改革,实行民族区域自治制度等,保障西藏人民享有人权,获得发展机会,直接回击了西方列强在所谓"涉藏问题"上的话语霸权,体现了中国执政党的执政合法性和正确性。

其次,借助西藏文化中"香格里拉"的传说,从普通家庭、社会个体的角度切入国家历史,结合记录短片的佐证,以见微知著的方式勾连起观众的个体经验,经过电视图像的选择与话语阐释双重建构意义体系。在这样的建构中,"共产党来了苦变甜""唱支山歌给党听""我把党来比母亲""再唱山歌给党听"等就成为一种自然化、合法化的逻辑,为民众的支持提供了合理的证据。节目"自然"地展现新旧西藏社会的巨大差异,以西藏今日的和谐富裕生活证明了政治秩序的合理性,更以时事作为背景来勾连现实与虚构,共同见证政权的优越性。此外,通信工具的发展所带来的"时空抽离化"和"传递性经验"[①] 使人们越来越多地通过符号或象征系统理解和维系日常生活。因此,占据着媒介场域、掌握媒体话语权力的群体便拥有更多的力量去塑造社会现实,并建构出对自己有利的"对象"或"他者"的身份。

最后,"藏历春晚"还采用普遍化策略实现政治的合法性,强调了每个人与国家的平等关系,中国今天的成就属于每个人。《高原红》《飞旋踏春》《大地鼓》《桃花深处》等众多专为"藏历春晚"创作的歌曲,将宰制性话语巧妙地以民间话语的方式加以表达,使得改革的受益群体普遍化为整个社会,并与除夕之夜人们禳灾祈福的传统心理相契合,用未来的美满来安抚现实生活的艰难,本来无序的生活景象被赋予了一个有意义、乐观向上的形式。

从诞生之日起,"藏历春晚"便自觉主动地承担起了以电视文艺晚会这种全新的艺术形式宣传党的政策、歌颂社会主义新西藏、丰富人民群众精神文化生活的光荣使命,成为"讲述西藏故事、展示西藏成就、传播西藏声

---

① 安东尼·吉登斯.现代性的后果[M].田禾,译.南京:译林出版社,2017:4.

音、凝聚西藏力量"① 的重要平台。这些节目主题突出、内容丰富、形式新颖，深受观众的喜爱，唱响了"共产党好、社会主义好、改革开放好、伟大祖国好、各族人民好、人民军队好"的时代之音，为西藏自治区的和谐稳定和高质量发展营造了良好的舆论环境。

第三节 主体·类型·框架：西藏电视纪录片研究

在电视的黄金时代，西藏电视台在西藏地区也处于"一家独大"的媒介地位。在媒介融合时代，传播渠道、平台、终端的多元化改变了媒介生态，不过电视依然是内容生产者、传播平台、渠道和终端。纪录片是电视媒体内容生产的重要构成部分，也是国内省级媒体借助"在地性"优势展开差异化竞争的重要策略。

媒介融合语境下，西藏电视媒体的纪录片生产可以反映当前国内三、四线省级媒体生存发展的现状。本节从生产主体、生产类型、生产主题三方面展开分析，并从场域理论视域对当前西藏广播电视台在媒介融合中的生产样态进行研判，探讨省级媒体的发展困境，展望媒体融合前景。

一、生产主体：社会与媒介

中国纪录片已形成一个以专业纪录频道、卫视综合频道为主力，以新媒体为重要支撑的基本格局，"纪实+产业群"渐见雏形；新媒体纪录片大势发展，爱奇艺、优酷、腾讯保持"三足鼎立"格局，培育、开发 IP 市场成为新媒体纪录片发展趋势，纪录电影开启院线时代，历史文化题材接近成熟。②

国内电视纪录片除了自制之外，也采取了外购、联合制作、委托制作等一些多元化的方式，以促进纪录片市场的发展。《中国纪录片发展报告》

---

① 普布．"藏晚"30 年：打造西藏最响亮的电视文化品牌 [EB/OL]．中国西藏新闻网，2016-12-27．
② 何苏六．纪录片蓝皮书《中国纪录片发展报告》（2019）[M]．北京：社会科学文献出版社，2019．

(2019)表明,上海、云南、重庆等省市一直保持着制作纪录片的传统,而新疆、宁夏、西藏等地虽然地理位置偏远或经济力量薄弱,但也通过小成本的方式制作了纪录片,如《丝路发现》《印象宁夏》《在西藏》《西藏风情》等,都较好地传播了当地的风土人情和地区发展情况。

(一)社会生产

西藏电视的发展受到党和国家领导人的关心和支持。2003年中央政治局常委李长春同志两次就发展西藏卫视做出重要批示:办好西藏卫视意义重大,望自治区党委、政府加强领导,予以支持。[①] 2008年,中宣部、国家广播电视总局要求西藏卫视提高节目质量,在全国扩大影响力,进一步加强西藏外宣工作。2008年11月中旬,中宣部和国家广播电视总局下发《关于全国有线电视网无偿转播西藏电视台汉语综合频道的通知》,各省广电局随即安排部署西藏卫视在本省落地,并且在周边国家落地。这推动了西藏电视节目在全国电视平台上参与竞争,也对节目的质量、内容提出了更高的要求。根据《中共西藏自治区委员会关于认真贯彻落实全国宣传思想工作会议精神的实施意见》及国家广播电视总局在《关于促进主流媒体发展网络广播电视台的意见》(广发〔2013〕1号)中提出的"推动电台、电视台发展新媒体具有战略意义,推动电台、电视台与新媒体融合发展是必然趋势"等文件精神,西藏电视台向上级有关部门提交组建"牦牦TV"的方案。

经中央领导的批示,在国家广播电视总局的要求下,在西藏自治区党委、政府关于进一步加强西藏外宣工作,向世人展现一个发展中的新西藏的要求下,西藏电视台在2015年年底实行了整体改版。在广泛听取相关专家、媒体资深人士的意见后,西藏广播电视定位于西藏特有元素,展示西藏特色。正是在这样的语境下,西藏电视台的纪录片生产从"全靠自产"走向"自产+外包"的生产路径。

> "我们是自治区全额拨款单位,宣传部也多次讲到,要'讲好西藏故事',在这种情况下,财政厅拨出专项资金,为我们台实行制播分离

[①] 《西藏年鉴》编委会. 西藏年鉴2004 [M]. 拉萨:西藏人民出版社,2005:157.

提供了资金支持。《西藏诱惑》完全实行制播分离，现在是北京的四家纪录片制作公司在制作节目，这是竞标后的结果。"（C-48-F-XZTV-201907）

"区台是紧跟自治区指令的，我们很多时候是要看区台的。拉萨台实行制播分离比较迟，我们分包了两档节目，《发现拉萨》直接是跟《西藏诱惑》对标的，还有一档是《人文拉萨》，这是跟《人文西藏》对标的。"（Y-29-M-LSTV-202012）

制播分离栏目得到自治区财政厅的资金支持。根据西藏自治区宣传部发布的《关于申报2019年度西藏自治区文化产业发展专项资金的通知》《西藏自治区文化产业扶持项目管理暂行办法》（藏财教字〔2012〕97号）、《西藏自治区文化产业发展专项资金管理暂行办法》（藏财教字〔2012〕105号）和《西藏自治区财政厅、西藏自治区党委宣传部关于申报自治区文化产业发展专项资金的补充通知》（藏财教字〔2013〕92号）等相关规定，在西藏自治区注册的文化产业集团、文化类有限责任公司、个体文化企业、农牧民合作社（文化类）都可以申报自治区文化产业发展专项资金。其中，影视创作类（电影、电视剧、微电影、纪录片、专题片、动漫、戏剧、话剧、广播剧等）应反映中华人民共和国成立70周年、西藏民主改革60周年以来西藏自治区发展取得的重大成就和宏伟业绩；反映党的十八大以来中国特色社会主义伟大实践所取得的历史性成就，讲述人民群众积极投身脱贫攻坚、追求美好生活的生动故事，支持反映重大革命历史事件和人物，表现伟大的民族精神，歌颂领袖和英雄形象，歌颂中华儿女团结奋斗、抵抗外侮、反抗侵略、建设家园、维护统一的伟大爱国精神。

制播分离后，西藏电视台的纪录片生产模式汇入了国内制播分离的洪流。

"现在制播分离的纪录片，生产流程涉及部门比较多，一般是自治区宣传部出台相关政策和宣传重点，自治区财政厅提供资金支持，社会公司进行项目申请、立项，才能开展拍摄。通常中标公司向电视台提交选题方向，电视台部门主任负责选题筛选，台长负责审定选题和内容方向，区委宣传部和电视台的要求决定着选题走向和内容范围，社会团队在此范畴之下开展自我生产，成片之后，远程发送至西藏卫视进行审查，符合要求就在电视台播出。"（C-46-F-XZTV-201907）

"我们台实行的是'三审制'，《西藏诱惑》也是。一审是编辑初审，主要是节目结构、叙事框架这些外在形式。二审是总制片人审核，对节目内容、细节进行把关，我们的节目与西藏文化相关，总制片人是有深厚藏族文化功底的藏族同志。三审是栏目主任，对节目内容、镜头语言、画面语言等进行总体把关。特殊情况，总编辑、台长也会审片。记得我们的第一期节目播出前，西藏广电局局长也参与了审片。制播分离后，为及时解决节目中存在的问题，制作公司在拉萨都设有记者站，记者站就在我们电视台对面，审片都在记者站进行。三次审核中制作公司的编剧都会在场，当面交流，当面发现、指出问题，就是力争把片子做好。《珠峰讲堂》在北京有演播室，制作、审核都在北京完成，也是'三审制'。"（Y-33-M-XZTV-201907）

社会专业组织参与传统电视媒体生产，客观上丰富了电视传播内容，主观上也给电视媒体带来了新的社会竞争机制与生产经验。实际上，媒体生产与播出之间存在严格的审核制度和标准，在意识形态建设行政层级中，媒体组织担负着内容播出前最后的"把关者"责任，社会专业组织的加入，使内容生产与播出形成了一个状似"大肚小口"的形态，服务于国家的意识形态建设。现代教育基础上技术和专业人才的丰富带来媒体组织内外多元主体生产的"大肚"状，而国家意识形态建设规制并引导媒体播出内容呈"小口"流通状。

（二）媒体自产

媒体自产节目由广播电视台自己出经费、栏目组报选题、部门主任筛选，制作成品后，经过编辑、部门主任甚至台长的审核，最终在电视台播出。除了部分节目制播分离，西藏电视台仍然独立承制或者联合生产着不同类型的纪录片节目。一类是专题纪录片，如《跨越》《西藏民主改革 50 年》《西藏农奴的故事》《西藏今昔》等；另一类是专栏纪录片，如《在西藏》

《西藏风情》《口述西藏》《跟我学藏语》《西藏旅游》等。二者共同构成了西藏电视台的纪录片框架。

台内自制纪录片是结合国家整体发展和西藏自治区宣传任务进行的栏目生产。作为省级媒体，西藏电视媒体必须遵循国家广电总局、中宣部和自治区宣传部、广电厅等管理部门的媒介管理机制和场域规则。媒体也是一种社会组织，其内部生产是维持组织生存的基础，也是获取社会资源的必要前提。西藏特殊的战略位置，国际舆论的话语霸权、十四世达赖的各种分裂言论，中国关于西藏的舆论导向需求等，都要求西藏电视媒体结合自身特征开展西藏形象的展示和建构。

专题纪录片是自中宣部、广电总局、区委宣传部、区广电厅到西藏电视台的整体规划和呈现。每逢国家重大政治节日、西藏地方重大政治节庆，专题纪录片就以宏大视角，全面展现西藏社会革命、建设、发展的伟大成就，从政治、经济、文化等多角度应对和反击西方反华势力、达赖分裂势力关于西藏人权、文化灭绝、经济发展、生态破坏等污蔑性、破坏性言论。如老牌栏目《在西藏》自创办以来以"纪录人文西藏无限风情，见证人类文明发展进步"为定位，以西藏政治、经济、文化和社会生活重大事件的亲历者身份，反映典型事件的时代背景和政策环境，对内引导观众了解时事，理解党和政府的路线、方针和政策，对外展示西藏社会变迁和西藏百姓的幸福生活，力求实现"西藏故事，世界表达"。

当前，媒介传播呈现分众化、小众化传播取向，而现象级作品的出现又带来大众化的消费狂欢。结合大众消费喜好、媒介接触方式等，不断创新生产方式是西藏电视纪录片栏目的总体生产思路。如《口述西藏》栏目创立于西藏自治区成立50周年之际，是西藏电视台社教外宣中心策划并独立承制的系列纪录片，借鉴时下影像传播中"真人秀""口述"等流行元素，采用口述方式，讲述当代西藏发展变迁史，成为西藏电视台自制纪录片中较有特色的类型。随着西藏旅游热的出现，藏语热也悄然兴起。为此，西藏卫视2015年开播了《跟我学藏语》栏目，栏目以情景再现和语言教学两部分形成藏语传播的新形式。

二、生产类型与话语主题

目前,纪录片生产已进入多元化的发展阶段,其中类型纪录片成为专业生产标准。西藏电视台地处边疆,在国际舆论紧逼和意识形态建设的要求下,不断学习和创新电视纪录片的生产理念、方式、类型等。2015年,西藏电视台进行整体改版,形成了鲜明的类型特征和话语风格。

(一)作为规定动作的专题纪录片:国家话语

作为省级电视媒体,西藏电视台主要负责省区一级媒介的宣传和传播任务,专题类纪录片就是一种重要类型。

首先,专题纪录片是对政治节庆的总结性生产。如西藏自治区成立周年、民主改革周年、和平解放周年等自治区重大政治节庆,或者国家改革开放40周年、中国共产党成立周年等国家仪式时刻,西藏广播电视台都必须从省区一级出发,完成相应的策划和生产,由此出现了《雪山架彩虹》《当家做主40年》《西藏跨越60年》《解放:西藏人民的新生》《跨越》《西藏民主改革50年》《西藏民主改革60年》等片。

其次,专题纪录片是针对西藏特殊区情及时制作的。为了向国内、国际观众更好地反映西藏社会的真实情况,2009年密集地出现了反映西藏和平解放和西藏民主改革时期的纪录片,如《西藏2009》《解放农奴》《西藏农奴的故事》《西藏今昔》《走进西藏》《达赖喇嘛》《老西藏精神》《帕拉庄园》《雪域军魂》《铸就雪域军魂六十年》等。这些纪录片都具有极强的针对性和应急性。为贯彻国家治藏方略,有效应对西藏社会稳定与发展问题,西藏电视台的多个纪录片栏目都进行了相关的内容生产。其中,《珠峰讲坛》栏目就专门做了《活佛转世的发展》《驻藏大臣制度》《钦定藏内善后章程二十九条》《和平解放西藏》(6集)、《清朝中央政府与藏传佛教高僧》(6集)等纪录片,借助史料挖掘、专家解读论证并确立中国共产党治藏政策的合法性和正当性。西藏电视台还与北京电视台《档案》栏目合作制作了6集专题纪录片《西藏》,从"西藏主权""活佛转世""盛世今生"三个角度对西藏历史、宗教、当今社会发展等问题进行了答疑解惑和专门应对。

同时，西藏重大经济建设和发展成就也是纪录片的重点内容。2006年青藏铁路通车之后，制作了专题片《壮美天路》《天路》等。《口述西藏》栏目创立之后，《千里大迁回》《当家做主之路》《飞跃空中禁区》《朗生互助组》《康藏公路的回忆》《樟木大转移》等节目，通过当代人物的回忆，描述了当代西藏在政治、经济、社会等领域发生的巨大变化，彰显了党和国家治藏方略下西藏社会取得的进步和发展。

无论是常规性生产的专题片，还是应急的"宣传任务"，专题纪录片在生产历程中形成了自己鲜明的特点，表现在以下三方面。

1. 从文本图式来看，这类纪录片文本的基本框架就是广泛对比。如《西藏民主改革50年》，文本分为跨越历史、改革时代、小康之路三个叙事单元，将毛泽东领导的西藏百万农奴解放与美国林肯总统领导的废奴运动进行对比，使西藏百万农奴解放成为人类现代性变革的一部分，在时间见证和实践检验中形成人权发展和建设的互文话语。历史重大时刻和标志事件成为西藏历史的重要证据，挖掘并象征性展示文成公主、甥舅会盟碑、元明清时期治藏方略等政治事件，建构西藏归属中国中央政权的历史过程和必然性。以早期文献影像对比当下西藏社会在各行业各层面发生的变化，述评新旧西藏在制度革命之后发生的历史性变化，"通过对比叙事，传递新西藏好、中央政策好、社会主义好、中国共产党好的传播旨归"①。以中国共产党最高政治决策者关于西藏工作的讲话、文件及西藏工作座谈会等具体治藏方略，反映"一切从西藏实际出发"②的治藏理念。

2. 在叙事策略上，这类纪录片基本以宏观视角或上帝视角为主，局部采用微观视角。借助数据、图表、动画等可视化技术，展现并描绘农牧民安居工程、青藏铁路工程、交通网络建设、西藏企业规模、社会就业等西藏经济建设成就，从现代旅游、高原登山等方面展现西藏科学发展和环境保护进程，以及对藏语言保护的措施和成就。

3. 在视频语言上，这类纪录片突出解说词的主导功能，画面语言发挥辅

---

① 脱慧洁，赵婷婷，赵娜. 对比与框架：《新旧西藏对比》的内容分析 [J]. 东南传播，2015（10）：66-67.

② 中共中央文献研究室. 毛泽东西藏工作文选 [M]. 北京：中央文献出版社，2004.

助和配置功能，完成事实展现、道理阐释和旨归询唤。如《西藏今昔》中，关于国家治理西藏主权的话语建构就采用中央新闻纪录电影制片厂的影像记录，展现旧西藏的西藏主权、地理位置，回顾吐蕃王朝时期文成公主和亲，元朝治藏机构宣政院和治藏代表三大法王，细数清朝治藏策略中形成的达赖和班禅两大活佛体系，以及清朝驻藏大臣与《钦定藏内善后章程二十九条》，呈现西藏归属中国中央政府的历史变迁和历代治藏方略中形成的历史仪轨，体现中央国家政府治藏权力的历史延续性与合法性。

综上所述，西藏专题纪录片的文本形式通常由大量的文字、图片、照片、会议记录、影像等构成，其文本主题基本围绕"西藏历史归属问题""西藏历史遗留问题""当代西藏现代化建设"等中心命题，而文本图式则以翔实资料和形式多样的论据完成相关问题的消疑性解惑或解答性展示，从而形成"西藏地方隶属中国中央政府"的叙事论证和推理逻辑，以"西藏地方+中国中央政府+中央治理西藏地方"的三段论模式，架构了中国共产党与西藏地方政府如何开展西藏和平解放的革命叙事，以及如何推进西藏民主改革进程的历史记忆，以应对"3·14事件"造成的关于中国西藏的话语困境。

在电视独大时期，西藏电视台承担着所有类型的电视纪录片的生产任务。在制播分离改革和新媒体冲击下，在西藏电视台的自产纪录片中，专题类纪录片主要承载国家话语的建构与传播任务。中宣部是主管中国国家意识形态工作的综合职能部门，主要负责规划和部署全局性的思想政治工作，提出宣传文化事业发展的指导方针，指导宣传文化系统制定政策和法规，指导协调中央各新闻媒体的新闻宣传工作和舆论引导，按照中央的统一工作部署，做好宣传文化系统各有关部门之间的协调工作，从宏观上指导精神文化产品的创作和生产。

专题纪录片沿袭了早期苏联纪录片生产模式，是国家主导文化传播中建构的国家话语。作为国家意识形态建设的重要方式之一，列宁曾用"形象化的政论"赞誉新闻纪录电影，在马克思、恩格斯关于意识形态的划分中，西藏专题纪录片就属于由"法律与政治制度构成的政治的上层建筑"[①]。诚如

---

① 卡尔·马克思，弗里德里希·恩格斯. 德意志意识形态（节选本）[M]. 中共中央马克思恩格斯列宁斯大林著作编译局，译. 北京：人民出版社，2019.

阿尔都塞所言，任何国家建设不仅需要国家机器，也需要意识形态国家机器[1]。在现代化建设中，警察、监狱等国家机器，以结构鲜明的方式出现，而意识形态国家机器却愈加以隐蔽的方式出现。意识形态由一些各具特点、专门化的机构构成，如宗教、教育、家庭、工会、媒体、文化等，这些机构在自身内部运转和发展中形成了多元化意识形态的建构和传播。国家意识形态建设是对多元化意识形态的引导和规制，在社会经济发展带来社会转型的同时，如何引导社会多元意识形态是国家意识形态建设思考的时代命题。同时，要看到，专题纪录片面面俱到、千篇一律的公式化特征，与当下媒介内容、渠道、平台、终端等多元化、分众化相去甚远，需要从国家意识形态生产和传播理念及方式等方面进行深入思考。

（二）作为专家表达的精英纪录片：《珠峰讲堂》

西藏电视纪录片也呈现了典型的精英文化特征，尤其以《珠峰讲堂》栏目为典型。这是西藏电视台为提高节目质量和提升媒体影响力的一次突围。鉴于西藏电视台"政治立台"的特殊性、西藏意识形态建设的严峻性及国家新闻管理制度的特点，经过多番论证和广泛调研，西藏电视台打造了讲堂类节目《珠峰讲堂》。从节目形式看，《珠峰讲堂》高度仿制了央视的《百家讲坛》，不过在叙事主题上则形成了西藏电视台的个性特点。

《珠峰讲堂》开播于2015年8月17日，其节目文本类型（见表3-1）与主题紧紧围绕西藏。

表3-1 《珠峰讲堂》节目文本类型与代表节目

类型	代表节目
历史政治	《争议中的琦善》《郡王制度的兴废》《噶伦主政制度》
历史人物	《元代帝师八思巴》《促进统一的先驱萨班》《从万户长到史学家：蔡巴·贡嘎多吉的生平与成就》《唐蕃和亲记》

---

[1] 斯拉沃热·齐泽克，泰奥德·阿尔多诺. 图绘意识形态 [M] 方杰，译. 南京：南京大学出版社，2002：98.

续表

类型	代表节目
历史文化	《汉藏史集中的传说与历史》《汉藏同源的历史脉络》《青藏高原岩画》《探寻藏地音乐》《元代西藏史话》
史诗传说	《格萨尔与藏族文明》
经济	《茶叶传入西藏》《茶马贸易》
生产生活	《牦牛》《普通人的珠峰》
其他	《人间佛陀·释迦牟尼》《喜马拉雅风云》《青藏高原的山与水》《寻找消失的王国》等

资料来源：作者整理，1983—2022 年。

《珠峰讲堂》的文本主题内容集中于对西藏地方与中国中央政府互动交往历史的深入挖掘和专业呈现。

《珠峰讲堂》纪录片的核心定位是用电视主讲的方式展示西藏。媒介融合环境中，媒体平台的竞争要求媒体内容的差异化、精细化，如何在海量平台中形成差异化的媒介形象和符号标志，进而提升媒体核心竞争力，是西藏电视台突出重围的关键点。一方面，要利用本地资源的独特优势，传播藏文化就成为传播行为的出发点。西藏独特的地理位置，高寒缺氧的生态环境，藏民族生生不息的精神、乐观豁达的气质，悠久的历史文化等成为西藏独特的文化表征。在青藏铁路等交通网络助力和现代旅游的推动下，西藏与外界的联系愈加频繁和广泛，全面准确地传播西藏是西藏媒体生产能力的体现，也是媒体的职责所在。另一方面，要采用合适的节目形式发挥传播效果。讲堂类节目是多方论证、咨询后的结果，既与西藏电视台已有节目类型形成差异化，也仿制成功运行的节目类型（如《百家讲坛》），从而容易获得市场效应。

话语方式上，《珠峰讲堂》采用专业研究成果的口语化表达。邀请区内外名人名家、藏学专家、学术明星，参与录制和策划，严谨细致的求证，精细化的制作，挖掘并可视化呈现底蕴深厚的历史文化、艺术瑰宝、社会变迁、自然美景和传奇故事等，树立西藏作为藏文化正根正源之地的权威形象，提升舆论影响力和频道竞争力，使节目达到"正本清源，回归真实"的传播职能。如陈庆英主讲《元代西藏历史》，其讲述回答了当代西藏社会出现和遇到的一些具体问题。陈庆英是国内关于西藏历史研究的代表性学者，其所主编的《西藏通史》是关于西藏历史、文化、经济、政治变迁的一部鸿篇巨制，在学术界享有很高的学术地位，因而其讲述具有很强的现实效力。再如，中央民族大学蒋爱花主讲的《金城公主的贡献》，描述了公主嫁入吐蕃之后各方力量交错复杂的政治情势，不仅展现了金城公主在继续发展唐蕃友好关系中做出的伟大贡献，而且借助释迦牟尼十二岁等身像的丢失、隐藏、寻找和发现这一环环相扣的叙事情节，凸显出这一和亲公主与众不同的"果敢"和"任性"，并且用"可敦"（正妻）身份揭示了公主性格或行为形成的原因。这种话语方式将历史文献转化为当代社会通俗化口语，使观众易于接受和理解。

《珠峰讲堂》体现了精英话语与纪录片影像传播的紧密结合。（1）现代视频技术的广泛应用。纪录片广泛采用情景再现、图片图表、现实景观、三维动画等可视化技术，将口语讲述变为生动形象的视觉影像作品。如《降曲坚赞》，随着主讲人的口述，镜头画面相应出现相关的视频片段、图书、唐卡、降曲坚赞、萨迦寺、山南河谷等自然景观，充分利用和发挥电视媒体传播中的声画语言，形象生动地传播了西藏历史。纪录片借助翔实的历史文献、生动的细节描写，以"行动的细节"展示了朗氏家族的杰出领袖降曲坚赞的个人奋斗史，以及为推动萨迦派发展壮大在僧侣管理、婚姻制度、政治交往、学术研究、西藏地方与中央政权交往等众多方面做出的杰出贡献。（2）蒙太奇的大量应用。影像发展史根据文本内容是否虚构，形成了纪实和造型两种倾向，故事片以虚构性形成造型特征，纪录片则以非虚构形成纪实表征。造型（formative）的风格是一种美化现实的艺术风格，写实（realistic）的风格是对现实的客观反映。① 通过挖掘历史资料或呈现当代西藏景观西藏电视纪录片从纪实角度表达西藏主题。巴赞（André Bazin）强调电影通过活动影像来捕获和保存生命运动的特点，电影是造型艺术发展的终点，蒙太奇成

---

① 齐格弗里德·克拉考尔. 电影的本性：物质现实的复原［M］. 邵牧君，译. 北京：中国电影出版社，1981：37.

为电影本性的表达方式。① 一类是理性蒙太奇或者是巴赞称为的"杂耍蒙太奇",其产生的意义不在于在影像中具体表现出来,而是银幕上影像叠加后抽象的结果。另一类是分析性剪辑,通过合乎逻辑的、分析性的描述剧情,或者配合片中主人公的注意点进行解析性展示,或者顺从观众场景中戏剧性最强点自然转移注意力的逻辑。② 这种分析性剪辑正是《珠峰讲堂》最为普遍应用的表达方式,这是"影像和时间的一种表现主义模式,旨在重建一个时间的时空关系"③,而影像造型元素中的布景、表演和构图等操作可以使现实面目全非。④

《珠峰讲堂》也体现了精英话语与国家需要的紧密结合。媒介技术的更新和媒介融合促使媒介生产环境的变化,在媒介事业和媒介制度发展中,电视话语更加鲜明地呈现为精英话语和国家话语的相生相伴。列宁认为国家是阶级矛盾不可调和的产物和表现,是压迫被统治阶级的工具。⑤ 葛兰西在此基础上提出,国家统治得以维持不仅需要暴力强制,更离不开思想认同。⑥ 统治阶级意识形态建设就需要知识分子发挥作用。《珠峰讲堂》的文本生产调动了社会多方精英力量,也重新划分了社会不同类型文化精英的角色和功能。媒介组织专业精英在媒介内容生产中主要担负"把关人"和"生产者"功能,内容提供部分则转而倚重社会精英,借助社会文化精英这一知识分子群体的研究成果及其附带的文本资本。专业精英与社会文化精英联合形成传播合力,这种联合既是大众传播媒介对社会文化精英力量的借力,也是知识分子群体对国家建设的自觉规制和顺应,亦是国家意识形态建设的惯用方式之一。

---

① 安德烈·巴赞. 电影是什么 [M]. 崔君彦, 译. 北京: 商务印书馆, 2017: 5.
② 尼克·布朗. 电影理论史评 [M]. 徐建生, 译. 北京: 中国电影出版社, 1994: 72.
③ 安德烈·巴赞. 电影是什么 [M]., 崔君彦, 译. 北京: 商务印书馆, 2017: 175.
④ 安德烈·巴赞. 电影是什么 [M]. 崔君彦, 译. 北京: 商务印书馆, 2017: 8.
⑤ 中共中央党校科学社会主义教研室资料组.《国家与革命》注释 [M]. 北京: 中国青年出版社, 1977: 107.
⑥ 安东尼奥·葛兰西. 狱中札记 [M]. 曹雷雨, 姜丽, 张跣, 译. 北京: 中国社会科学出版社, 2000: 9.

(三)作为商业表达的大众纪录片:《西藏诱惑》

电视生产向来被视为大众文化。观众的零门槛、伴随式传播和对日常生活的细微关注,使电视成为最贴近社会肌理和生活细节的视频载体。正在进行的现代化建设给中国社会带来了一系列的重大变革,而结构分化和阶层变化给媒体生产带来的显著变化就是大众文化的盛行。大众传媒本身形成于经济发展和工业化生产模式之上,是以商业主义为隐性资本的。商业发展形成消费文化,消费是一种积极的关系方式,也是一种系统的行为和总体反应的方式。① 在商业主义突飞猛进的同时,我国的精神文明出现了一定滑坡,在西方文明的现代化围堵中,我国政府发布了《关于加强文化遗产保护的通知》,制定了"国家+省+市+县"四级保护体系,非遗成为电视媒体借助现代手段传承优秀传统文化的重要内容,也成为电视媒体大众话语的主要表征。

相比专题类纪录片的严肃性和讲堂类纪录片的精致文雅,西藏电视台的老牌纪录片《在西藏》和立意新颖的纪录片《西藏诱惑》则较为明显地表现出大众话语的特征。《在西藏》是西藏电视台的老牌自制节目,创办于1996年,主要是对《西藏诱惑》节目的再编再播,台内原创比例并不高。《西藏诱惑》完全推行制播分离机制,其节目宗旨是"西藏故事,世界表达",紧紧围绕不断增强各族群众对伟大祖国、中华民族、中华文化、中国共产党、中国特色社会主义的认同,充分反映西藏自古以来就是中国不可分割的一部分,充分反映藏汉民族同根同源、藏文化是中华文化的重要组成部分,宣传展示西藏独特的自然景观、悠久的历史文化、浓郁的民族风情和经济社会发展成就。栏目不仅要结合中央和自治区年度相关重大主题宣传实时策划相关节目选题②,而且自治区和西藏电视台对参与《西藏诱惑》的四家制作公司还提出了具体要求:

>"《西藏诱惑》在汉语卫视播出,是拍给全国观众看的,让熟悉内地电视纪录片生产的社会专业团队,用当下领先的理念、方式、技术,生

---

① 让·鲍德里亚. 消费社会 [M]. 刘成富, 全志钢, 译. 南京: 南京大学出版社, 2014.

② 资料来源:西藏电视台《西藏诱惑》招标广告。

产反映西藏本土特色的东西,就是希望能把东西拍好。我们要借制播分离机制让我们台的内容与区外观众建立联系,让区外观众通过观看《西藏诱惑》了解西藏。这次竞标胜出了四家公司,都是以娱乐内容制作见长。为了做好西藏电视传播内容,台里对选题都会进行把关,内容要符合西藏区情,还要做到节目形式灵活,能吸引人看,要让人看着轻松快乐。"(D-50-M-XZTV-202007)

制播分离机制改变了传统电视媒体纯粹依靠内部生产的主体结构,对电视生产与传播进行了分步操作,促使媒体组织生产与社会专业力量进行了耦合。为尽可能调动并发挥社会专业团队能量,《西藏诱惑》栏目以访谈、探索、人文地理、旅游和真人秀等版块构建了节目形式,形成了自己的栏目内分类与内容框架(见表3-2)。

表3-2 《西藏诱惑》栏目分类与主要内容

《西藏往事》	名人名家对西藏工作、生活和情感往事进行回顾
《藏地密码》	对人文地理、历史文化、未知悬疑事件探秘
《经典西藏》	对自然、历史、民俗和社会发展变迁进行情节化、故事化叙述
《西藏漫游》	呈现旅游景点、旅游线路和旅游服务
《藏地飞鸿》	展示文化名人和内地人士对西藏文化的深度体验

资料来源:作者整理;时间范畴:2015—2022年。

《西藏诱惑》分版块组建节目内容,可以给创作主体提供灵活处理的创作空间。在生产历程中,《西藏诱惑》形成了自己的创作特色:

1. 文本框架集中于普通人的生活、生产,展示当代西藏的发展与成就。《在西藏》《西藏诱惑》等栏目都不再采用专题类纪录片的宏大叙事,而是着眼于普通人物在社会语境下的具体行动。如《共同守护 相伴一生》讲述了一对汉藏联姻的老夫妻,相识、相恋、相伴的整个历程,折射出国家支援西藏建设时期民族交往交融的历史记忆,以"行动的细节"[1] 展现了普通家庭

---

[1] 韦恩·布斯.小说修辞学[M].华明,胡苏晓,周宪,译.北京:北京大学出版社,1989:3.

在日常生活中遭遇的创伤、互助和夫妻间不离不弃的亲情，主人公勤恳朴实的工作和劳动也反映出在援藏政策下普通劳动者对西藏社会发展做出的伟大贡献，主人公在罗布林卡的园林工作展现出西藏社会普通人爱岗敬业、互助扶持的职业道德和个人美德，塑造了西藏社会普通劳动者平凡而不可缺少的个体形象，从而形成普通劳动者推动西藏社会发展的时代隐喻。

2. 叙事内容注重西藏地方革命史、建设史的挖掘和呈现。如《谭冠三将军》从西藏职业技术学院建立校园讲解队的角度切入西藏革命和建设初期谭冠三将军的故事，介绍了谭冠三将军建设西藏八一农场、培养农场技术人员、开办农业技术学校（今为西藏职业技术学院）以及逝世后葬于西藏的历史，体现了西藏当代建设中老一代中国共产党人和平解放西藏、全面建设西藏的"老西藏精神"。

3. 叙事主题聚焦于特定地域环境中生产生活的再现。如《时间的风景》讲述了西藏当地普通人保护当地自然文化的故事。文本采用平行蒙太奇的剪辑方式，在来古村春耕时节，简笔式地讲述两个年轻工作人员罗松多吉和旦增群洛探查来古冰川变化的故事，同时工笔式地描述了八宿县巴东村村民邓叶和噶扎两位老兄弟拍摄拉鲁卡岩画的故事，在路途的移步换景中依次讲述了拉鲁卡岩画、山神的古老传说以及村民对传说的认知与传播，有酥油茶糌粑牛肉的午餐、无须预约却盛情相待的夜宿牧场、历经艰辛才看到的包括704个图像的拉鲁卡岩画全貌等，借助"讲故事"策略，构成了关于西藏历史及当代的记忆。

4. 叙事主旨立意于呈现西藏社会平凡而伟大的现代化发展。如《守望卡若》之《留住芳华》，从西藏昌都市卡若村的变化中反映西藏社会的发展变化。通过平行蒙太奇，《留住芳华》讲述了昌都卡若电视台老记者巴桑一家和蒋金堂一家人的故事。巴桑一家是西藏昌都本地人，因为子女在城市工作从卡若村搬入昌都市，卡若村里装饰华丽的老家成为一家人定期团聚的地方，巴桑家里子女工作、聚会等情况展现出西藏普通藏族家庭平凡而幸福的生活现状和西藏医疗事业发展带来的像巴桑家一样四世同堂的幸福生活。蒋金堂是四川人，2000年到昌都卡若打工，发展塑料大棚，以踏实勤奋赢得了藏族姑娘卓玛的青睐，顺利结婚生子，抚育儿女，修建新屋，他的经历以小

146

见大地表现出了西藏与内地之间民族交流交往交融的和谐生活，也反映出现代化建设给西藏带来的创业机遇与发展空间。这两个家庭的现状是昌都卡若村现状的缩影，结合因卡若遗址的发现和卡若村的更名，文本将西藏古代文明与现代文明相互联结，将国家在西藏进行的易地搬迁建设和西藏乡村建设联结起来，使国家治藏方略与西藏社会平凡人家的变化相联结，构成了西藏的当代记忆，形成了关于西藏发展的权威话语。

三、西藏环境与电视纪录片生产

（一）自然环境

西藏广袤的地域空间、丰富的地貌表征和人文景观向来都是纪录片创作的资源。相比其他创作主体，西藏电视纪录片以"在地性"优势，更为贴近地体验和经历着西藏高原环境带来的创作苦乐。

"很多人在纪录片里看着西藏美，西藏的确很美，高原景色独特，这与内地景色不同，就是大家说的稀缺性。大家不熟悉的是，西藏地域广，人口稀少，很多时候，完成一部片子，我们需要不停赶路，不停转换场地进行拍摄，我们的大量时间是花在赶路上的，有时赶路时间甚至会超过拍摄时间。还有就是，高原冬季长，阿里、那曲这些地方在冬季下大雪后，很容易大雪封山，这些情况都给我们增加了难度。为了及时完成拍摄，台里最繁忙的时段是4月到10月间，这个时段，西藏各地气候都不错，都能到达，我们就要在这个时间段里拍摄、储备好半年播出的节目。这个时间，台里的摄影师都撒出去了。"（Y-29-M-XZTV-201806）

"为了节省人力物力，我们部门的编导们都非常重视前期策划，争取出去一趟就能拍摄到尽量多的东西，选题、资源沟通、故事脚本等，都是尽可能在前期考虑到。我们经常是一次准备上8期节目，就送一批编导去西藏实地拍摄，扎扎实实拍摄素材，一个编导最少拍4期，车轮式地赶进度。"（W-30-M-XZTV-201806）

在常设栏目日播压力下，严格按照计划推进拍摄、审核和播出等，是媒介组织和社会组织的常态化工作进程。西藏电视台和现已参与的社会组织在纪录片生产中都面临着共同的特殊性：（1）高寒低温极易造成摄像机、摄影机等电子设备的蓄电能力降低或损伤，甚至经常出现不能开机或直接关机的情况，这些现实困难都给内容生产者的工作提出了更为细致的要求。（2）高海拔缺氧环境也给拍摄者的身体带来极大影响，缺氧加大了工作难度，也会延长相应的工作时长，自然延缓生产节奏，降低生产产能。

（二）社会环境

媒体属性、媒介管理制度与西藏意识形态诉求等因素综合影响着西藏电视纪录片的生产。其一，规定动作是西藏电视纪录片生产的重头内容之一。规定动作来自中宣部、国家广电总局和自治区党委宣传部、区广电厅的高层领导和直接管理，基本是对重大题材、重要节庆的重点内容生产，西藏电视台向来在队伍组建、资源配置、组织领导等方面给予高度重视，及时、高质量、高频次地完成规定动作也成为考核电视媒体生产能力的重要标准。其二，组织环境规制着纪录片生产。作为社会组织之一，电视纪录片的常规生产由频道、栏目、部门组成，栏目运行囊括记者、摄像、编辑、制片人、部门主任、总编、台长等，每一环节都生产着组织规范。首先，部门工作条例、栏目负责人、频道主管、台领导等不同层级组织管理者倡导对政策导向的自觉遵从。其次，在节目生产过程中，往期节目的审核、评价标准等也会成为后期节目生产的案例或经验。同时，"选题能否入选，节目能否播出"等与个人利益挂钩，也与个人职称、职位升迁相关，组织场域惯习生产并再生产着行为规范。最后，"正面宣传""弘扬主旋律"是纪录片生产的常态基调。

四、小结与思考

除了西藏电视新闻节目，纪录片也是与西藏电视台同时诞生的节目类型，伴随着西藏电视台的发展、转型而不断变化。在40多年的生产历史中，西藏电视纪录片形成了"国家图景与日常生活"持续交汇的媒介景观。[①]

"国家图景"广泛出现在西藏专题纪录片和众多栏目纪录片里，通常采

---

① 脱慧洁. 国家图景与日常生活：西藏电视纪录片的历史书写 [J]. 现代传播（中国传媒大学学报），2021（6）：128-132.

用宏大叙事，直观呈现国家治藏理念和国家"治边稳藏"顶层设计下西藏社会在各个领域获得的成就、进步与发展，以西藏地方来折射出国家治藏方略。"日常生活"较多出现在多类型栏目纪录片中，借助微观视角或外视角下的"个人故事"，多角度反映当代西藏社会普通人的生产和生活，这些"日常生活"以小见大地投射出西藏现代化建设中西藏社会的进步与成就。"国家图景"和"日常生活"的文本旨归通常都落脚在肯定和赞颂国家治藏理念的正确性、正当性与合法性。

当代纪录片生产技术和类型也在不断改变和形塑着西藏电视纪录片的生产。联合国教科文组织将"文化产业化"的整体特征概括为"工业化标准生产""市场营销"和"大众消费"[①] 等关键词。电视媒体日播压力需要纪录片生产必须遵循便捷高效的"工业化标准"，精准了解和把握目标使用者的需求，形成兼具内外的质量规范、评价标准等完整体系，才能稳步推进生产节奏，保证产品质量的稳定性和可控性。对西藏电视纪录片来说，第一，可以借鉴或借助 UGC（用户生成内容）的有用资源。在媒介融合发展浪潮中，用户生产构成了网络传播内容的重要部分，西藏电视 PC 端也开设有 UGC 通道，这些 UGC 可以丰富电视纪录片常规生产中的素材、叙事手段和策略等。另外，随着"乡村之眼"活动的持续推行，出现了不少西藏本土素人生产的纪录片，电视台社教中心也可以考虑与西藏本土素人建立一定的合作，从关注西藏社会发展、社会进步的角度发现西藏社会在现代化发展中出现的问题、症结、困难等，以改变导向策略，或进行适度导向，在体现直白的政治意识形态的同时，增加隐性的意识形态建设，以推动西藏社会的长治久安。第二，应讲究微观叙事策略。"现实是模糊的、多义的，文本只有尽可能地保持多义、模糊的风格特征，才能与现实具有同构性。"[②] 已有电视纪录片注重对国家"大传统"的讲述，在宏大叙事下讲述西藏社会在中国共产党领导下的整体变化、历史巨变等，与普通社会个体生产生活形成距离，可以增加个体生活、个体生产的独特性，以反映普通个体的"小传统"，从个体的私

[①] 黎小峰，贾恺.纪录片创作［M］.北京：中国国际广播出版社，2017：228.
[②] 阎立峰.思考中国电视：文本、机构和受众［M］.西安：陕西人民教育出版社，2009：22.

人叙事映照国家景观和时代变迁，以营造时代变化中个体命运的个性与共性等。第三，应丰富意识形态建设方式。在媒介内容过剩时代，这种方式与媒介使用者的私人使用难免产生距离，要在深入了解和把握目标使用者喜好、习惯的基础上展开纪录片生产。第四，从节目数量、类型及西藏电视台的产能角度来看，西藏电视纪录片有着不俗的日常数量生产，而这些生产却并未出现让媒介使用者印象深刻或者在媒介传播中出现"爆款"产品，西藏电视纪录片应加强精品生产理念，利用现有资源讲好西藏故事，提高节目质量。

第四节　西藏电视的融合实践与文本分析

2013年年底，工信部向三个运营商发放了4G牌照，电视行业变革再次启动，移动收看变为主流，爱奇艺、优酷、腾讯、芒果成为版权视频的主要播放平台，网络电视剧和网络综艺的影响力已超出省级卫视。① 短视频的井喷，5G技术的助推，内容上传和下载的迅速便捷，以及人人都可创作视频并发声，促使了抖音和快手等超大体量的短视频平台，以及众多的直播平台的诞生。新生代媒介使用者全面转向网络移动端，用户转型使电视终端广告收入下滑，企业产出降低，效益缩水，广告投入锐减，传统媒体收入发生了断崖式下跌。

作为国家四级建制的中坚力量，地方媒体肩负着"上情下达、下情上达"的枢纽功能。在中国，传统媒体定位于党和人民的喉舌，为保障和促进当前国家意识形态建设，媒体融合已是国家战略之一。在传统媒体极力调整并转变发展理念的同时，国家从战略高度提出了媒体发展的长远规划，作为党的宣传阵地，媒体必须重新获得话语引导力和影响力。

2013年8月19日，习近平在全国宣传思想工作会议上发表讲话时指出，青年群体基本不看主流媒体，大部分青年通过网络获取信息，要尽快掌握网络舆论的主动权，人在哪儿宣传重点就应该在哪儿。② 新媒体发展带来的舆

---

① 2019年6月6日，工信部向中国电信、中国移动、中国联通、中国广电发放5G商用牌照，中国正式进入5G商用元年。
② 习近平在全国宣传思想工作会议上发表讲话[EB/OL]. 新华网，2013-08-19.

论阵地和话语空间的转移，带动了国家舆论宣传工作重心与策略的调整。同年12月30日，习近平在中央政治局就提高国家文化软实力研究进行第十二次集体学习时强调指出，为了提高国家文化软实力和国际话语权，加强国家传播能力建设，构建对外话语体系，必须发挥好新兴媒体作用，增强对外话语的创作力、感召力、公信力，讲好中国故事，传播好中国声音，阐释好中国特色。① 2014年8月18日，中央全面深化改革委员会第四次会议审议通过了《关于推动传统媒体和新兴媒体融合发展的指导意见》。习近平在会议上强调，着力打造一批形态多样、手段先进、具有竞争力的新型主流媒体，建成几家拥有强大实力和传播力、公信力、影响力的新型媒体集团，形成立体多样、融合发展的现代传播体系。

国家战略从媒介使用者、技术等综合角度强调了传统媒体转型的迫切性和重要性，在国家战略顶层设计和政策性助推下，2018年县级融媒体建设打通"最后一公里"。2019年1月25日上午，中共中央政治局就全媒体时代和媒体融合发展举行第十二次集体学习，习近平在主持学习时强调："要坚持移动优先策略，让主流媒体借助移动传播，牢牢占据舆论引导、思想引领、文化传承、服务人民的传播制高点。"② 媒体融合建设的热潮形成"自上而下"逐层蔓延、四级媒体全面行动的态势。

一、"拓展式"的组织融合

技术向来以"水纹涟漪"的方式改变社会，互联网技术最早改变的是西藏传统媒体中的平面媒体。2002年10月1日，由《西藏日报》社主办的"中国西藏新闻网"成为国务院批复成立的西藏第一家省级重点新闻门户网站，开设了藏汉英三个文种的网页，也成为发展最为完备的西藏网络媒体。其后是广播媒体，2009年中国西藏之声网站开播，设立藏汉英三个版本。随着网络技术的持续提升，信息传播方式不断丰富，便携式视频摄录设备，尤其是智能手机的出现直接扭转了电视媒体生态，网络电视大量出现，西藏电

---

① 习近平在中央政治局就提高国家文化软实力研究进行第十二次集体学习时的讲话[EB/OL]. 人民网，2014-01-01.
② 媒体融合发展是一项紧迫课题 习近平这样提出要求[EB/OL]. 人民网，2019-01-26.

151

视媒体也开启了融合发展的进程。

2015年，由西藏电视台承办的涉藏视频新闻网站"牦牦TV"成立，该平台使用藏汉英三语版本，并在此基础上形成了"@西藏"APP，"西藏卫视+"（原名"最心灵"）、"阳光西藏""第三极拍客""天天说"等微信公众号群，建构了电视端、PC端、手机端、Pad端等多端口立体传播的"微全"格局。2018年11月29日，在全国广电媒体融合的大趋势下，西藏广播电视台正式挂牌成立。为进一步贯彻落实中央关于媒体深度融合发展精神，2022年2月20日，"珠峰云"APP上线运行，以"账号入驻"的聚合逻辑，联合西藏自治区7个地市、74个县级融媒体号，形成集咨询、音视频、广播电视网络直播为一体的新型网络传播平台，形成了西藏广电媒体融合矩阵（见表3-3）。

表3-3 西藏广电媒体融合矩阵

	传统端		网络端		移动端	
电视	卫视	藏语卫视	牦牦TV	新闻/直播/视频/活动/音乐/商城/社区	微信平台	最心灵/阳光西藏/第三极拍客/天天说	珠峰云
		汉语卫视					
	地面	影视文化					
		经济生活（已停）					
广播	汉语	汉语新闻综合	中国西藏之声	新闻/广播/电视/视频/音乐/文化/专题			
		都市生活					
	藏语	藏语新闻综合					
		藏语康巴方言					
				客户端	爱特西藏		
7地市	拉萨/日喀则/山南/林芝/昌都/那曲/阿里						
74县融媒体	拉萨（7县+1城关区）/日喀则（17县+1县级市）/山南（12县）/林芝（7县）/昌都（11县）/那曲（10县）/阿里（7县）						

资料来源：作者搜集；时间范畴：2018—2022年。

（一）西藏媒体的转型次序

西藏地方传统媒体的融合转型以"报纸→广播→电视"的次序推进。这与新媒体对传统媒体介质的影响程度、影响范围有关。新媒体在技术优势下，次第波及纸媒、广播、电视不同介质，最终全面冲击了传统媒体，改变和重构了媒体生态。以数字技术为代表的新媒体所带来的冲击区别于过去传统媒体所遭遇的单一性、局部性的冲击，它要求一向以主动革新技术、讲求技术应用的媒介组织必须在业已形成且稳固的组织生态中再次以新的理念开辟新的传播方式和平台，以应对外部技术施压。

（二）西藏媒体的融合样点

从融合样态来看，西藏电视媒体主要采取了增设新媒体部门、开设新媒体矩阵、开辟网络电视、广电媒体组织融合等措施。这些"拓展式"融合措施，具有低成本、操作灵活、不过多讲求技术内容的特征，这也是西藏电视媒体在现有基础上能够进行的可能性改革。在我国四级媒体建制中，媒体建设呈现区域分割、层级划分的特征。长期以来，西藏电视台都被定位为西藏自治区第一视频媒体，在宣传主旋律、传播文化、促进西藏地区发展、丰富西藏人民精神文化生活等方面发挥着重要作用。

（三）西藏广电融合经历了"等待"的过程

"目前全国31个省和央视中，有27个完成了媒介融合，剩余吉林、广西、新疆、西藏四个省区还没有完成。中央要求西藏媒体融合9月之前改完。西藏融合发展滞后的原因，主要在于干部的选用上，也就是大的'三定'①要出来，才能推进融合，西藏媒介融合发展定位于'台网结合，以网为主'。"（X-50-M-XZTV-201806）

"广电要融合，现在做的任何计划都是未来融合之后的事情，'大三定'没有出来之前，我们是没有办法推进工作的，'大三定'出来后，大家就清楚该怎么行动了。"（L-50-M-XZTV-201806）

在2018年6、7月间，西藏广电媒体还未实现融合，两台融合进程处于"等待"状态，主要是等自治区宣传部做出两台融合的干部任命，两台在"等待"中只能维持原有状态。2018年12月，"大三定"出来后，西藏广电

---

① 三定，特指媒体组织内部的定编、定岗、定薪。

两台才挂牌融合。

(四) 西藏广电媒体融合是"自上而下"的融合

"'大三定'出台之后,我们的融合主要出现在记者方面,两台记者都到大采中心(大采访中心)了,现在有110人左右,目前正在过渡阶段,'小三定'还没有出台,最终有多少人,还说不好。现在大采中心所有记者都要给电视新闻供稿,电台新闻的供稿主要靠编辑了,一是编辑与记者联系提供适合电台的稿件,另外就是把电视新闻稿扒下来,再编辑。"(Z-29-M-XZR-202012)

"媒介融合主要集中于部分领域和部门,业务层面的融合转型要在行政层面具体化之后。"(L-50-M-XZTV-202012)

"我们两台融合之后,电视台这边从差额制变回全额拨款,因为一直在等'三定'方案出来,现在'大三定'出来了,'小三定'还没有出来,所以台里在做一些新媒体的内容,但是'绩效'这块还没有定下来。"(D-50-M-XZTV-202009)

从"组织构建"到"内部架构",西藏广电媒体的融合进程是严格按照西藏自治区党委宣传部相关指令推进的,其中自治区层面做出的"大三定"和两台融合之后要做的"小三定"是融合进程的关键环节。电视台、电台这两个平级单位的行政组织重组,不仅关系到组织行政层级的重新认定,也关系到媒介从业者尤其是原有管理层人员的个人职位变化。在经历长时间的"等待"之后,西藏广播电视台行政管理人员由原来的电视台、广播电台和自治区党委宣传部三个部门构成,台长由自治区宣传部部长担任,原来的电台、电视台台长、书记成为广播电视台的副台长,分管原来的部门工作。

从融合时间节点和选择措施来看,西藏广电媒体完成组织融合,是对《深化当前国家机构改革方案》总体要求的执行和完成。2018年,国家广电总局机构改革工作完成之后,各省(区、市)广播电视行政管理部门的机构改革也到了收官阶段。西藏作为边疆民族地区,也是五大自治区之一。边疆民族地区省(自治区)级广电媒体在经营发展上长期处于三、四线位置,但是作为媒介传播的中转站和生产者,它不仅是媒体融合发展的重要践行者,也是巩固宣传思想文化阵地、壮大主流思想舆论的重要一环。西藏广播电视融合转型既是国家战略总体规划的构成序列，附带着国家顶层设计下行政推力，也是一级电视媒体的主动顺势行为。作为省区级电视媒体，在行政命令和媒介发展形势的合力推动下，西藏广播电视台的媒介融合是综合考量的必然选择。

（五）西藏广电融合处于学习与跟进状态

"我们广泛调研和学习了央视、兄弟省区电视媒体在广电媒体融合中的'中央厨房'和'融媒体中心'发展建设情况，实现了西藏广电媒体组织融合，对外称呼是'西藏广播电视台'（XZBTV），各对应行政部门也实现了部门层级融合。"（W-50-M-XZTV-201806）

"2018年，国家对电视广告进行治理，这次治理对全国电视台的影响都挺大，最后就导致了我们台收益直接大幅度下滑，我们台从差额拨款单位改回到全额拨款了。"（W-52-M-XZTV-201907）

"我们新媒体这边，主要是公众号推送，因为公众号每天推送次数不能超过4次，所以台里要求对重大信息进行推送。这块的稿件主要是从台里内部系统下载，然后再改编成适合新媒体的稿件，在公众号上推送。"（Z-30-F-XZTV-201806）

西藏重要的战略地位与严峻的意识形态，使西藏地方媒体更强调意识形态建设功能与政治稳定，相对应的是商业发展意识和定位并不强，这也使西藏媒体的生产历史、人才配备等具有边疆依附中央、欠发达依附发达地区的特征。场域环境中的西藏广电媒体融合转型，既是媒介环境催逼的结果，也是电视台作为单位组织社会性调整的结果。在"事业性质"、资金有限的现实面前，"拓展式"融合措施就成为西藏电视台当前能够选择和推行的"最佳"方案，这种行政规划下的行为，具有"被动适应"和"主动作为"的双重性质。

（六）西藏广电媒体融合优势与挑战并存

从比康巴卫视、拉萨地市三台[①]融合案例可以看出：目前西藏广电媒体

---

① 拉萨三台融合，指的是拉萨电视台、拉萨广播电台、拉萨日报社三个组织的融合。

实现了组织融合，融合程度最高的部门集中于行政组织和采访中心。部分部门之间依旧各自为营，内容、资源和人才的三方融合未见成效，媒体融合效果自然并未呈现。组织融合之后，平台建设依然保持着电视台和广播电台在融合之前已经完成的固定端、PC端、移动端APP和依据节目形成的相关微信公众号媒体格局，组织融合整体处于低水平阶段。媒体融合发展，是一切媒介及其有关要素的结合、汇聚甚至融合，不仅包括媒介形态的融合，还包括媒介功能、传播手段、所有权、组织结构、生产流程等要素的融合。西藏作为边疆民族地区，历史、地理、技术、人才、资源等因素综合造成了西藏媒体发展变革被动、迟缓的特征。

　　西藏媒介融合是在业务拓展（媒体内容微生产）之后进行了组织融合。目前，最大力度的融合点是对生产源头从业者的融合，融合后的从业者都集中于电视内容，电台、报纸等媒体的新闻供稿主要是对电视内容的再编辑，或者是对国家级媒体内容的再编辑。虽然新媒体革命式地改变了媒介用户的分布格局，不过现代社会发展带来的多元性和新变化也进一步加剧了媒介用户的分化，要想抓住最大数量的媒介用户，就要在媒介融合中合理设计不同媒体的内容生产、传播平台等。

　　作为省区广电媒体，其融合转型发展涉及最多的是行政层面的统一协调，而非单纯的业务层面的融合。广电媒体融合触及原有不同媒体、不同层级媒介从业者的职位、薪酬甚至绩效等实际利益，传统媒介融合就成为"人的关系"的融合。传统媒体融合转型只是媒介组织在现代化进程中的一个阶段，在这一组织转型中涉及更多的是人的现代性问题。

　　　　"我们也关注区台，拉萨三台虽未挂牌，不过我们一直在尝试。我觉得融合目前经过了两个阶段，第一个阶段是单做，例如，早先我们做了成片、策划案，编辑只是在标题上做些修改，就在公众号上推送了，也不管适不适合公众号的平台特征，这就是'搬运工'阶段。现在这个阶段，大家逐渐有了新媒体意识，在生产环节，选题策划中有了新媒体意识，因为你在新媒体发稿与你的绩效挂钩了，我们会在标题、形式等方面主动进行新媒体内容的制作。另外，大采中心成立后，实行分组机制，每组按照分组条口就有固定选题，这样大家提供的素材就多了，编辑就可以根据这些素材进行整合了。为了推动新媒体业务，江苏援藏给我们联系了学习考察的机会，台里领导也组织学习培训，现在我们对新媒体生产还是非常有信心的。在疫情期间还制作出了一个爆款，点击关注量超过2个亿。虽然后来停止了，但是我们也从这次活动中总结了新媒体运作的一些经验。"（Y-33-M-LSTV-202012）

在中央提出传统媒体融合转型的顶层设计后，西藏省区媒体和地市媒体都在进行融合转型的尝试。在两台融合之前，建立较早的电台PC端就播放电视台的内容，后建的电视PC端只是传播了电视内容，两台融合之后两大PC端播出内容框架并未发生变化。西藏省区媒体融合进程虽慢，变化也在慢慢显现，逐渐从"搬运工"阶段进入"自主创新"阶段，主动适应新媒体。在西藏地区媒体融合创新中，地市一级媒体带着自身"船小好调头"的优势，率先开展了媒介融合业务与绩效的挂钩，使传统媒介的融合生产融入组织生产序列，使媒介从业者在融合生产、利益获得、职称晋升、荣誉获得上实现勾连，为西藏省区级的媒体融合提供很好的借鉴。

二、"跟随性"的生产融合

组织融合之后，西藏媒体不仅形成了覆盖电视、广播、官网、新媒体的"微全格局"，也形成了媒体生产的"新旧"矩阵。

（一）媒介融合后的生产主体依赖原有力量

1. 媒介融合从生产、平台、渠道、经营等多角度重构了媒介生态

作为脱胎于传统媒体的西藏广播电视台，其原生力量依然是广电媒体融合之后的生产主体。从技术、资金、层级及变革历史的惯例来看，融合之后的广播电视台在统一呼号为"西藏广播电视台"，电视和广播的日常内部生产依旧倚重各自原有的生产力量。

"电视是视频，广播是音频，这两个有差异。融合后，音频的内容可以用在电视里，但是电视视频却不能用在广播里，这也没办法融合嘛。"（Y-26-F-XZR-201806）

"电视就是耗钱的产业，广播就不一样了，媒介融合让广播获得了第二个春天，电视就倒霉了，在人家盈利的时候融合，广播也不乐意呀。"（W-28-M-XZTV-201806）

"一张照片25元，一段视频100元，那大家都愿意拍4张照片了。"（C-47-M-Peoplenet-201907）

广电媒体融合之后的实践之路存在不少的实际困难：（1）电视与广播介质不同，生产成本不同，广播从业者可以为电视提供素材，而电视则未能给广播带来变化；（2）当下是我国汽车业发展最为迅速的时代，车载移动媒介和音频内容成为新宠，广播生产在媒介融合中获得新的生机；（3）微视频、多生产主体、多端口等平民话语生产直接冲击了国内电视生产旧有的精英生产模式，而电视正身处这场技术更迭的旋涡之中。因此，原有媒介介质差异影响着西藏广电媒体的融合程度，在当前的实际生产过程中，视频制作部门、出镜播音等专业性差异巨大的部门和人员基本处于原有状态。

2. 媒介融合拓展了电视媒介传播的平台和渠道

"新闻内容都来自大采中心，大采中心记者写好后，提交到索贝系统，当班编辑会选择、编辑、播出，各端口会根据各自特征进行分发。"（L-42-M-XZTV-201806）

"三方（拉萨电视台、拉萨电台和拉萨日报社）合并后，记者都集中到大采中心去了，现在都要给电视台供稿，电视记者和电台记者写的稿子，都是口语化的稿子，根本没法在日报上用，日报现在是'无米下炊'了。《拉萨晚报》已经停了，日报不知道停不停，不停我们就要继续出，编辑只能从《西藏日报》、新华社端口扒拉稿子，再不够，也可以加大行间距，报纸还是能出来。领导也知道这种情况，现在是过渡阶段，总是要往好的方向发展，目前就是这个样子。"（H-42-F-LAD-202012）

媒介融合之后，西藏广播电视台拥有多个端口，不同端口需要不同形式、不同体量的播出内容。而媒介组织内部的组成方式并未发生显著变化，按照节目类型组成的"中心制"依然是节目生产、编辑、播出的重要支柱（图3-2）。

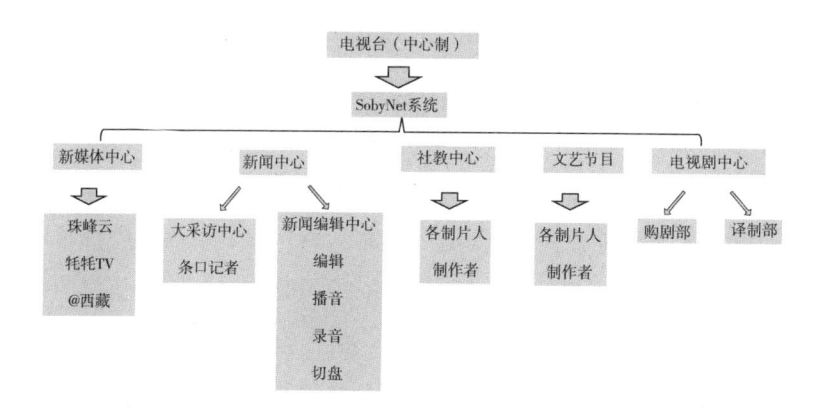

图 3-2　西藏广播电视总台组织生产构成/电视台部分

资料来源：作者整理，2018 年 1 月—2022 年。

在"中心制"运营方式下，不同节目依托各中心、制片人、制作者形成体系完整的"生产—审核—播出"链条，传统编辑具有显著的结构性地位。

西藏电视新媒体中心的运营，先是对电视端内容直接上传，初步实现"电视内容"的"网络化"传播，但也仅限于此，网络平台并未再做内容传播的碎片化、话题性、片段化传播。新媒体是对现有节目内容在多个平台和渠道传播，而且是在保持原有节目形式的基础上进行再传播，是传统媒体的"搬运工"。

3. 新媒体是媒体组织的一个平台和渠道

在媒体现有的生产体量和基础上，为传统节目之外的生产内容提供传播平台和渠道，借用数字化存储能力，新媒体成为现有生产能量的"展览馆"和"集散地"，这一生产现状不仅需要增量生产，而且需要结合新媒体传播特质进行多元化生产。这无疑大大增加了传统媒体生产压力，在技术短板、人才缺乏、广电融合探索前期，新媒体中心更多担任的是"搬运"和"编辑"角色。

新媒体部门作为网络平台，将节目形式"整体性"搬用电视端内容，与西藏地域突出的政治敏感有关，也与西藏高原环境对内容生产的限制有关，当然也与西藏电视媒体长期的生产惯习有关。

西藏电视新媒体平台和"@西藏"客户端还注重对央视、新华社等国家

159

级媒体重要信息的转载和转发，发挥地方电视网络媒体对国家信息传播的接力功能。

鉴于网络媒体、新媒体对传统媒体市场的挤压和抢占，电视作为民族地区曾经"一家独大"的强势媒体，首先，面对现实问题，在全国媒体融合的过程中，借助新媒体助力传统媒体进行传播，将国家和自治区的声音传播到"最后一公里"。处于二级位置的新媒体部门，其主要功能不在信息的采集与生产，而在对已有信息内容的"再编辑"和"再传播"。其次，西藏电视媒体的媒体定位和直接宣传方式难以兼容新媒体解构式、碎片化、娱乐化的传播方式。2019年1月21日，习近平在省部级主要领导干部坚持底线思维着力防范化解重大风险专题研讨会开班仪式的讲话中指出，要从维护国家安全的战略高度和全局视野，深刻分析防范化解意识形态等领域的重大风险。[①]广播电视和网络视听事关政治安全和国家安全，西藏地域政治维稳是刚性要求，为了规避政治、宗教、民族等因素带来的风险，对多重过审的节目内容"直接搬用"成为自然而然的结果。

（二）结合西藏地方特色开拓多元化发展路径

西藏电视网络媒体和客户端也开拓了商业内容，围绕西藏特色，开设了衣食住行、旅游购物等信息，设置了在线支付、团购等功能，也增加了"社区"版块，为旅客提供在线信息交流的平台。

为发展西藏电视新媒体力量，"牦牦TV"成为人才引进的主要部门。

"新媒体建设需要人才，台里也特别重视新媒体人才的引进，台里每年都有人才引入我们'牦牦TV'。"（Y-26-F-XZTV-201806）

广电媒介融合发展是国家战略指导下的媒体改革，这场全国性的改革正处于试水攻坚阶段，不同层级媒体都在自身资源、资本基础上进行可能的尝试。人才、机制、资本等成为媒介融合发展的关键因素。在新媒体冲击下，电视媒体收益严重缩水，"扩展式"媒介融合又不断要求对新开拓部门的资

[①] 习近平在省部级主要领导干部坚持底线思维着力防范化解重大风险专题研讨班开班式上发表重要讲话［EB/OL］.中华人民共和国中央人民政府网，2019-01-02.

金投入，双向夹击下，电视从业者的利益势必不断缩水或递减，难免挫伤其积极性或主动性。

西藏广电媒体融合后，在"广播电视台→电视台→中心"管理体制下，"牦牛TV"只是西藏广电总台的一个三级部门，在"安全播出意识"和西藏高原环境对摄录条件的制约下，在全国性试水中，西藏电视台也并未形成明确清晰的发展规划和发展思路，新媒体部门工作的"再编辑"也就成为一个不可回避的现实。

（三）坚持宣传话语

作为西藏地方一级视频媒体，西藏电视台不仅承载着西藏地方对国家政策、政令等的解读和贯彻任务，而且负载了国家治藏方略下西藏地方发展成就的呈现功能。媒体技术改变了媒介生态，传统媒体要及时、尽快适应媒介生态变化，形成新的媒介生产内容、传播方式、传播理念，成为新型主流媒体，扭转媒介使用者转向问题，发挥媒体在意识形态建设中的特殊功能。

"大家都说UGC，但是真正用上的真不多，应该能给我们提供一些素材吧。没有把握这些因素，缺乏这方面的人才，也担心评论开放后引发的后果，我们的'评论'（功能）是关闭的。"（D-46-M-XZTV-201806）

在内容生产方面，广电媒体融合依然保持着固定端、PC端、新媒体端各自运营的状态，将各自生产内容通过多平台进行传播。在组织融合之前，中国西藏之声网就有传播电视台部分节目内容，主要是《西藏新闻联播》《高原新闻眼》等部分节目，不过收录数量要大于"牦牛TV"。这一情况，一方面说明电视媒体并未利用好内容生产在内部平台的多元化、多渠道传播，另一方面表明组织融合并未实质性地扩大媒体生产和传播的能量。

虽然新媒体领域建立了UGC模式的采集和进入端口，但是这些内容在电视节目生产中并未得到有效利用。电视媒体的节目选题依然处于自上而下的完成状态，并未利用UGC模式实现传播内容、话语方式的转变，电视媒体与新媒体的互动不足。出于谨慎和播出安全考虑，在人员缺乏的情况下，"牦牛TV"自主关闭了评论功能。电视媒体的新媒体业务规模小、运营模式单一，在资源共享、多屏互动、版权处理等问题上，尚未建立明确、有效的运营机制和处理模式。

"阳光西藏"的关注人群遍布西藏、其他四省涉藏州县，以及国内其他一些城市，在尼泊尔、印度、瑞士、比利时等 14 个国家也有较多的关注人数。① 西藏与尼泊尔、印度接壤，西藏媒体应该依靠地缘优势，加快实施走出去战略，通过与尼泊尔等地电视台加强合作，有力提升藏语媒体的国际传播能力。据有关机构反馈，在境外藏胞聚居区，许多藏胞利用卫星接收设备接收观看藏语节目。在这种形势下，西藏电视台近几年数次派出专业团队进行考察。通过考察，西藏电视台正在积极争取与境外电视台合作，通过购买时段的方式实现西藏本地优秀藏语节目在境外藏胞聚居区的直接传播。

三、小结

在传播内容和节目类型上，西藏电视媒体在发展历程中形成了新闻、娱乐社教、纪录片、电视剧等这些常规电视节目，发挥着地方电视媒体传递信息、记录地方文化、建构当代记忆的重要功能。当前，新闻、综艺娱乐、社教节目是西藏电视媒体的自产内容，各种类型的译制节目也是西藏电视媒体的重头生产内容，而纪录片、电视剧等已经在制播分离机制下成为合作生产或直接购买的电视内容，这些电视节目以非虚构或虚构的方式形成关于"中国与西藏"的主题故事，并且塑造了西藏传媒的话语风格。

"中国与西藏"的主题故事。"四级办台"的历史建制使我国媒体形成了层级差异，在国家宏观宣传指令和地方宣传管理部门的具体指导下，"国家与地方"成为国内媒体的生产内容。其中，国家领导人、政府、政策等媒体内容作为国家象征，地方、民间、个人或群体等则为地方象征，以画面、语言形成"国家与地方"同呼吸共命运的媒介表征。基于西藏特殊的战略位置、历史基础、高原环境等因素，"如何宣传""宣传好西藏""讲好西藏故

---

① 中国广播电影电视社会组织联合会，广西人民广播电台. 加强国际传播能力建设 讲好中国故事 [M]. 北京：中国国际广播出版社，2019：326.

事"等成为西藏媒体宣传话语的重要表征。

产量较少,产能较弱。高原环境深刻影响着西藏社会的生产生活,高原缺氧环境不仅加速人体损耗,而且在无形之中影响了工作时间和工作条件。西藏长期处于"人才难以引进""人才难以留住"的双重困难。在地理环境、身体条件、人才队伍等综合影响下,工作节奏缓慢、产能有限等就成为西藏现代组织的产出特征之一。

西藏媒体产出缺乏互文情景。在中国当前进行的现代化建设中,发展、科技等是关键词,现代化发展中的新现象、新问题、新事物成为媒介聚焦、社会大众关注的视点。与此相对,西藏电视媒体一面记录着西藏当代社会的发展、变化,成为关于西藏的当代记忆和影像记录;另一方面,西藏电视媒体生产与中国主流文化、商业文化之间存在一定的距离,缺乏媒介社会的话题互动与互文共景,较难展开讨论和互动。

第四章

西藏电视的使用与代际更迭

当前，媒介技术变迁引发媒介生态整体性革新，生产主体与媒介使用者随之发生变化。与此同时，媒体使用场的变迁也带动国家意识形态建设阵地的转向。2016年2月28日，习近平在党的新闻舆论工作座谈会上强调，坚持正确工作导向，人民群众在哪里，新闻舆论阵地就应该在哪里。① 在传统媒体观众流失、收益锐减的关键时刻，媒介生产内容并未离开媒介使用者的视域，如何在"流失使用者"和"内容被关注"中实现转型发展？这是当前传统电视媒体寻求突破的切入点。

第一节 当代西藏家庭与个体媒介使用

传统媒体转型需要了解媒介技术变迁、媒介生产方式变化和媒介使用者变化。在卫星播出、网络技术不断提升、智能手机不断普及的当下，西藏电视媒体在西藏本土的媒介接触与使用情况到底如何，是西藏电视媒体转型发展必须要了解的。本章将借助半渗透式民族志与深度访谈的方法，以当代西藏家庭为调查单位，对西藏当代家庭成员②进行分析。从研究方法来看，以家庭作为调查单位可以尽可能地扩大调查对象覆盖面，以家庭成员个体作

---

① 习近平在党的新闻舆论工作座谈会上强调：坚持正确方向创新方法手段 提高新闻舆论传播力引导力 [EB/OL]. 新华网，2016-02-19.
② 笔者虽然有一定的藏语使用基础，但是，西藏7地市口语使用差异显著，在实际调查中，笔者的拉萨话只能跟部分卫藏方言的调查对象进行沟通，其余调查对象的访谈主要借助翻译人员展开，翻译人员主要由笔者的学生担任，也是具体调查家庭的成员之一，因此本研究在语言表述上，保留了翻译人员对家庭成员的称呼。

为分析对象，可以细化家庭内部代际之别，形成对研究对象媒介使用情况的精细化解读和分析。关注当代西藏家庭内部不同代际个体的媒介接触与使用情况，其目的就在于，管窥西藏电视媒体生产与媒介使用者之间的实际图景，勾画媒介生态转型期西藏传统媒体转型发展的方向，借助西藏媒介使用者对西藏电视媒体接触或使用图谱，建构西藏电视媒体可持续发展的思路和发展路径。

一、调查单位与分析对象

家庭是社会最小的单位，也是最基本的构成组织。在藏族社会，家庭往往与婚姻、居处形态等联系在一起，共同构成了藏族社会最稳固和核心的一部分。据第七次全国人口普查结果显示，西藏全区7市（地）、74个县（区）、697个乡（镇），全区常住人口为364.81万人，家庭户人口为323.73万人，平均每个家庭户的人口为3.19人（见表4-1）。现代化进程加速了西藏社会结构和家庭结构的变化，当前西藏家庭结构主要有"核心家庭、直系家庭、复合家庭三种类型"[①]。其中，核心家庭（nuclear family）是由一对夫妻及其子女组成并且居住在同一屋檐下的家庭。直系家庭也叫主干家庭，是由两代或两代以上夫妻组成，每代最多不超过一对夫妻，且中间无断代的家庭。复合家庭则是由诸同胞兄弟及其配偶、子女构成的家庭。

第七次全国人口普查结果显示，西藏自治区以藏族为主，男女比例呈13∶12。随着西藏社会现代化进程的推进，西藏城市人口不断增多，城乡人口占比约为9∶16，即西藏乡村人口是西藏社会的主体。西藏民主改革后，现代教育尤其是"教育三包"政策极大地推动了西藏社会受教育程度，初中以上学历人口占比34%，不过，当前西藏小学文化程度及以下人口占比依然占到66%。7地市人口在数量上呈现拉萨＞日喀则＞昌都＞那曲＞山南＞林芝＞阿里的排序。

[①] 白赛藏草.西藏中部农业地区藏族家庭结构调查：以山南拉加里为例［J］.中央民族大学学报（哲学社会科学版），2019（6）：56-65.

表 4-1　第七次人口普查西藏人口特征　　　　　　单位：万

类1	目	数量	占比	类2	目	数量	占比
性别	男性	191.36	52.45%	地区	拉萨市	86.79	24%
	女性	173.45	47.55%		日喀则市	79.82	22%
民族	藏族	313.79	98%		昌都市	76.10	21%
	其他	6.68	2%		林芝市	23.89	6%
城乡	城镇	130.34	35.73%		山南市	35.40	10%
	乡村	234.47	64.27%		那曲市	50.48	14%
教育程度	大学	40.20	11%		阿里地区	12.33	3%
	高中	25.72	7%				
	初中	57.48	16%				
	小学以下	241.41	66%				

数据来源：作者整理，根据第七次人口普查数据①，2021年。

参照第七次人口普查中当代西藏普通家庭在城乡、地区、性别、家庭结构等人口学变量方面的总体特征，本研究对访谈单位进行了立意设计，共选择12户家庭共59个人（见表4-2）作为访谈和分析对象。

表 4-2　当代西藏家庭媒体使用调查单位基本情况

家庭	地区	县市	区域	人口	代际	家庭结构
F1	拉萨市	林周县	城区	5	三	直系
F2	拉萨市	罗布林卡区	农区	3	二	核心
F3	日喀则	南木林	牧区	4	二	核心
F4	日喀则	萨迦县	牧区	6	二	复合
F5	日喀则	谢通门县	城区	8	三	复合
F6	日喀则	桑珠孜区	农区	5	三	直系
F7	林芝	波密县	农区	5	三	直系
F8	林芝	波密县	城区	4	二	核心

---

① 陈琴，李朕，李彭林. 西藏常住人口达到364.81万人 藏族人口达313.79万人[EB/OL]. 央视网，2021-05-19.

续表

家庭	地区	县市	区域	人口	代际	家庭结构
F9	昌都	卡若区	牧区	4	二	直系
F10	那曲	安多县	牧区	8	四	直系
F11	阿里	改则县	牧区	4	二	核心
F12	山南	泽当镇	城区	3	二	核心

资料来源：作者调查；时间：2021年。

现代化进程促使社会分工的细化。中国城乡二元体制和西藏地理空间影响下的生产方式共同造就了西藏地方社会职业分工的特征。西藏城镇中出现的职业工种主要有公务员、教师、医生、商人等，而源于传统西藏社会的西藏乡村主要是农民、牧民两个工种。结合深度访谈，我们提出以下问题：(1) 媒体技术变迁语境下，当代西藏社会大众媒介使用呈现怎样的样态？(2) 从媒介使用者反馈角度，思考如何推进传统媒体融合转型路径？

二、西藏当代家庭不同代际的媒介接触或使用

（一）宗教与岁月之河的祖辈

F1家庭（拉萨，城区）[①]

爷爷今年75岁，以前是农奴，民主改革之后上了一点学，会一点藏文、算数。爷爷不看电视，每天都看（藏传佛教的）经文，（都是）自己买的，各种（内容）的都有。爷爷的腿有点不利索，但是经常去乡里转经。我们家在乡里，乡里有（小）寺庙、佛塔，一路走，一路（手摇）转经。爷爷有一部老人机，主要是打电话。

F6家庭（日喀则，农区）

奶奶今年76岁，一般都是中午转经，晚上看电视。她不会说汉语，也听不懂。奶奶喜欢看西藏卫视和日喀则电视，（都是）看藏语版的新闻或其他节目，经常从7点多看到9点多，每天能看两个多小时。每周

[①] F1家庭（拉萨，城区）：依次为访谈对象家庭序号、地区、区域这些基本信息。

或者每隔十几天，家人就陪着奶奶去转寺庙，去扎什伦布寺①拜佛、转经，每次需要一个上午的时间。转经的时候，有时候可以见到仁波钦②，就会很开心，见到了就许个愿。平常，也会转周边的小佛塔，我们村子离日喀则市里就七八分钟的路程（坐公交车），村子就在市区里，村子里有个小的佛塔，家里人也会陪着奶奶去转经、念经。

F10家庭（那曲，牧区）

我家在安多县（那曲市县城），外公87岁，外婆88岁，以前都是那曲有名的贵族。外公家是阔来家族，外婆家是阿威家族，爷爷家是卡夹本阔家族，这是我们当地的大家族，奶奶是希瓦家族的。外公外婆都识字，都会读经，现在视力不是很好，会念过去的经。爷爷奶奶很早就去世了。民主改革后，家里发生了变化。改革开放后，家里条件慢慢恢复了，主要是爸啦开始做生意，生意做得比较大。

随着国家现代化进程的持续推进，西藏地方社会医疗条件得到提升。2021年5月21日，国务院发表的《西藏和平解放与繁荣发展》白皮书表明，当代西藏人均寿命"由1951年的35.5岁增加到2019年的71.1岁"③。访谈对象中出现的祖辈一代平均年龄甚至均高于71.1岁这一数据。

祖辈一代曾亲身经历了新旧西藏政治体制变革，这一群体的政治身份在西藏和平解放与西藏民主改革中发生了巨大变化。受原有家庭条件或因西藏民主改革后政治赋权的影响，祖辈一代中的部分人员在不同时代获得了读书识字的机会，也成为祖辈一代中文字媒体的接触者。

祖辈一代对现代媒体的接触或使用与西藏传统文化、年龄、文化程度、身体情况密切相关。首先，受西藏传统文化影响，祖辈一代中无论文化程度高低，皆对藏传佛教或西藏苯教的经文内容有较多的接触或关注，并通过念

---

① 扎什伦布寺，意为"吉祥须弥寺"，位于西藏日喀则的尼色日山下，是日喀则地区最大的寺庙，是格鲁派（黄教）六大寺庙之一，也是历代班禅额尔德尼的驻锡地。
② 仁波钦，藏语，活佛、大师之意，在此特指十一世班禅额尔德尼·确吉杰布。
③ 国务院新闻办公室《西藏和平解放与繁荣发展》白皮书[EB/OL]. 中华人民共和国中央人民政府网，2021-05-21.

经、转经、转山、转水、转寺庙、拜佛等宗教实践活动建构了常态化的信息传播内容与方式,在对宗教典籍、经文的诵读听颂中,经文内容或内涵等不仅形塑了祖辈一代的价值观和认知体系,也影响了家庭成员以及身边群体的行为规范和认知体系。其次,普通家庭很少接触或使用平面媒体。平面媒体使用者需要一定的文化水平,西藏祖辈一代识字较少的基本现实自然限制了祖辈一代对平面媒体的关注。另外,中国普通家庭向来少有私人订阅平面媒体消费的习惯,西藏也不例外。再次,普通家庭的祖辈一代有接触或使用广电媒体者。相比平面媒体对媒介使用者文化水平有要求,广电媒体则打破了媒介使用者必须识字的文化限制,扩大了媒介内容传播的覆盖群体,上至耄耋老人,下至学语幼童,都可以成为广电媒体的使用者,尤其是电视媒体,以声画同传形式曾一度占据"一家独大"的媒介顶端位置。在转经、念经之外,电视内容丰富了西藏普通家庭祖辈一代的生活。最后,祖辈一代对电视媒体的接触或使用,受到身体条件、汉语使用能力的限制。作为西藏社会普通一员,祖辈一代身体情况的好坏,尤其是视力因素等,直接影响并左右其生活方式。念经、转经成为日常生活内容,家常聊天是主要的信息交流方式,近距离、乡里熟人社会的内容是信息交流的主要内容。另外,能否听懂或者使用汉语,直接影响着祖辈一代能否消费汉语节目,或者愿意接触并消费汉语电视内容。

(二)现代与传统之间的父辈一代

F1家庭(拉萨城区,复员军人+家庭主妇)

家里有两个电视,客厅一个,父母卧室一个。家里电视机能收不同的台,村子发的"党中央"① 我家能收20多个台;自己买的机顶盒能收30多个台,放在客厅的。

我爸啦,今年54岁,上过学,上到初中,在林芝当过兵,当兵当了8到10年,当兵的时候入了党。爸啦兄弟姐妹有三个,两个姑姑都没有条件上学,都在原来的村里。爸啦当乡长后到了这个乡里。前几年爸啦

---

① 当地村民对国家赠送的电视信号接收数字锅的称呼。

169

得了脑梗，吃了很多药，又进行了康复训练，现在恢复得挺好，上次病后退休了。爸啦在家要看电视，早上看会儿新闻，晚上看的时间长，经常看央视，主要是1套、3套、4套、13套，女儿们陪着爸爸看，看的时候，还会讨论，爸啦会跟两个女儿教政治上的东西。爸啦的智能手机只用来打电话，不怎么玩微信，不发朋友圈，没事的时候，爸啦会刷短视频、西瓜视频，新闻类的、军事类的。爸啦是党员，现在早上7点起来会去跑步。

妈啦，今年46岁，没念过书，当地村子的人。妈啦的兄弟姐妹有四个，一个舅舅，两个姨妈。舅舅上过一点学，舅舅在达孜区，一个姨妈在拉萨，一个姨妈在当地。政策规定，党员、有公职的人，子女可以在父母单位找一个工作，家里的12亩地就转让给别人了，妈妈就全职在家，也不种庄稼了。乡里平时会找人干一些活，村子里要求每家每户要出工，妈啦就经常去参加。村子里也有集体的一些活，每家都要出工，妈啦就会去做，慢慢会了一点汉语。妈啦平时都会看电视，主要是看藏语频道，藏语卫视里很多内容，藏语电视剧基本看完了，她还看得津津有味。我们都听不懂康巴话，也不看康巴卫视，青海卫视只能听懂一点点，不太会看。妈啦闲的时候，会玩微信，聊天，发朋友圈，发视频，内容主要是去了什么地方，妈啦姐妹的动态。妈啦会刷短视频，刷抖音，也发短视频，比较喜欢搞笑的、风景的。妈啦发抖音都是自己拍的东西。有时候她会跟自己的姐妹去转经，会念经，我们乡有一个小寺庙、佛塔，人们日常会去转，也会去转山。妈啦闲的时候也会从录音机放卡带，自己跟着念。

F3家庭（日喀则牧区，村主任+家庭主妇）

一家四口，父母，一儿一女，儿子初中毕业，女儿大一，家里有一台电视机，54个频道。

爸啦是村主任，当了13年，今年51岁，小学水平。村里的事情很多，要填各种表，要下达乡里安排的事情，组织排练节目什么的。白天，家里不怎么看电视，父亲会忙村上的事情，母亲忙家里、地里的事情，哥哥也会去干活，妹妹上学读书。晚上，一家人会一起看电视。

<<< 第四章 西藏电视的使用与代际更迭

爸啦妈啦都不懂汉语，一家人一起看电视时，都是看西藏藏语卫视，只能看藏语卫视，喜欢看西藏电视台，西藏卫视藏语标准，能听懂。康巴卫视藏语听不懂，青海卫视藏语也听不懂。看电视的时候，没有最喜欢的，电视台播什么就看什么。

爸啦喜欢看藏语卫视新闻、歌舞节目。他是村主任，会经常收看西藏藏语卫视新闻节目①，给村里人通知呀，解释呀，看电视一般都是从7点到9点多。爸啦也玩抖音，只是看，对语言的要求不是很高，就是猜着看。

妈啦，今年46岁，没有上过学。家里有6亩地，8月收庄稼，种青稞。爸啦在村里事情多，家务活、农活，妈啦就干得多。晚上，一家人就会一起看电视，妈啦也不玩短视频。农闲时候，妈啦会去转经，周围没有出名的山，不去转山。

乡里以前有表演，大年初二的时候，村主任负责主持，村民都是穿着藏装，全村人会聚在村里的小佛塔前，煨桑（藏族宗教祈愿礼俗）、撒风马（祈福仪式）、念经，一上午，还挺有意思的。三八节，乡里组织歌舞比赛，大家很重视，有奖励，一等奖5000元，二等奖3000元，三等奖1000元，只要参加就有组织奖，会发喝的饮料、哈达。但凡有节日都会举行，村子里会练习，村子里有人专门主持，这个队伍一般十几个人。

F4家庭（日喀则牧区，一妻多夫，一家七口，四个孩子）

爸啦兄弟姐妹9个，兄弟2个，姑姑6个，最小的姑姑40岁左右，两个姑姑念过书，当小学老师；一个在萨迦县上班；一个过世了；另外两个姑姑，一个姑父是老师，一个姑父在公安局。姑姑们都在拉萨市里。

家里有爸啦和额古啦（叔叔）。

爸啦50岁，话比较少，念过小学，只会藏语，汉语听不懂。爸啦一

---

① 访谈对象的父亲是村主任，要经常给村子里的人传达事情，为了将事情传达清楚，村主任就会经常看藏语新闻联播，因为里面的说法比较准确，解释得比较清楚。当笔者用藏语问村主任，"现在西藏自治区的主席是谁？书记是谁？"村主任非常迅速地回答了出来，同时说出了自治区层面的其他几个领导人名字，可以看出村长对自治区内的新闻是长期关注的。

直在放牧，夏天住在定居点，大概两个月时间，冬天待在山上的牧场，零下三四度，在山坳里建了固定的房子。村里分为5个小的牧场，我家在北边，夏天去得不远，冬天去得比较远，远的地方草好，阳光好。爸啦主要在模切草原、日吧北草原放牧，小孩放羊会丢羊，大人一般不会弄丢，基本上都能找回来。山上放牧的房子里没电视，爸啦会带收音机听歌、带磁带听歌，放个火堆，用牦牛毛织绳子、织帐篷、织乌尔朵（投石器），手里的活不闲着。山下定居点的房子里有电视。爸啦爱看电视，和妈啦一起看，西藏藏语卫视的电视剧、新闻、天气预报都看。康巴卫视大部分听不懂，青海卫视也听不懂，就不看。现在有智能手机后，爸啦就玩微信，不咋发朋友圈，会刷短视频，玩抖音。他经常关注的是藏区过节、过年的内容，身边熟悉的人发的好玩的内容。爸啦放牧的时候，三四天回定居点的家一趟，羊在山上会自己回来，羊自己不回来，我们也会和爸啦一起去定居点赶羊。活多的时候，或者有事的时候，爸啦不回定居点，家里人就去送生活用品。草原上的山顶上有佛塔，孩子考试、节日、春耕开耕等，家里人就会专门去山顶，煨桑、插经幡、撒风马，其他时候比较少，到山顶的路挺远的。平时每家的屋顶上都有家里的护法神，可以去拜，护法神就在整个屋子的中间位置。

叔叔额古啦，40多岁，话比较多，念过小学，汉语还可以。夏天收青稞时就会回家，其他时间都是在外面打工，在城市里包工，带队伍，修路边水沟。额古啦比较喜欢看电视，喜欢看战争片、电视剧，《插翅难逃》《我是特种兵》《火凤凰》都能看得懂，边看边问子女。额古啦会玩微信，发朋友圈，会发过年、亲友欢聚的视频，也会发自己在工地干活的内容。额古啦经常刷短视频，刷抖音，关注卖家具的，偶尔发个抖音，自己坐在那里，播放音乐，自娱自乐的。

妈啦，47岁，没念过书，也听不懂汉语。20岁出头结的婚，是从萨迦县其他村嫁到这里的。家里有32亩地，开耕的时候，收割的时候，爸啦和额古啦都回来，一起帮着干，村里的人也会互相帮助。打农药时候，爸啦回来，除草的时候，暑假的时候，几个孩子就可以帮忙。妈啦有时间也会看电视，都是看藏语电视，西藏电视台藏语卫视，康巴卫视歌舞节目比较多,也会看。农闲时候,村里要在吉康(公共的房子)开会,每家人都要去,都是妈啦去参加,有时候,过年也会聚聚,一起聊天、喝酒、跳舞。妈啦用智能手机,没有下载微信,手机就是打电话,也没有短视频。妈啦会念经,叔叔忙完会一起去萨迦寺等。平时大部分时间在家,家里有3头牛,要喂草、挤奶,做各种奶制品,酥油、奶茶、酸奶等,都是自己用,我们平时吃肉比较多。

F10家庭(那曲牧区,商人+家庭主妇)

家里有两台电视机,一台在客厅,一台在厨房。

爸啦,今年60岁,兄弟妲妹有10个,爸啦排行老三,他13岁的时候爷爷去世了,家里没有钱,爸啦就停学操持家里。爸啦是我们那里很有名的商人,到处做生意,主要在安多做,跑货车,也到各地做买卖,去过兰州、西宁、成都,卖过车子,解放车、长安车、皮卡车,牦牛、羊,也卖过绿松石、古董,什么都做。爸啦的兄弟姐妹大部分都没怎么念书,现在基本在拉萨。二叔念书后,在那曲市雁石坪镇银行工作,就在国道旁边,河对面是火车。其余叔叔和姑姑都是做生意,爸啦做生意,帮助扶持他们。姑姑们出嫁的时候,爸爸当年给她们的嫁妆比较好,姑父们基本也都是做生意,老家和拉萨条件都挺好的。分家后,爸啦也会资助兄弟的家。爸啦的家族比较大,几百号人,彼此会互帮互助。家族里有人生病,大家有钱出钱,有力出力。爸啦这边会举行大型的家族聚会,隔几年举行一次。

爸啦在世时①,一家人会经常在一起看电视。爸啦爱看电视,国际新闻、军事频道,央视1套、4套、13套。爸啦也喜欢纪录片,国外的、自然的、野外生存的纪录片,他能听懂汉语,不怎么会说,做生意基本

---

① 在笔者第一次做调查时,调查对象的父亲还健在,补充调查期间,访谈对象告知自己父亲因脑溢血去世;不幸的是,在整个后续的访谈中,调查对象高龄的姥姥也在半年后去世;紧接着瘫痪多年的姥爷也在姥姥去世一个月之后,离开人世。在短短的两年内,调查对象的三个亲人离开了人世,除感慨生命之无常,调查对象也给笔者分享了藏族文化中的生死观。在此对逝者深表哀悼,对调查对象的家人致以诚挚的谢意和祝福,祝福吉祥,扎西德勒。

上也是说藏语的。爸啦平时不怎么看西藏电视台节目，会看西藏卫视藏晚，喜欢西藏卫视的小品，蛮不错，跟现代生活接近。爸啦更喜欢康巴卫视藏晚，康巴卫视的歌舞、锅庄，更好看一点。西藏卫视是地区舞蹈，不是很喜欢后藏①的内容，拉萨日喀则工布林芝，跟那曲地方舞蹈不一样。康巴卫视小品不大听得懂，拉萨卫视的小品都会看，那曲市喜剧演员制作小视频，在公众号转发，爸啦也会留意，老演员的表演很好，很真实。爸啦会玩微信，关注朋友圈、民歌对唱、民族情歌，爸啦最喜欢果洛②歌曲，歌词好，歌手音质好，天籁之音，家里人都比较喜欢果洛歌曲，果洛歌曲有民族特色，传统的东西比较多，语言上更接近。爸啦会看短视频，歌舞 MV，搞笑的。

爸啦生病的时候，家里出钱做了佛事、放生，平常也会做，每年会放生鱼、乌龟等，牦牛、羊也会放生。做佛事的时候，喇嘛会念经、会教育，主要内容是应该怎样善待生命，生命平等，忏悔的心灵、感激的心灵。父亲去世后，每个人的状态都挺好。幼女自小陪爸啦看电视，给爸啦翻译，跟着爸啦外出，知道爸啦多病，在上师的开解下，注重平时对爸啦的陪伴照顾，爸啦去世后心情还行。长女在爸啦去世前，嫁到了拉萨，爸啦去世后，长女很难过。长子（大哥）、次子（二哥）也很难过，爸啦去世后，跑运输的大哥在家停业一年，开茶馆的二哥刚工作，也在家守了一段。

妈啦，今年58岁，腿有旧疾，身体还行。妈啦兄弟姐妹6个，妈啦排行老四，一个小姨，其他都是舅舅，他们那边淳朴，不会做生意。我们老家在牧区，安多县离牧区挺远。爸啦做生意，牛羊就承包给别人，羊卖了，牛给别人承包了，妈啦一直在家照顾老人、孩子。妈啦一直跟

---

① 传统上把藏族群众活动的区域分为卫藏、康巴和安多。我们今天笼统称为西藏的，是以拉萨为中心的高原大部分，原来叫"卫藏"。卫藏分为三个区域，从西向东分别是：藏北高原是阿里，日喀则地区是后藏，拉萨和山南地区是前藏。前藏与后藏以雅鲁藏布江为界。前藏代表地区：拉萨、山南等地区，以拉萨为中心；后藏代表地区：日喀则市。
② 特指青海果洛州。西藏那曲安多县属于藏语方言之康方言，而青海果洛州也属于藏语方言之康方言，方言接近才有如此关注。

着爸啦一起看电视,单独会看电视剧,和女儿一起看汉语的,她看不懂的地方,女儿们都会给她翻译。藏语电视剧翻译很好看,但是比较旧了。家里有WiFi,是数字电视,也会看一些印度的电影、汉语电影、电视剧。我们一起看时,会看一些故事片,温情的、感动人的,关于亲情的,宠物狗的,女儿们会给妈啦翻译。妈啦单独看汉语新闻,连猜带蒙地看,其他基本看纪录片,对全国、国际新闻比较感兴趣。妈啦会看微信,不发朋友圈,会翻看别人的朋友圈,不看抖音、短视频。妈啦也不怎么去跳舞,外婆外公在家,妈啦要照顾老人,还要照顾小朋友,大哥有三个小孩,老大幼儿园大班,老二上幼儿园,老三快上幼儿园了,家务活比较多。没事妈啦会去转经、念经,一天都不落下,经书看得多,近处有寺庙,直接转寺庙,或者寺庙内部的小圈。

F11家庭(阿里牧区,牧民)

爸啦,四十二三岁,没上过学,不会汉语,做生意,只能藏语交流,主要负责商业交流。爸啦膝关节不好,跟阿里气候有关,气温在零下20多度,风大,以前又没有什么厚衣服穿。膝盖疼,爸啦就一直在家,照顾小朋友,也不出去干活。之前会看电视,不懂汉语,跟着孩子看,看动画片。现在也不看藏语电视节目,跟妈啦聊天,基本不看电视。爸啦用智能手机,玩微信,发朋友圈,不会群发,发的朋友圈都是自己干什么了,去村里开会呀,自己坐车出去的过程呀。爸啦不刷抖音,不看短视频,会跟微信里的人语音聊天。爸啦爱打牌,经常跟村子里的人打牌,12点多起床,打牌,晚上10点多回来,不怎么管家里。

妈啦,40岁,也没有上过学。妈啦兄弟姐妹一共5个姑娘,妈啦是老四,都没有念过书。妈啦现在在县小学做宿管①,小学生,都是三包生,宿管阿姨工作量大,平时10点打扫卫生一次,下午4点再去打扫一次,周五洗衣服,手洗,在河水里洗。妈啦没念过书,也干不了收入高

---

① 西藏人口密度小,不是每个行政村都能有足够的学生就近上学,在教育三包政策中,很多小学生就开始住校读书,为了学生安全,学校专门配备有"生活老师",负责孩子们的饮食起居,F11家庭中有调查对象为生活老师。

175

一点的工作，家里的事情都是妈啦操持。弟弟初中毕业后不想上学，想去小叔牧区放羊，妈妈坚决不同意，以自己的生活体验告诉弟弟，跟着时代走，不然就会被淘汰。爸啦基本不管。弟弟高考体检是大三阳，肯定治不了，妈啦就到县上重新测，找亲友中上过大学的表哥，重新测，给孩子明确的表述，争取到了上学的机会。妈啦平时不看电视，工作忙，家务活多，自己很累，想跟爸啦离婚，但是想着孩子，就不离婚了。妈啦会玩微信，不发朋友圈，不刷抖音，手机主要是语音联系工作群的信息。妈妈做饭好吃，会炒菜，我们在牧区，吃肉比较多。有一个定居点，自己盖了房。县上有一个舞蹈团，只要有节日就有专门表演，跳阿里宫廷舞，不唱藏戏，妈啦会去看。家里离玛旁雍错不远，玛旁雍错面积大，一天半才能转完。暑假时花都开了，很漂亮，阿里神山圣湖特别多，转山转水的人特别多。去冈仁波钦的出租车特别多，600元直接送到。妈啦偶尔会去，平时太忙了，顾不上。

F12家庭（山南市，商人+大学教师）

爸啦，50岁，兄弟姐妹有4个，爸啦上了大学，在学校干了一段时间，就一直在做生意，西藏7地市都跑过了，爸啦会说藏语的很多方言，爸啦也在内地很多地方待过，汉语挺好。爸啦不怎么看电视，现在在手机里看新闻，下了今日头条APP，玩微信，发朋友圈，他去的地方多，到了一个地方，看了什么，就会在朋友圈里分享，有视频，有图片，有时候也会发些感叹，都是跟西藏传统文化相关的。爸啦也刷短视频，都是关注跟西藏相关的内容，歌舞呀，寺庙什么的。

妈啦今年48岁，兄弟姐妹5个，妈啦也上过大学，现在是大学老师，主要给大学生教藏语，妈啦的汉语也很好。妈啦给我讲过，以前很害羞，不敢跟人讲话，为了克服自己的问题，就去考了一个导游资格证，现在妈啦讲课很好，获了很多奖。为了不影响我学习，妈啦不看电视，也就不让爸啦看，我们家以前有一个电视，但是基本上很少开。妈啦现在也玩微信，发朋友圈，都是她参加学术活动的、教课的或研究的东西，妈啦也刷短视频，也是关注西藏民俗、传统的内容。

随着西藏持续推进现代化建设,广播、电视、智能手机等成为西藏普通家庭的日常消费品。电视黄金时代开始的家庭设施布局延续至今天,在西藏家庭中两台电视机是常态,有的家庭甚至有三台电视。一台电视机放于客厅。西藏传统节目多,家族亲友间喜欢聚会,客厅作为家族聚会的公共空间,承载着西藏普通人家聊天、聚餐、唱歌、跳舞等活动内容,电视不仅成为家族聚会中信息交流的工具,在录像机、音响等设备的助力下,电视也成为亲友欢聚的陪伴者。另一台电视通常放在厨房。西藏地处高原,昼夜温差大,厨房既是做饭的地方,更是西藏家庭日常取暖或用餐的地方,也是全家日常交流的地点。如果还有第三台电视,通常也是家里换新后的旧电视,一般会放在父母卧室里面,成为父母观看的私域媒体。

相比祖辈一代,西藏当代家庭中父辈一代是电视媒体的密切接触群体和使用群体,这与电视媒体介质特色有关。相比报纸杂志,电视媒体打破了媒体接触者或使用者的文化教育门槛;相比广播,电视声画同传的特性更具有现场感、娱乐性质,更契合合家欢的集体观看场景。从当代西藏家庭父辈一代电视接触和使用的访谈情况来看,基于性别、职业等因素形成了较为明显的媒介内容使用差异。

通过接触媒介内容,社会个体(尤其是村主任等)可以更加清晰地理解国家或自治区相关政策,层级公职人员,尤其是基层干部可以更为清晰、准确地阐释政策等。其一,西藏在推行九年义务教育、教育三包等系列政策后,西藏当代教育取得了巨大成效,现代教育大幅度提升了当代西藏社会普通人的文化教育水平、就业观念和认知体系,公职人员获得的社会地位、薪酬待遇、隐性权力等给当地人择业方向提供了参考,遵循国家行政管理制度和关于国家公职人员的相关管理规定,主动接触媒体内容成为西藏社会现代人的生活习惯之一。其二,经商、务农等家庭中,父辈们经常关注不同层级媒体生产内容,形成了接触硬新闻的习惯。西藏家庭中,父辈们尤其关注央视新闻中的国内外动态报道,掌握或能听懂国家通用语言的父辈们直接通过央视平台获得国内外信息;未掌握国家通用语言的父辈们,则借助西藏电视藏语译制新闻了解国内外动态。国内外动态新闻是西藏电视媒体接触者重点关注的内容。央视成为民族地区老百姓获得国内、国际信息的重要集散地和媒介景观建构者，而西藏电视媒体等区内媒体扮演着塑造西藏地方景观的重要角色。

非公职人员，或居家的母亲们则有另外的特征：其一，"以夫为首"的收视惯习。在西藏家庭收视环境中，特别是举家团圆的晚间黄金收视时段，母亲们通常跟随父亲们的收视喜好，电视收看夹杂于家庭日常信息交流之中，是家庭交流的构成部分。其二，母亲们"痴迷"于藏语电视剧。随着西藏现代教育事业的发展，当代西藏教育水平显著提升。不过，受西藏传统社会多子女、生产力水平较低等因素影响，当代西藏普通家庭的母亲们，低阶受教育者甚至未受教育者并不是少数。因而，藏语是这一群体基本的甚至唯一掌握的语言。母亲们兼任女儿、儿媳、妻子等角色，厨房作为母亲们家庭劳作的重要场域，也是母亲们接触电视媒体的重要场域。独自劳作时，母亲们通常选择藏语电视剧作为收看内容，且存在多遍收看的情况。电视剧中的内容是母亲与其同龄人之间交流的话题之一，也是母亲与家里人交流的内容之一，电视剧中反映的观念不断引发她们的思考、模仿或学习。在厨房变身为全家用餐、交流的公共场域时，藏语新闻、藏语电视剧或藏语歌舞节目是举家共享的媒介内容，电视内容再一次化身为家庭日常团聚的伴随性内容。其三，高学历母亲对大众媒体的"把关"。大学及以上的高学历者在西藏占比11%，现代教育催生现代生活方式或理念，自身学业竞争经历、子女一代学业前途、大众媒介的娱乐性质、知识获取路径的多元性等综合因素，促成高学历母亲们在大众媒体接触上成为"家庭把关人"，大众媒介并不必然畅行于家庭和家庭成员之间。

从媒介使用来看，对西藏普通人家来说，工作之余，日常家务劳动、田间劳动之外，父辈一代更多选择转经、念经等传统活动，电视只是陪伴者而已，并非必选项，也就谈不上媒介效果的"魔弹论"，也许有限效果论更适合。其一，在父辈一代中存在相当数量的低阶教育者，这些群体通常只接受过短暂的小学教育，甚至未曾有学堂启蒙，不懂或听得懂一点汉语，很多父辈能借助的媒介内容限于能听懂的藏语电视台或藏语录像节目，在产生审美疲劳之后，西藏社会传统的转经、念经等生活方式更能吸引这一群体。不出门时，可以在家独自念经；出门时，在城镇街道，可以去甜茶馆、奶茶馆、藏餐馆、公园等；在乡村，可以去商店、玛尼堆、附近的寺庙等；如果时间允许，还可能去转远处的神山、圣湖。在转经过程中，他们不仅完成了宗教实践活动，也实现了熟人之间信息的互动和现实交流，汇成了当代西藏社会熟悉的社会场景。在人的社会性交往需求和信息需求中，西藏电视媒体并未供给更为丰富多元的媒介内容来交流或使用，遑论媒介内容对人的现代性的长效性培育。其二，负担着养活家庭重任的父辈一代忙于农活、家务，电视只是这些生计之外的陪伴者、生活佐料。身处农区的父辈一代，日常有很多的农活，看电视只是厨房劳作时的伴随行为。对牧区的父辈一代来说，放牧之余并不能放下手头的生计，需要剪羊毛、捻毛绳、编织、挤牛奶、炼制酥油、捡牛粪等。广播曾经伴随着牧人的生产劳作，智能手机普及之后替代了广播，牧民可以通过手机获知信息，在劳作之余短视频便成了牧民接触频次最多的媒介内容。其三，智能手机普及之后，微信、短视频等社交媒体的兴起给西藏普通劳动者提供了日常化、碎片化接触媒体的可能。与藏族群体相关的素人表演成为普通人最喜欢关注的内容，社交媒体使用者虽然没有频繁发布朋友圈、短视频，但是常态化刷朋友圈、刷短视频已经成为当前西藏社会个体普遍的媒介使用喜好。其四，生活和传统是朋友圈和短视频的发布内容。从访谈对象的朋友圈来看，首先，自己的自娱自乐、集体参与的公共活动是最常传播的内容。山头的风马旗、煨桑、过节时表演的歌舞、过年时的藏戏都是普通人手机里传播的内容。其次，父辈一代经常传播转经、转山等休闲生活。转山转水不仅是宗教实践活动，也是藏民族最为重要的休闲娱乐活动。另外，宗教图文也是朋友圈的传播内容。很多人依然沿袭着长久以来形成的传统生活习惯，而这些传统生活习惯也成为传播内容。

从媒介接触内容来看，新闻、电视剧、纪录片等是父辈一代最为关注的媒介生产内容。相对来说，在内容选择的倾向性上，父亲们更为关注国内外各类新闻内容，母亲们更多痴迷于电视剧，纪录片的关注群体并未呈现显著的性别差异。受受教育程度的影响，藏语媒体，不同方言的藏语媒体是父辈一代的首选媒体，这也印证了藏语或藏语方言媒体存在的现实价值。

（三）子女一代从电视到网络"转场"

F1 家庭（拉萨林周县，城区）

一家两代，四个人。

姐姐，23岁，高中去上甘肃酒泉职业技术学院，畜牧专业，现在在当雄县牧区的一个乡上，距家有3小时路程。姐姐很少看电视，在家一直干活。姐姐会玩微信，发朋友圈，会发自己的自拍、风景。也会刷短视频，发短视频，关注跳舞、化妆，有着年轻时尚女孩子的喜好。

琼琼，20岁，从学前班开始就学了汉语拼音，以前在家会看电视。早上跟爸爸一起看新闻，自己一个人时，会看浙江卫视、湖南卫视。现在不咋看电视了，电视没啥好看的内容。现在玩手机，看电子书，玩微信，很少发朋友圈，偶尔会发朋友的照片，会刷抖音、不发短视频，喜欢关注街舞、旅游视频。

F2家庭（拉萨罗布林卡区，农区）

一家两代，父母，一个女儿，共三人。

拉珍，19岁，大学生，以前爱追剧，小时候的《西游记》《封神榜》都喜欢，现在很少看电视剧。喜欢看历史类、纪录片类，这些内容比较新鲜。拉珍现在也是玩微信，朋友圈很少发。不是很喜欢朋友圈，会刷抖音，发过两个抖音，一个15秒，一个60秒，都是大学宿舍里的合照，还有自己的偶像易烊千玺的内容。

F3家庭（日喀则南木林县，牧区）

一家两代，父母，两个儿子，共四个人。

哥哥边巴，22岁，上过初中，家里要有一个孩子帮着干活，然后就不读书了，孩子主要是听父母的，西藏很多地方都是这样。哥哥平时在当雄、那曲打工，都是包工建筑，一个工程2万到3万元，夏天3到4个月，看工程情况，工地上很多都是男生，女孩子很少。出去玩的机会较少，主要是没有玩的地方，工程结束了会去玩，去朗玛厅跳舞，看节目。冬天比较闲一点，会待3个月左右，一年有6个月在外打工，其他3个月也会在外面找活干，边巴会开车，会修马路，现在西藏工地比较多，活比较多，工作比较好找。一般工作都比较轻松，要是盖房子盖高楼的活，工作比较累。边巴没有女朋友，打算以后在村子里找一个，村子里的女孩们大部分都上学去了,家里留守的基本上是男孩,边巴没继续读书,并不后悔,但是边巴汉语不好的同伴,找工作的时候就不怎么顺利,工地上交流都是用汉语,会说汉语最好了。边巴汉语还行,可以看不同台,喜欢战争片、电视剧,玩抖音,玩微信,会拍东西传上去,都是关于边巴自己工作、劳动的场面,看跳舞、唱歌、体育类、科技类的,两个语种的电视都看。看西藏电视台藏语卫视比较多,觉得挺好看,语言听得懂,内容也挺好的。希望在这个台上看到更多跳舞唱歌的节目,内地的其他歌手的表演,西藏传统的舞蹈等,像《扎西秀》就挺好的。家里的电视能收54个台,整天都有节目,看了藏语卫视的抗日电视剧,如《亮剑》《战狼》《女子炸弹小队》《西藏秘密》《松赞干布》等,对藏族生活感兴趣,也看了电影《益西卓玛》,八大藏戏《其美贡顿》等,看过《西游记》《封神榜》。没看过藏语情景喜剧《快乐生活》《便民警务站》。

F4家庭（日喀则萨迦县，牧区）

一家七口人,四个孩子（三男一女）。

哥哥益西,23岁,上完了初中,汉语还好。父母想让他上,哥哥不想读书,自己在拉萨找了工作,做银行押运工作,还没女朋友,喜欢看电视,喜欢王宝强、黄渤的电影、电视剧。益西能看汉语节目,喜欢玩微信,发朋友圈,发自己的帅照,自己说个什么等,用抖音刷短视频,关注各种车子,发抖音并不多,一共发了三个,都是自己的美图帅照。

姐姐巴姆,20岁,大一学生,临床专业,不大喜欢看电视。姐姐喜欢玩微信,发朋友圈,发自己喜欢的播音,姐姐自己有个平台播音。姐姐写作好,高三时候,跟寺院的喇嘛一起出过一本短篇散文集《思北武当》①。姐姐喜欢看书,也喜欢用抖音刷短视频,自己从书上看到好听的句子,自己写上发图片、视频。暑假在日喀则市里的一个酒店做前台,收入比弟弟扎西多,酒店找暑期工,喜欢要女生,不怎么要男生。

---

① 调查对象姐姐出版的散文集《思北武当》,是与村子里的喇嘛合著的,只有藏语版本,汉语意思为《下雨的时候》。

扎西，18岁，与姐姐都是大一新生，暑期在日喀则市铂尔曼酒店做客房服务，主要是客人退房后打扫卫生，每次工作1到5小时，2800元一个月。扎西的藏文写作可以，看电视，喜欢看军事题材，藏语比较少，汉语多一点。扎西喜欢玩微信，发朋友圈，都是发自己喜欢的篮球明星，如科比、韦德、詹姆斯等，也会发NBA的比赛。刷抖音也是关注NBA比赛，也会发各种唱歌的视频，藏歌、汉语、英语都喜欢发，喜欢听汉语抒情类歌曲，喜欢汉语讲解，喜欢在手机上看微电影、综艺节目，如《荒野求生》等；也喜欢玩游戏，篮球类游戏等。

弟弟洛桑，17岁，日喀则高中读高一。洛桑喜欢看电视，喜欢看战争题材的电视剧；喜欢玩游戏，和平精英什么的。弟弟住校读书，有手机，会玩微信，发朋友圈，都是自己在学校里的照片，发得不多。弟弟也喜欢刷抖音，关注篮球类，不发短视频。

F6家庭（日喀则桑珠孜区，市郊农区）

一家三代，父母，两个女儿，一个侄女，共五个人，两台电视机。

姐姐，20岁，姐姐上过两年幼儿园，幼儿园只是教些歌曲。现在姐姐在江苏食品药品职业学院读大二。姐姐上初中有了手机，因为奶奶要看电视，姐姐就用电脑追剧，手机就是刷抖音，她不发抖音。

妹妹曲珍，18岁，跟姐姐上的是同一个幼儿园，只上了一年。小学只有三门课，汉语、藏语、数学，数学是用藏语教的。初中有了手机。上大学后，用手机刷抖音，发些抖音，都是跟学校相关的、老家的。小时候和家里人一起看过的就是《西游记》。

F8家庭（林芝波密县，城区）[1]

一家三代，父母，女儿女婿、儿子，双胞胎外孙，共七人。

---

[1] F8家庭，是汉藏结合家庭，女主人来自成都，男主人公是西藏波密本地人。西藏藏东南与四川相连，到西藏藏东南打工的四川人很多，家里的男主人公、女儿、儿子都会说藏语和汉语，其中汉语说的是四川话。只有这个家庭的访谈对象是家里的女主人，今年55岁，性格开朗、健谈，所有家庭成员的情况都是她介绍的，在此表示感谢。

女儿，32岁，法学本科毕业，大学入的党，现在在拉萨市纪检。女儿小学初中都是在成都上的，姥姥家在成都，休假就去成都。女婿家在河南，现在6岁的双胞胎孩子在河南上幼儿园。波密到林芝240多千米，拉萨到林芝400多千米。平时，女儿女婿拉萨放假后，大家到林芝聚会。我们都喜欢看电视，喜欢看新闻频道。女婿，今年30岁，是河南人，财经专业的，和女儿两人分到波密县的一个镇，两人认识，后来结婚了。女婿以前在波密机关后勤，离开波密10年，再没有回过波密，现在在自治区常委办，经常要写材料、安排会议，他们都没有节假日。他说挺喜欢这种工作，一个星期跑昌都四趟，坐飞机，也不觉得累，年轻人都很上进。女婿每天加班，女婿不看电视，都是抱着手机玩微信，发朋友圈，看学习强国，还会分享到家庭群里。女婿也刷短视频，很少刷抖音。

儿子，21岁，大三学生，一年级上的藏文班，二年级转到汉文班，初二又转到藏文班，高三再转到汉文班，没少折腾。不看电视，有手机后就不看电视了。手机上就是刷抖音，抱着手机玩游戏，看央视新闻，不看藏语的，现在看不懂，喜欢历史题材电影，高中就喜欢历史、地理，人物传记，喜欢格萨尔王传的书，看过印象深的是《西游记》。

F10家庭（那曲安多县，牧区）

一家三代，父母，哥嫂，侄子女，共八人。

姐姐，25岁，今年结的婚，姐夫是安多人，家在拉萨，姐夫的父亲和我爸啦是朋友。姐姐高中毕业考上四川那边的大学没去，后来在西藏本地学了藏医。姐姐汉语很好，喜欢看湖南卫视快本和他们的电视剧，爱看藏语小品。姐姐玩微信，发朋友圈，喜欢玩抖音，拍抖音，喜欢跳舞，喜欢发抖音。

大哥，30岁，有三个孩子，跑运输，在西藏、格尔木跑运输，大型货车拉建筑材料，铁、水泥什么的。父亲去世后，大哥就在家待着了，要守孝，平时一年到头，在家待得不多。大哥在家会看美剧、战争剧，在爱奇艺、优酷上看，电视都可以连接网络。大哥没怎么上过学，汉语还可以。大哥会玩微信，发朋友圈，都是旅途中的美景。他玩抖音，很喜欢看抖音，也会发一些抖音。

大嫂，27岁，安多人，厨艺好，会做很多的现代热门菜，也会做藏式传统美食。大嫂的妈妈和婆婆是好友，跟大哥是自由恋爱的。大嫂没念过书，做生意学会汉语，还不错。大嫂会玩微信，发朋友圈，大嫂也会发抖音。

二哥，今年28岁，未婚，自己创业，有女朋友，开小店，跟大嫂开茶馆，在老家一个乡里开藏式茶馆，生意很好。二哥人脉广，在青岛求实学校学的空乘，汉语也好。二哥玩微信，比较少发朋友圈，会看抖音。

拉姆，19岁，大学生，汉语好，家里的幼女，会跟爸爸妈妈玩五子棋、跳棋。爸啦生病多，尽量多地陪爸啦。小时候跟着爸啦跑，小学时，爸啦脑出血去世了。以前会陪着爸啦妈啦看电视，看过最多的是《西游记》，现在很少看西藏电视台节目，但是"藏历春晚"会看。自己平时喜欢看湖南卫视的节目，都是在手机上看，看电视剧、电影。拉姆很少发朋友圈，玩抖音，看音乐方面、娱乐方面、拳击、搏斗片。

相比父辈一代，子女一代有了更频繁的媒体接触，有更为开阔的媒体使用宽度。子女一代的媒体使用因媒介技术变迁而更迭，媒体使用宽度与教育程度呈正相关。年轻一代借助系统的受教育经历，实现了阶层上升，国家通用语言打开了藏族年轻人借助媒体看世界的窗口。调查中的大部分年轻人都非常多地使用微信、朋友圈、抖音等。子女一代中双语媒体使用成为常态。双语使用能力使主流文化圈的流行文本进入西藏年轻人的视域，并转化为中国年轻一代的共同记忆。

媒介内容传播中记忆文本的建构与唤起。优质译制电视剧成为子女一代的重要记忆，在众多经典剧目中，《西游记》成为高频次被唤起的记忆文本，不仅是其合家欢形式吻合了西藏的家庭环境，更重要的是它的神话叙事、佛教故事与西藏藏传佛教文化实现了勾连与对话。与此相类似的还有《封神榜》《白蛇传》等神话色彩的文本，留痕于西藏普通家庭不同代际的记忆中，促进了文化的碰撞与交流，有助于中华民族共同体意识的培育。

西藏地方文化"小传统"持续影响着子女一代。其一，在九年义务教育和西藏地方教育"三包"政策的推动下，子女一代获得了时间更长、质量更优的教育资源和环境，受教育群体数量不断攀升。不可忽视的是，子女一代中依然有低阶学历者，尤其是不懂汉语的年轻群体，在职场、职业选择中处于被动地位，教育缺憾深远影响到年轻一代的可持续、高质量发展。父母或亲友圈中有较高层次，尤其是大专以上受教育经历，直接熏陶、引导或养成亲友圈内子女一代的受教育情况。其二，守业观念深刻影响着子女一代教育、婚姻、择业等观念与行为。在农牧区，无论家庭负担轻重，留一子在家守业是默认的家族沿袭习惯，即使村主任家也不例外。另外，在后藏的日喀则，婚姻关系也形成于熟人关系。这些"小传统"与媒体传播的"大传统"并行共存于西藏社会，甚至"小传统"更为久远地影响着西藏社会普通人的认知和价值体系。其三，宗教观念的深入影响。在藏北那曲，亲人去世，家里人一年甚至三年不出外工作，家里人不吃荤菜等，以体现生者对逝者的怀念和祭奠。在藏东南林芝，在外界都认为挖虫草是一本万利的情况下，因为宗教信仰中不杀生的观念的影响，有的人家选择不去挖虫草等。宗教信仰作为意识形态之一，在家庭和熟人社会范畴，经初级群体和次级群体的熏陶，以社会"小传统"的方式深刻影响着西藏社会年轻一代的价值观。其四，"抖音"成为西藏普通家庭子女一代的媒介接触"新宠"。短视频以更为随意、多元化、碎片化的传播内容与方式吸引了西藏年轻一代的眼球。西藏年轻一代对短视频内容的使用呈现本地与外地的梯级差异。首先，短视频使用者青睐与自身在地域、文化、语言、民族等相似、相近者发布的内容，如与自己方言接近的地方歌曲、舞蹈等，或者自己朋友圈友人的春耕仪式、藏戏表演、锅庄场景、转山、劳动场景等内容，形成了人际交流的网络拟态环境。其次，短视频使用者关注自己的个人爱好领域，如关注 NBA 球星、国际足球明星、偶像明星及明星周边相关产品等。

在媒介技术加持下，西藏普通家庭年轻一代借助智能手机不仅实现了媒介内容的消费，也成为媒介内容的生产群体。他们将自己的学习、工作、劳动等内容转变为"自媒体"传播内容，汇入内容生产的洪流之中。

（四）侄子女一代：媒体使用的潜在用户

F6 家庭（一家三代，一个侄女）

家里的小侄子、小侄女在上幼儿园，幼儿园里都是双语的，主要是藏语，也要说汉语。他们都喜欢看电视，看少儿频道，《熊出没》《汪汪队》都看，经常给大人讲这些动画片的故事，跟其他小朋友玩的时候还会扮演这些动画角色。侄子侄女也会和他爸爸在手机上玩游戏，玩吃鸡游戏，不过他爸基本上不给他们太多的时间在手机上玩，主要是担心眼睛近视。

F7 家庭（一家三代，一个小侄子）

以前，家里只有一台电视机，2013 年的时候，国家集中赠送了一批数字锅，能收 50 多个台。2017 年，我们村子里集体联网，我们家也联了网，家里就花了 3000 多块钱新添了液晶电视，液晶电视可以上网选择节目，国家赠送的数字锅就不用了，村子里也有人用，最主要是大家都用手机了，就不看电视了。

家里现在有两台电视机，都是液晶电视，连着网。家里现在有一个小侄子，开电视都是他，他会在电视上看动画片，可以看到很多动画片，可以自己选择节目内容，可以不用看广告。其他时候也不怎么开电视了，都是用手机。不过家里聚会时，也会开电视，开着电视比较热闹嘛。

F9 家庭（一家两代，一个侄子）

家里的小朋友上小学了，上学会学习汉语，也喜欢看各种汉语的动画片，国外的也看。动画片都是在电视上看的，看过的汉语动画片多，看过《猫和老鼠》《小猪佩奇》《海底小纵队》《超级飞侠》等，会玩消消乐、吃鸡游戏。

侄子女一代是家庭构成中最年幼的群体，现在处于幼儿园阶段或者小学阶段。承接子女一代教育条件和媒介使用环境，侄子女一代因年龄、受教育机会形成了特殊的媒介接触特征：其一，电视媒体天生的娱乐特质与儿童喜爱玩耍的天性不谋而合,在家长们忙于生计时,电视扮演着儿童成长的"电子保姆"角色,成为儿童成长中重要的陪伴者,发挥着传递知识、拓宽视野的重要功能。其二,相比手机媒体,电视严把内容关,并且在被使用时与使用者保持着相对较远的物理距离,为正处于成长期的儿童的视力保护提供了一定的保证。在成年者拥有了手机媒体后,电视被遗留给成长期的儿童,儿童也就成为电视媒体在转型下滑期的媒介使用者之一。其三,在媒介资源丰富的前提下,学龄阶段的侄子女不仅在学校习得语言、教育内容,电视也成为侄子女获得知识的重要渠道。侄子女关注的动画片内容、游戏内容、国内外著名媒体内容等,涉猎了主流文化传播内容。电视媒体为侄子女一代搭建了一条通向主流文化圈层的通道,弥补了大众文化领域的"信息鸿沟",潜移默化地培养了侄子女一代的外向人格。其四,从当前媒体介质选择来推断,随着年龄的增长,侄子女这一代的媒介使用者,也将汇入手机智能媒体使用者的队伍,在电视内容使用的记忆中,终将从大屏走向小屏。

三、小结与思考

从接触与否角度看,电视等大众媒体并非缺一不可。在生产方式、生产环境的影响下,西藏社会个体并非都有时间、精力、条件等常态化接触电视媒体。对牧区、农区的部分家庭成员来说,电视只是劳作之余的偶尔接触者。相反,家庭、亲友、邻里等初级群体、次级群体是信息传播的重要途径。

从有条件实际接触电视媒体的群体来看,在不断提升西藏地方广电网络基础建设的前提下,多元化信息内容通过电视媒体进入西藏社会大众视野,电视扮演了陪伴者、信息提供者、感情交流者等角色,发挥着传递信息、传播知识、舆情引导、娱乐消遣等常见功能。需要注意的是,媒体使用者在信息解读中的主动性、创造性将对媒体内容产生解构和消解效果,当然,媒体麻醉功能、地位赋予功能等,也会使媒体内容在地方经济发展差距等现实体验中形成新的舆情动态。

从媒体内容使用角度看,在教育水平、年龄、性别、职业、语言等多因素的影响下,西藏电视媒体中藏语版的新闻、电视剧、纪录片、娱乐节目等都是西藏地方家庭中最受关注的内容。在西藏地方信息传播网络完善中，国家级电视媒体的新闻内容尤其受到关注。在媒介技术变迁中，西藏社会普通家庭的父辈、子女一代广泛使用智能手机，社交媒体、短视频成为西藏普通家庭父辈、子女一代甚至下一代关注的重要内容。

第二节　媒体功能与个体喜好：传统媒体转型发展方向

电视在传统媒体鼎盛时期曾经一家独大。在今天，通信技术的发展和智能手机的普及，拓展了人们接触媒体的选择空间和可能性，多介质媒体传播成为常态。

电视媒体要在多元媒体竞争中实现转型和提升，说到底是争夺并吸附媒介使用者，尤其是吸附社会的核心使用群体。从社会人口生产力与代际差异来看，西藏社会不同代际在媒介使用上存在重叠，又有差异。

一、陪伴与宣传：西藏电视功能

作为国家媒体四级建制中的中间枢纽与中国媒体市场竞争主体，西藏电视台一方面因国家制度规范而局限于区域内容生产与区域核心媒体用户养成，另一方面，随着5G通信技术打破内容传播的地域限制，跨区域传播并吸引媒介使用者将成为可能。

对西藏电视台而言，满足并丰富西藏本土受众的需求成为重中之重，在电视媒体融合转型探索的过程中，应在内容生产上下功夫。从西藏社会普通家庭不同代际对电视媒体的使用情况来看，西藏电视台具有两项最为重要的功能：一是"陪伴者"。无论是在传统媒体的黄金时期，还是在当下电视媒体影响力下滑的时期，电视内容始终都在媒介使用者的关注范畴之内，尤其是藏语内容，陪伴着西藏当地的藏语母语使用者，融入并构成了他们在生产之余最重要的日常生活。二是"宣传者"。西藏特殊的战略位置和严峻的意识形态境况，促成西藏媒体必然突出宣传的功能。无论是媒体组织的框架建构，还是社会个体的主动选择或被动接触，电视内容都要进入西藏普通社会个体层面。国家行政层级治理体系的不同管理者（公务员等）或执行者（村主任等），进一步成为西藏媒体信息传播的"二级传播者"与国家治藏战略传播的"意见领袖"，他们在西藏社会日常化的治理中促成了媒体宣传与社会治理的联动。

二、"故乡"和"远方"：媒介使用者喜好领域

从西藏普通家庭社会个体的媒体接触与使用情况来看，当下西藏社会个体的媒体使用与需求主要呈现四个向度：（一）新闻需求。新闻帮助人们消除不确定性，也满足人们休闲需求。对新闻的需求囊括西藏本土新闻、国内新闻和国际新闻。在电视时代，人们使用电视大屏看新闻，了解西藏动态，获知国内外动态；在新媒体时代，人们可以借助手机获取这些新闻。（二）娱乐需求。西藏本土藏族群体能歌善舞，也喜欢观看歌舞节目。对父母一代来说，他们都比较喜欢看"藏历春晚"与西藏原生态的综艺节目。当下，在手机媒体使用中，最重要的关注内容也是与西藏本土、西藏藏民族相关的歌舞节目和综艺节目。而年轻人也对国内外综艺娱乐节目有广泛的兴趣。（三）知识需求。现代社会也是媒介社会，人们通过媒体了解世界，获得知识，提高技能，纪录片、社教节目等成为人们获取知识技能的重要载体。（四）文化交流。受文化水平和语言的限制，藏语电视剧是西藏社会藏语使用群体反复收看的内容，这些译制电视剧附带着国内不同区域的文化和主流文化，与接触者的已有文化形成碰撞和交流。

同时，西藏当代普通家庭个体成员在媒介使用上存在三个显著维度：（一）用或不用。大众媒介并非非用不可，社会个体对大众媒介存在用或不用的实际差异。工作性质、生产水平、生产方式等因素左右着西藏普通社会个体的媒介接触可能，普通家庭成员对电视的接触主要在生产或劳作之余的晚间休息时间，并非连续性、全天候。对牧民来说，如果在放牧点，可能是要间隔更长的某个时间点。（二）用的偏向。受教育水平、母语使用情况的影响，西藏普通家庭社会个体更多偏向于对藏语内容的接触和使用。媒介接触者因年龄、性别、受教育程度等因素形成差异化的内容选择，不过新闻、

电视剧、纪录片、娱乐节目等类型受到不同程度关注。（三）用的转向。媒介生态变迁带动媒介消费方式的转向。媒介技术的变革改变了媒介端口接触情况。首先，电视从"一家独大"转向"偶然性陪伴"。西藏社会阖家团聚的习惯保留了电视大屏的陪伴功能和"锦上添花"的功能，电视端口成为特定时刻的参与者和播出端。其次，电视从"被全家围观"转向"被部分围观"，受年龄、学习、工作、生活等因素影响，家庭成员中独立外出上学者或外出务工者，基本都有了手机，手机成为家庭成员中最主要的使用媒介，并替代性转化了电视端口功能。相应的，家庭成员中的最年长者、最年幼者成为电视端口的留守者。

西藏当代普通家庭关注的媒介内容主要是"故乡"和"远方"。电视大屏时代，西藏当地新闻、歌舞、综艺、"藏历春晚"、藏族题材电视剧持续进入西藏社会个体的视野；手机霸屏时代，身边人、周边人、藏文化相似群体的视频成为西藏社会个体关注的主要领域。这些内容因语言、文化、地域、民族心理等的近同性而成为西藏当代人眼中的"故乡"，这些"故乡"融汇着媒介组织的视野与普通社会个体的视域，是现代社会关于区域记忆的"地方性文化"，承载着地方记忆和集体记忆。而国内新闻、国际新闻、译制纪录片、译制电视剧等延伸了西藏当地人关于西藏以外世界的媒介景观，这些媒介景观是"远方"，因其与西藏传统文化的相似或差异性而在媒体内容接触中形成文化的交流与碰撞，为中华民族共同体的建设营造媒体舆论环境。

三、西藏电视转型生产的方向

西藏电视媒介功能与西藏本土用户喜好直接影响着西藏电视台的转型发展。西藏电视台需要从媒介使用者的偏好与需求出发，展开多向度突围。

（一）新闻：信息需求与网络知识生产

西藏电视新闻的高黏度群体以公务人员和男性为主，新闻内容包括自治区新闻、国内新闻、国际新闻。

西藏电视台的区内新闻在电视端主要是《西藏新闻联播》和《高原新闻眼》，PC端只是承担电视端内容的储备与播放功能，手机客户端是对电视端口新闻的再编再播。西藏电视台的国内新闻主要是转播、译播央视《新闻联播》，再编央视新闻《午间新闻》，《高原新闻眼》也有部分国内新闻。西藏当地人获取国内国际新闻主要是借助国家级媒体，央视或央广，尤其是央广的藏语广播。在兼顾平衡的原则下，电视内容生产也因此存在一定的缺憾，媒体内容与社会联系形成了一定区割：重视城市信息，农牧区信息较少；信息传播着意于数字汇总、成果展示、成绩汇报等，缺少问题解释或疑问解答等；媒体也未能给农牧民和基层干部提供话语空间，使基层之间缺乏化解矛盾的对话空间。①

结合西藏本土受众已知的信息需求、新闻使用偏好与西藏电视台生产能量，西藏电视台也许能在生产理念、传播体系等方面加大转型力度。第一，尽快主动适应多媒体生产与传播理念。在西藏广电媒体组织融合之后，电视台应建构统一协调的组织生产体系，以满足西藏广播电视台已经完成的微全格局和生产方式。媒介组织运营要以媒介生产和传播渠道为依托，形成适合多渠道、多平台传播的生产理念、人员搭配和奖惩机制。第二，建立能满足当地人需求的西藏电视新闻生产与传播体系。这一体系需要调动西藏电视台现有存量，在继续完成信息生产体量的基础上，扩展国内新闻、国际新闻，尤其是与西藏经济社会发展有关的国内新闻、国际新闻。在与中央媒体的合作中，电视台应对此类内容进行集中收集、整理、再编，去粗取精，产出服务于西藏经济社会发展和西藏百姓生活需求的媒介信息。第三，在已有生产译制之外，可以适度加大翻译力度，丰富西藏电视台的新闻节目，做细做精节目内容，满足个性化需求。

(二) 娱乐：消费与建构

电视天然具有娱乐性质。藏族文化中的知足常乐观念深远影响着西藏社会个体对娱乐内容的喜爱。西藏电视中的歌舞节目、"藏历春晚"、综艺节目等是男女老幼都喜欢收看的内容。在新媒体普及后，与其说西藏社会个体减少了看电视，毋宁说是社会个体将关注端口从电视转向手机等移动媒体。因网络空间和生产主体的丰富，娱乐内容从媒介组织生产转向"媒介组织生产

---

① 泽玉. 电视与西藏乡村社会变迁 [M]. 北京：中国传媒大学出版社，2015：156.

+社会个体私人生产"，从而形成组织内容与社会生产交汇的媒介景观。

电视在媒体竞争中虽然暂时处于劣势，不过电视生产从未退出媒介使用者的关注视野，这对电视生产来说也是一个转型的机遇点。西藏电视台要在西藏社会的娱乐需求中获得转机，可能需要在消费与建构中扭转逆势：第一，在娱乐节目生产中做大、做好西藏社会普遍喜欢的本地娱乐内容。电视机构应放低姿态，在指令生产与组织生产中融入西藏社会百姓生活，将老百姓生活的周边城乡、村落常态化地列入媒体内容生产框架，在歌舞、小品、综艺等节目中反映老百姓喜闻乐见的娱乐休闲、小传统生产生活，挖掘西藏当代生活的新现象、新问题，使媒体组织生产在大传统中更多地融入小传统，让媒体组织生产与百姓生产生活紧密关联。第二，寻找并挖掘小传统和百姓生活与国家主流价值观的契合点，把西藏老百姓熟悉的生产生活搬上电视屏幕，并且在价值导向上与国家主流价值观进行互文，在常态化生产生活中寓教于乐。

（三）电视剧：文化交流与再现

电视剧是电视媒体播出时间最长、最能吸纳资金的节目类型。西藏当地老百姓喜欢历史、战争、神话、家庭伦理等电视剧题材。受到教育水平和个体活动的影响，藏语译制剧尤其受到当地女性观众的喜爱，反复收看译制剧是常态。西藏汉语卫视的 N 轮剧虽然多是战争、历史等题材的老剧、旧剧，但在西藏依然有一定的关注度和收视率。

从服务西藏社会发展和丰富西藏老百姓精神生活角度考虑，西藏电视台的电视剧可以在以下几方面着力：第一，加大藏语电视剧的译制力度。母语电视剧的亲切感、家庭收视氛围等为藏语译制剧带来了现实的收视观众，这些剧目基本上是已播内容，也许市场效益并不明显，却不能否认其广泛深远的社会效益。第二，加大对藏族题材电视剧的扶持力度，推动藏族题材电视剧的持续生产与发展。电视剧生产已经完全适应了制播分离机制，电视台只是电视剧生产主体之一。从 20 世纪 80—90 年代到 21 世纪初，西藏电视台都是藏族题材电视剧的主要生产主体之一。当下随着电视剧生产的市场化，电视剧生产已成为西藏电视台的偶然行为。电视剧被誉为一个国家或民族的私生活，承载着国家记忆和地方故事。在国内电视剧生产序列中，不同区域或地方结合地方文化与时代背景，形成了京派、海派、粤派等电视剧派。从解决地区发展不平衡不均衡等社会基本矛盾的角度看，在电视援藏制度中，可以推出藏族题材电视剧的国家扶持制度，让西藏故事在新时代再次进入中国电视剧生产和叙事体系之中，通过发掘与再现西藏地方文化与国家治藏成就，形成藏族题材电视剧的地方流派。在电视剧或轻松或宏大或微观的叙事方式中，促进中国多民族文化交流，助推并构建"家国一体""中华民族多元一体"体系。第三，生产适合西藏本土老百姓收视心理的电视剧。在西藏农村，电视陪伴着普通家庭的休闲娱乐、家庭交流等活动，即使在手机普及的城市，电视也因西藏家庭阖家欢聚的习惯，扮演着"锦上添花"的陪伴者角色。藏族题材电视剧的生产要满足西藏本土老百姓的收视心理：一则要考虑到西藏家庭的收视惯习，电视剧的内容、类型等要"老少咸宜"，要满足居家看电视、合家欢形式等隐性要求；二则西藏传统家庭不懂汉语者并非少数，也因藏语方言差异，被动成为西藏藏语卫视的重要收视群体，电视剧的反复收看必然形成长期社会效果，藏语电视剧生产就要考虑议程设置框架；三则受西藏传统宗教文化影响，西藏老百姓喜欢《西游记》《封神榜》等神话题材，藏族题材电视剧的生产可以在叙事类型、叙事内容等方面借鉴和参考神话类型。

（四）知识：分享与交流

第七次全国人口普查结果显示，现代教育大幅提升了西藏本地受教育的程度，但低阶受教育者仍占一定比重。换句话说，一方面要肯定今天的西藏获得的巨大发展，另一方面也要看到西藏社会发展教育水平的现实。除了现代教育体系，电视这一大众媒体也发挥着传播知识、教育民众的功能。

西藏当地百姓的日常关注倾向于历史、科学、西藏社会等内容。从这一角度看，西藏电视生产的转型发展还可能是：第一，挖掘并呈现西藏本土特色内容，传播西藏文化，形成文化交流语境。在大量直接的、硬性宣传之外，创新宣传策略和方式，加大软性宣传，加大科学、文化等内容传播，让电视内容成为西藏社会了解世界的重要窗口。第二，表现地方生活。探索发现西藏本土小传统与国家主流价值观的契合点，以老百姓熟悉、能理解、容易接受的内容、方式、语言等开展多媒体语境下信息传播，以内容的近同性、传播方式的亲近性，吸引媒介使用者的主动选择，并形成使用黏度。

四、小结

电视曾经在西藏占据着一家独大的地位，随着新媒体的兴盛，电视的观众逐渐减少。西藏百姓的媒介接触已从电视转向手机，手机媒体所开发的微信、短视频成为媒介内容获取的主要渠道，手机成为当下西藏百姓获取信息、休闲娱乐、传播信息的重要媒介。西藏普通家庭社会个体在短视频的关注内容上，偏向于身边人、熟悉的人和休闲娱乐内容，在发布内容中，偏向于自己的生产生活。短视频助力普通社会个体成为内容生产、信息交流的主体，并且以微观叙事、原生态场景甚至"下里巴人"的语态与媒介组织生产形成显著差异，成为全媒体时代重要的信息内容。

结语

地方媒体与电视转型

西藏电视台是中国众多电视组织之一，也是最晚建立的省级电视台。本研究以西藏电视台作为研究个案，关注西藏电视发展演变、生产内容和使用变迁情况。究竟该如何去认知西藏电视台呢？这是结语要回答的问题。

如果说正文部分，笔者是走进西藏电视台，身在电视台中，那结语部分，笔者则需要走出西藏电视台，站在电视台外，重新思考西藏电视台。我们需要认识到这一个案研究的特殊性与普遍性，将西藏电视生产放置于中国现实语境与中国电视媒体生成转换的具体情景中，重新审视西藏电视生产的独特价值，最后就现实语境下西藏电视生产进行探讨，并提出建议。

一、西藏电视台的特殊性与普遍性

回溯本研究，我们不禁要追问，究竟是什么促成了西藏电视台的生产发展历史？西藏电视如何应对转型？西藏电视生产实践中哪些是普遍的，哪些又是独特的？探讨这些问题，必须回到本研究的核心问题：西藏电视生产。本文归纳出的西藏电视生产的实质、层级关系、生产目的及媒介定位等，在国内省级电视台的实践中既有普遍性又有其特殊性。其特殊性与各种社会影响因素的互动共同形成了西藏电视台的生产场域。

从宏观角度看，西藏电视台是中国省级电视台之一，西藏电视生产自然是在中国现实语境中开展的，并且是在中国广播电视事业发展的整体语境中开展的。在中观层面上，西藏特殊的政治、经济、文化、民族等形成的区域性场域给西藏电视生产营造了最直接、最内在的现实场域。张志安在南都研究中提出，决定新闻生产的有两层最直接的控制因素，一是外部社会情境，二是组织自身的文化特征和价值规则。① 对西藏电视台来说，电视机构经历的企业化经营，制播分离机制改革，以及当前的媒介融合转型等都是西藏电视的外部场域，这些变革中，西藏电视生产主体已不限于媒介组织与媒介从业者，还吸纳了社会组织与其他专业人员。西藏电视生产最直接的影响因素，不仅包括内部西藏本土场域因素，还包括参与主体附带的社会场域因素，尤其是与西藏本土传统文化有别的内地现代文化。西藏电视生产的场域特征可以概括为：

1. 市场程度较低

西藏本土市场化程度较低，西藏本土媒体以事业性质为主，媒体间合作较多，竞争较少，根据各自媒体介质特征，分工协作，完成中宣部、区党委宣传部的宣传任务成为西藏媒体代表性的组织运营理念。

2. 藏地文化悠久

藏传佛教历史悠久，受传统文化、社区、家庭、亲属群体等的影响，西藏传统社会和个体不同程度受藏传佛教影响，形成了独特的藏地传统文化和西藏社会小传统。在国家宣传机制和行政管理体制下，西藏地方媒体现代媒介运行机制推进媒介生产，致力于传播国家文化大传统。同时在专业主义理念推动下，媒体生产也在不断弥合着国家文化大传统和西藏地方文化小传统。

在行政体制主导下，西藏本土媒体整体呈现稳定有序的计划内生产特质。尽管《西藏日报》出现了《西藏商报》的商业化突破，西藏电视台进行了3、4频道扩建，西藏人民广播电台开辟了都市频道等，但这些商业化行径更多的是对国内媒体商业化实践的跟随，在西藏本土市场上并未形成激烈的竞争格局。

二、国家声音中转站与地方内容生产者

西藏电视台是省区电视台，在中国媒体四级建制中位处第二层级，省区

---

① 张志安. 编辑部场域中的新闻生产[D]. 上海：复旦大学，2006：149.

电视台肩负着国家声音传播和地方内容生产的双重功能。

西藏本土地域广袤，人口居住较为分散，部分地区人口密度较低，这一人口分布情况给西藏电视生产提出现实问题：一方面，分散居住加上历史上藏民族迁徙带来的人口流动，形成了具有显著差异的藏语方言分布区，对大众媒体生产中的语言使用提出了具体要求；另一方面，分散居住不利于广播电视等大众媒体的集中传播，也加大了信息传播基础建设的难度。西藏广播电视事业发展的重要内容，不仅包括媒介内容生产的提升，还包括基础建设的不断延伸和扩大，以确保有效覆盖西藏域内人口。

作为国家声音中转站与地方内容生产者，一要保证信息传播渠道的畅通，使国家声音和西藏地方声音顺利传达，实现地方媒体功能；二要对传播内容进行藏语译制生产，从而使媒介传播内容能为西藏本土媒介使用者听懂、看懂，实现媒介内容的有效传播。相比内地电视台，西藏电视台不仅要生产国家通用的语言节目，更要做好民族语言节目的生产与译制，这也是中国边疆民族地区省区级电视台重要的生产内容和组织任务。面对民族语言使用者相对较少的实际情况，民族地区电视节目传播提高市场化程度也具有现实困难。另外，作为地方一级媒体，省区级电视媒体也是所属区域地市一级、县旗一级电视传播内容的提供者。从这一层面来说，边疆民族地区省区级电视台更多具有国家建设、边疆地区发展的公共性质，而非商业效益。

服务国家声音传播和地方建设这一公共性质和追求，不同于新闻媒体倡导的公共性。在国家权力持续强化，在关乎国家领土完整、民族团结、社会问题等宏大政治追求中，作为社会组织之一的电视台，主动参与并生产符合国家建设与边疆民族地区稳定大局的媒介内容，成为民族地区电视媒体和媒体从业者的自觉规训。

三、媒介融合与传统电视转型

电视媒体转型既有媒介技术的助推，也是媒体组织的主动行为。省区电视台作为传统优势媒体，媒介行为体现着现代社会组织运营特征。

（一）稳步推进的融合转型策略

首先，在事业组织语境和当前媒介融合成效并不明朗的前提下，在体系完备的媒介组织里，新媒体部门作为媒体增设的一个二级、三级部门而存在，并未处于中心位置，这与媒介融合的扁平化管理、集中统筹理念等并不兼容，并未充分调动和发挥新媒体的统筹效应，使传统媒体融合创新整体呈现保守、稳中求进的特征。

其次，科层制基础上的组织整体转型。媒介融合涉及资金、资源、人员等综合因素，广电媒介组织融合后，转型发展涉及广播、电视两个不同媒体组织，转型发展关乎媒介组织的发展。西藏电视台在中国电视梯队和发展历程中长期处于三、四线位置，使西藏电视台在转型发展中，首先协调处理的是组织内外各种关系。

最后，媒介融合是国家战略，要从党管媒体转向党管数据，媒体融合是在国家战略下的稳步推进，转型要在保证省区电视媒体原有功能不降低的前提下，不断提升传播能力。不断学习、跟进国内媒体融合转型策略是西藏电视台综合考虑的结果。

（二）喜好转变语境中电视转型的方向

作为省区电视台，西藏电视台首先服务于西藏本土社会，虽然在国家政策支持下，西藏汉语卫视得以在国内其他地方免费落地，藏语卫视不仅在国内藏族分布区得到传播，国外藏族分布区也能看到藏语卫视。行政主导和政策支持为西藏电视传播扩大了空间，西藏电视要真正提升影响力，不仅需要在媒介作品质量上下功夫，更要考虑媒介融合语境下媒介使用喜好变迁这一现实语境。

在西藏普通家庭，不同年龄、性别的个体对媒体使用存在有无之别，也有偏向与转向。有无、多少受生产方式影响，偏向受语言、职业、年龄、性别、族群等影响，转向受技术、生产内容等影响，"故乡"和"远方"是西藏社会不同个体喜欢关注的内容，视频以鲜活直接的特质成为最受欢迎的传播方式，电视在这一语境中具有转型发展的良好机遇。

新媒体生产改变了媒介传播语态，西藏社会小传统是普通人最常关注和最为喜爱的内容。西藏电视台在传播历史上以国家图景为主，日常生活也注重国家大传统下的小传统的展现。西藏电视不仅要坚持发挥好传声筒、陪伴者、慰藉者的角色，也要生产符合当前媒体使用者喜好与转向的内容。

主要参考文献

一、中文专著

[1] 黎小峰,贾恺. 纪录片创作[M]. 北京：中国国际广播出版社,2017.

[2] W. 布鲁斯. 社会主义的所有制和政治体制[M]. 郑秉文,乔仁毅,王宏民,译. 北京：华夏出版社,1989.

[3] 勃洛尼斯拉夫·马林诺夫斯基. 西太平洋上的航海者[M]. 弓秀英,译. 北京：商务印书馆,2016.

[4] 卡尔·马克思,弗里德里希·恩格斯. 德意志意识形态（节选本）[M]. 中共中央马克思恩格斯列宁斯大林著作编译局,译. 北京：人民出版社,2019.

[5] 马克斯·霍克海默,西奥多·阿道尔诺. 启蒙辩证法[M]. 渠敬东,曹卫东,译. 上海：上海人民出版社,2003.

[6] 齐格弗里德·克拉考尔. 电影的本性：物质现实的复原[M]. 邵牧君,译. 北京：中国电影出版社,1981.

[7] 瓦尔特·本雅明. 机械复制时代的灵光[M]. 李伟,郭东,译. 重庆：重庆出版社,2006.

[8] 安德烈·巴赞. 电影是什么[M]. 崔君衍,译. 北京：商务印书馆,2017.

[9] 路易·阿尔都塞. 意识形态和意识形态国家机器（研究笔记）. 图

绘意识形态［M］．南京：南京大学出版社，2006．

［10］皮埃尔·布尔迪尔．关于电视［M］．许钧，译．北京：商务印书馆，2017．

［11］H.D. 拉斯韦尔．传播在社会中的结构与功能［M］．何道宽，译．北京：中国传媒大学出版社，2013．

［12］麦克法夸尔，费正清．剑桥中华人民共和国史下卷［M］．谢亮生等，译．北京：中国社会科学出版社，2018．

［13］彼得·布劳．社会生活中的交换与权力［M］．李国武，译．北京：华夏出版社，1987．

［14］伯纳·罗胥克．制作新闻［M］．姜雪影，译．台北：远流出版事业股份有限公司，1994．

［15］大卫·科泽．仪式、政治与权力［M］．王海洲，译．南京：江苏人民出版社，2015．

［16］德弗勒·丹尼斯．大众传播通论［M］．颜建军，译．北京：华夏出版社，1989．

［17］盖伊·塔奇曼．做新闻［M］．麻争旗，刘笑盈，徐扬，译．北京：华夏出版社，2008．

［18］赫伯特·甘斯．什么在决定新闻［M］．石琳，李红涛，译．北京：北京大学出版社，2009．

［19］赫伯特·马尔库塞．单向度的人［M］．刘继，译．上海：上海译文出版社，2014．

［20］克里福特·格尔茨．文化的解释［M］．韩莉，译．南京：译林出版社，2017．

［21］克利福德·格尔茨．地方性知识［M］．王海龙，张家瑄，译．北京：中央编译出版社，2000．

［22］罗巴特·默顿．社会理论和社会结构［M］．唐少杰，齐心，译．南京：译林出版社，2015．

201

[23] 罗伯特·雷德菲尔德. 农民社会与文化 [M]. 王莹, 译. 北京: 中国社会科学出版社, 2013.

[24] 罗伯特·帕克. 移民报刊及其控制 [M]. 陈静静, 展江, 译. 北京: 中国人民大学出版社, 2011.

[25] 玛格丽特·米德. 萨摩亚人的成年 [M]. 周晓虹等, 译. 北京: 商务印书馆, 2008.

[26] 迈克尔·舒德森. 挖掘新闻——美国报业的社会史 [M]. 陈昌凤, 常江, 译. 北京: 北京大学出版社, 2016.

[27] 迈克尔·舒德森. 新闻社会学 [M]. 徐桂权, 译. 北京: 华夏出版社, 2010.

[28] 米切尔·斯蒂芬斯. 新闻的历史: 第三版 [M]. 陈继静, 译. 北京: 北京大学出版社, 2014.

[29] 尼克·布朗. 电影理论史评 [M]. 徐建生, 译. 北京: 中国电影出版社, 1994.

[30] 欧文·戈夫曼. 日常生活中的自我呈现 [M]. 冯钢, 译, 北京: 北京大学出版社, 2008.

[31] 乔尔.S.米格代尔, 阿图尔·柯里, 维维恩·苏. 国家权力与地方势力 [M]. 郭为桂, 曹武龙, 琳娜, 译. 南京: 江苏人民出版社, 2017.

[32] 塔尔科特·帕森斯. 社会行动的结构 [M]. 张明德, 夏遇南, 彭刚, 译. 南京: 译林出版社, 2012.

[33] 韦恩·布斯. 小说修辞学 [M]. 华明, 胡苏晓, 周宪, 译. 北京: 北京大学出版社, 1989.

[34] 伊万·斯特伦斯基. 二十世纪的四种神话理论 [M]. 李创同, 张经纬, 译. 北京: 生活·读书·新知三联书店, 2012.

[35] 约翰·杜威. 民主主义与教育 [M]. 王承绪, 译. 北京: 人民教育出版社, 2001.

[36] 费迪南·德·索绪尔. 普通语言学教程 [M]. 高名凯, 译. 北京:

商务印书馆, 1980.

[37] 斯拉沃热·齐泽克. 图绘意识形态 [M]. 方杰, 译. 南京: 南京大学出版社, 2002.

[38] 卢卡奇. 历史与阶级意识 [M]. 杜章智, 任立, 燕宏远译. 北京: 商务印书馆, 2014.

[39] 安东尼奥·葛兰西. 狱中札记 [M]. 曹雷雨, 姜丽张, 译. 北京: 中国社会科学出版社, 2000.

[40] E. P. 汤普森. 共有的习惯: 18世纪英国的平民文化 [M]. 沈汉, 王加丰, 译. 上海: 上海人民出版社, 2020.

[41] 安东尼·吉登斯. 现代性的后果 [M]. 田禾, 译. 南京: 译林出版社, 2011.

[42] 安东尼·吉登斯. 现代性与自我认同: 晚期现代中的自我与社会 [M]. 夏璐, 译. 北京: 中国人民大学出版社, 2016.

[43] 奥利弗·博伊德·巴伊特. 媒介研究的进路 [M]. 汪凯, 刘晓红, 译. 北京: 新华出版社, 2004.

[44] 保罗·威利斯. 学做工: 工人阶级子弟为何继承父业 [M]. 秘舒, 凌旻华, 译. 南京: 译林出版社, 2012.

[45] 理查德·霍加特. 识字的用途: 工人阶级生活面貌 [M]. 李冠杰, 译. 上海: 上海人民出版社, 2018.

[46] 约翰·斯道雷. 文化理论与大众文化导论 [M]. 常江, 译. 北京: 北京大学出版社, 2019.

[47] 詹姆斯·乔治·弗雷泽. 金枝 [M]. 汪培基, 徐育新, 张泽石, 译. 北京: 商务印书馆, 2019.

[48] 《当代中国的广播电视》编辑部. 中国的电视台 [M]. 北京: 北京广播学院出版社 1987.

[49] 《西藏自治区概况》编写组. 西藏自治区概况 [M]. 北京: 民族出版社, 2009.

[50]《西藏年鉴》编委会.西藏年鉴2004[M].拉萨：西藏人民出版社,2005.

[51]《西藏年鉴》编委会.西藏年鉴2005[M].拉萨：西藏人民出版社,2006.

[52]《中国广播电视年鉴》编辑委员会.中国广播电视年鉴2000[M].北京：中国广播电视年鉴社,2000.

[53]《中国广播电视年鉴》编辑委员会.中国广播电视年鉴2009[M].北京：中国广播电视年鉴社,2009.

[54]《中国广播电视年鉴》编辑委员会.中国广播电视年鉴2010[M].北京：中国广播电视年鉴社,2010.

[55]《中国广播电视年鉴》编辑委员会.中国广播电视年鉴2011[M].北京：中国广播电视年鉴社,2011.

[56]《中国广播电视年鉴》编辑委员会.中国广播电视年鉴2012[M].北京：北京广播学院出版社,2012.

[57]《中国广播电视年鉴》编辑委员会.中国广播电视年鉴2013[M].北京：北京广播学院出版社,2013.

[58]《中国广播电视年鉴》编辑委员会.中国广播电视年鉴2014[M].北京：北京广播学院出版社,2014.

[59]《中国广播电视年鉴》编辑委员会.中国广播电视年鉴2015[M].北京：北京广播学院出版社,2015.

[60]《中国广播电视年鉴》编辑委员会.中国广播电视年鉴2016[M].北京：北京广播学院出版社,2016.

[61]《中国广告年鉴》编辑部.中国广告年鉴2015[M].北京：新华出版社,2015.

[62] 艾红红.新闻联播研究[M].北京：中国广播电视出版社,2008.

[63] 卜未.流动的家园[M].北京：社会科学文献出版社,2014.

[64] 曹锦清,陈中亚.走出理想城堡——中国单位现象研究[M].深

圳：海天出版社，1997.

［65］曹锦清.黄河边上的中国［M］.上海：上海文艺出版社，2013.

［66］曾庆瑞.荧屏守望：电视剧理论与批评自选集［M］.北京：中国文联出版社，2014.

［67］常江.中国电视史（1958—2008）［M］.北京：北京大学出版社，2018.

［68］陈昌凤.中国新闻传播史［M］.北京：清华大学出版社，2009.

［69］郭建斌.独乡电视：现代传媒与少数民族乡村日常生活［M］.济南：山东人民出版社，2005.

［70］郭镇之.中国电视史［M］.北京：文化艺术出版社，1997.

［71］国家广播电影电视总局发展改革研究中心.中国广播影视发展报告2017［M］.北京：中国广播影视出版社，2017.

［72］韩庆元.中国广告媒体广播电视卷上［M］.北京：中国标准出版社，2002.

［73］何苏六.纪录片蓝皮书《中国纪录片发展报告》（2019）［M］.北京：社会科学文献出版社，2019.

［74］胡孝汉.实践与思考：新闻媒体提高舆论引导能力论文集［M］.北京：学习出版社，2007.

［75］胡智锋，姚宏文.中国电视健康传播报告2016［M］.北京：中国传媒大学出版社，2017.

［76］江村罗布.辉煌的二十世纪新中国大纪录·西藏卷［M］.北京：红旗出版社，1999.

［77］金世洵.西藏经济体制改革和对外开放30周年回顾与展望1978—2008［M］.拉萨：西藏人民出版社，2008.

［78］金玉萍.电视实践：一个村庄的民族志研究［M］.上海：上海交通大学出版社，2015.

［79］拉巴平措，陈庆英，朱晓明.西藏通史：当代卷上［M］.北京：

中国藏学出版社，2016.

[80] 拉巴平措，陈庆英，朱晓明．西藏通史：当代卷下［M］．北京：中国藏学出版社，2016.

[81] 李春霞．电视与彝民生活［M］．成都：四川大学出版社，2007.

[82] 李汉林．中国单位社会：议论、思考与研究［M］．上海：上海人民出版社，2004.

[83] 李晶晶、李升祥．纪录片［M］．长春：吉林大学出版社，2019.

[84] 李培林．村落的终结［M］．北京：生活．读书．新知三联书店，2019.

[85] 李友梅．组织社会学与决策分析［M］．北京：生活．读书．新知三联书店，2019.

[86] 梁博祥，阎焕书．中国新闻年鉴2002［M］．北京：中国新闻年鉴社，2002.

[87] 梁博祥．中国新闻年鉴1999［M］．北京：中国新闻年鉴杂志社，1999.

[88] 林耀华．金翼［M］．庄孔韶，方静文，译．北京：生活·读书·新知三联书店，2015.

[89] 刘春．足迹：西藏电视台建台30周年［M］．拉萨：西藏电视台出版，2015.

[90] 罗贵生．营销攻略：省级电视广告研究［M］．成都：四川人民出版社，2005.

[91] 钱莲生．中国新闻年鉴2008［M］．北京：中国新闻年鉴社，2008.

[92] 钱莲生．中国新闻年鉴2009［M］．北京：中国新闻年鉴社，2009.

[93] 邵鹏．媒介融合语境下的新闻生产［M］．杭州：浙江工商大学出版社，2013.

[94] 孙玉胜．十年：从改变电视的语态开始［M］．北京：生活·读书·新知三联书店，2003.

[95] 童兵. 主体与喉舌——共和国新闻传播轨迹审视 [M]. 郑州: 河南人民出版社, 1994.

[96] 汪辉. 东西之间的"西藏问题" [M]. 北京: 生活·读书·新知三联书店, 2014.

[97] 吴飞. 火塘·教堂·电视: 一个少数民族社区的社会传播网络研究 [M]. 北京: 光明日报出版社, 2008.

[98] 吴毅. 小镇喧嚣 [M]. 北京: 生活·读书·新知三联书店, 2018.

[99] 西藏自治区地方志编纂委员会. 西藏自治区志·广播电影电视志 [M]. 北京: 中国藏学出版社, 2005.

[100] 西藏自治区统计局. 西藏社会经济统计年鉴1990 [M]. 北京: 中国统计出版社, 1990.

[101] 项飚. 跨越边界的社区 [M]. 北京: 生活·读书·新知三联书店, 2018.

[102] 萧冬连. 中华人民共和国史: 第十卷 (1979—1981) [M]. 香港: 香港中文大学出版社, 2008.

[103] 熊培云. 一个村庄里的中国 [M]. 北京: 新星出版社, 2011.

[104] 阎立峰. 思考中国电视: 文本、机构和受众 [M]. 西安: 陕西人民教育出版社, 2009.

[105] 阎云翔. 私人生活的变革 [M]. 龚小夏, 译. 上海: 上海人民出版社, 2017.

[106] 杨伟光. 中央电视台发展史 (1958—1998) [M]. 北京: 北京出版社, 1998.

[107] 泽玉. 电视与西藏乡村社会变迁 [M]. 北京: 中国传媒大学出版社, 2015.

[108] 张柱. 新媒体时代的电视新闻生产: 平台思维与流程再造 [M]. 北京: 中国人民大学出版社, 2016.

[109] 赵靳秋, 余萍, 刘园园. 西藏藏语传媒的发展与变迁1951—2012

[M].北京：中国传媒大学出版社,2013.

[110] 中共中央党校科学社会主义教研室资料组.《国家与革命》注释[M].北京：中国青年出版社,1977.

[111] 中共中央马克思恩格斯列宁斯大林著作编译局.马克思恩格斯选集：第1卷[M].北京：人民出版社,2012.

[112] 中共中央文献研究室.毛泽东西藏工作文选[M].北京：中央文献出版社,2004.

[113] 中国广播电影电视社会组织联合会,广西人民广播电台.加强国际传播能力建设讲好中国故事[M].北京：中国国际广播出版社,2019.

[114] 中国社会科学院新闻研究所.中国新闻年鉴1986[M].北京：中国新闻年鉴出版社,1986.

[115] 中国社会科学院新闻与传播研究所.中国新闻年鉴2000[M].北京：中国新闻年鉴社,2000.

[116] 中国社会科学院新闻与传播研究所.中国新闻年鉴2010[M].北京：中国新闻年鉴社,2011.

[117] 中国社会科学院新闻与传播研究所.中国新闻年鉴2011[M].北京：中国新闻年鉴社,2011.

[118] 中国社会科学院新闻与传播研究所.中国新闻年鉴2016[M].北京：中国新闻年鉴社,2016.

[119] 中国文化产业年鉴编辑部.中国文化产业年鉴2013[M].北京：光明日报出版社,2014.

[120] 中国文化产业年鉴编辑部.中国文化产业年鉴2014[M].北京：光明日报出版社,2016.

[121] 中国新闻奖评选委员会办公室.中国新闻奖作品选2005年[M].北京：新华出版社,2006：383.

[122] 中国新闻年鉴社.中国新闻年鉴1996[M].北京：中国新闻年鉴杂志社,1996.

[123] 中国新闻年鉴社. 中国新闻年鉴 2004 [M]. 北京：中国新闻年鉴社，2004.

[124] 中国新闻年鉴社. 中国新闻年鉴 2012 [M]. 北京：中国新闻年鉴社，2012.

[125] 中央电视台研究室、中央电视台《当代中国的广播电视》编写组.《电视新闻资料选编》（内部资料），1984.

[126] 中央人民广播电台民族节目中心. 新世纪的交响：中央人民广播电台民族广播 2000—2012 [M]. 北京：民族出版社，2016.

[127] 周翼虎. 中国传媒超级工厂的形成——中国新闻传媒业 30 年 [M]. 台北：秀威咨询科技有限公司，2010.

[128] 庄孔韶. 银翅 [M]. 北京：生活·读书·新知三联书店，2016.

二、中文期刊、论文

1. 期刊

[1] 白赛藏草. 西藏中部农业地区藏族家庭结构调查：以山南拉加里为例 [J]. 中央民族大学学报，2019（11）.

[2] 常江.《新闻联播》简史：中国电视新闻与政治的交互影响（1978—2013）[J]. 国际新闻界，2014（5）.

[3] 陈昌凤. 新闻史研究的社会学转向：再读《发掘新闻：美国报业的社会史》[J]. 新闻春秋，2016（3）.

[4] 陈昌凤. 中国传媒集团发展的制度障碍分析 [J]. 新闻与传播评论，2004（10）.

[5] 陈荣泽. 藏语方言的分布格局及其形成的历史地理人文背景 [J]. 中央民族大学学报，2016（2）.

[6] 程孝平，旺青. 边疆少数民族地区媒体融合路径选择：推进媒体融合打造"看西藏"品牌 [J]. 中国电视，2019（1）.

[7] 单波. 在主体间交往的意义上建构受众观念：兼评西方受众理论

[J]. 新闻与传播评论, 2002 (1).

[8] 党东耀. 媒介再造：媒介融合的本质探析 [J]. 新闻大学, 2015 (4).

[9] 德华. 成为家具的电视 [J]. 中外电视, 1986 (1).

[10] 方园. 媒介融合环境下西藏新媒体发展现状及"包裹式"受众体验研究 [J]. 西藏民族大学学报（哲学社会科学版）, 2019 (4).

[11] 高晓虹, 李智. 试析传播新格局下电视与新媒体的相互借力与共赢 [J]. 国际新闻界, 2013 (2).

[12] 郭镇之. 从服务人民到召唤大众：透视春晚30年 [J]. 现代传播, 2012 (10).

[13] 胡智锋, 刘俊, 周建新, 等. 2014年中国电视研究论文述评 [J]. 当代电影, 2015 (3).

[14] 黄旦, 李暄. 从业态转向社会形态：媒介融合再理解 [J]. 现代传播, 2016 (1).

[15] 黄林. 突破性的结尾：《雪震》的启示 [J]. 中国电视, 1994 (9).

[16] 觉嘎. 藏族传统音乐的分类和分布以及与之相关的自然信息和人文知识 [J]. 音乐艺术（上海音乐学院学报）, 2015 (1).

[17] 孔令顺. 文化电视：深度娱乐的转向与救赎 [J]. 中国电视, 2018 (6).

[18] 李德顺. 浅议媒介融合背景下电视新闻评论节目的突围之道 [J]. 新闻记者, 2010 (7).

[19] 李世举. 民族地区公共信息服务模式与发展对策 [J]. 当代传播, 2014 (1).

[20] 刘朝. 藏语译制的数字化改造 [J]. 现代电视技术, 2006 (10).

[21] 刘锐. 电视对西部农村社会流动的影响：基于恩施州石栏村的民族志调查 [J]. 新闻与传播研究, 2010 (1).

[22] 刘小三, 尉朝阳, 程孝平. 基于地域特色选择的西藏媒体融合差

异化路径探究[J].西藏民族大学学报（哲学社会科学版），2020（6）.

[23] 罗文辉.新闻记者选择信息来源的偏向[J].新闻学研究（台湾），1995（50）.

[24] 孟建，赵元珂.媒介融合：粘聚并造就新型的媒介化社会[J].国际新闻界，2006（7）.

[25] 南长森，石义彬.媒介融合的中国释义及其本土化致思与评骘[J].陕西师范大学学报（社会科学版），2012（3）.

[26] 潘忠党.新闻改革与新闻体制的改造：我国新闻改革实践的传播社会学之探讨[J].新闻大学，1997（9）.

[27] 潘忠党.作为一种资源的"社会能见度"[J].新闻与传播研究，2003（10）.

[28] 彭飞.发展我国电视事业应走什么样的路子[J].中国广播电视学刊，1989（1）.

[29] 彭兰.数字时代新闻生态的"破壁"与重构[J].现代出版，2021（3）.

[30] 乔保平，冼致远，邹细林.再论媒介融合时代广播电视舆论引导能力的提升[J].现代传播（中国传媒大学学报），2014（1）.

[31] 秦汉.媒介体制：一个亟待梳理的研究领域[J].国际新闻界，2016（2）.

[32] 芮必峰.媒体与宣传管理部门的权力关系：以"命题作文"为例[J].新闻大学，2011（2）.

[33] 石蓉蓉.人口较少民族地区广电系统的媒介融合策略：以肃南裕固族的媒介调查为例[J].电视研究，2016（2）.

[34] 孙信茹，杨星星.电视传播语境中的少数民族乡村文化建构[J].现代传播（中国传媒大学学报），2013（6）.

[35] 孙信茹.大众传媒影响下的普米村寨社会空间变迁[J].西南民族大学学报，2013，（9）.

[36] 索群. 西藏电视事业及发展战略 [J]. 中国藏学, 2005 (3).

[37] 脱慧洁. 藏族题材电视剧的叙事流变 [J]. 湖北民族学院学报（哲学社会科学版）, 2013 (6).

[38] 脱慧洁. 国家图景与日常生活：西藏电视纪录片的历史书写 [J]. 现代传播（中国传媒大学学报）, 2021 (6).

[39] 脱慧洁. 全媒体时代民族旅游节目的转型发展：以西藏卫视《西藏旅游》为例 [J]. 青年记者, 2014 (32).

[40] 脱慧洁, 赵婷婷, 李娜. 对比与框架：《新旧西藏对比》的内容分析 [J]. 东南传播. 2015 (10).

[41] 王辰瑶. 结构性制约：对网络时代新闻生产的考察 [J]. 国际新闻界, 2010 (7).

[42] 王辰瑶. 新闻融合的创新困境：对中外77个新闻业融合案例研究的再考察 [J]. 南京社会科学, 2018 (11).

[43] 吴秋雅. 纪录与建构：中国电视剧1978—2008年发展综述 [J]. 当代电影, 2008 (10).

[44] 吴自力. 问题与对策：南方报业转型发展分析 [J]. 新闻大学, 2014 (3).

[45] 夏倩芳, 王艳. 风险规避下的新闻报道常规 [J]. 新闻与传播研究, 2012 (4).

[46] 夏倩芳. 党管媒体与改善新闻管理体制：一种政策和官方话语分析 [J]. 新闻与传播评论, 2004 (0).

[47] 许加彪. 国家声音与政治景观：《新闻联播》的结构和功能 [J]. 现代传播, 2009 (6).

[48] 杨韬. 《雪震》导演阐述雪山的思絮 [J]. 当代电视, 1994 (10).

[49] 殷琦. 转型政治经济环境下中国传媒治理结构的变迁与走向 [J]. 国际新闻界, 2011 (6).

[50] 尹鸿. 冲突与共谋：论中国电视剧的文化策略 [J]. 文艺研究,

2001（6）.

［51］尹连根，刘晓燕．"姿态性融合"：中国报业转型的实证研究［J］．新闻与传播研究，2013（2）.

［52］喻国明，张超，李珊，等．"个人被激活"的时代：互联网逻辑下传播生态的重构：关于"互联网是一种高维媒介"观点的延伸探讨［J］．现代传播（中国传媒大学学报），2015（5）.

［53］喻国明．"互联网+"时代关于"新闻立台"的思考：兼论中央电视台的媒体价值［J］．声屏世界·广告人，2015（12）.

［54］袁建，王平，漆家颖．探索边疆民族地区媒体融合发展的新路径：西藏传媒集团媒体融合创新实践研究报告［J］．西藏民族大学学报，2016（3）.

［55］泽玉，罗布桑珠，罗布次仁．少数民族地区电视媒体转型路径探析：西藏电视台新媒体个案分析［J］．中国广播电视学刊，2016（11）

［56］詹恦，孙宇．西藏党媒"两微一端"的发展现状及传播力分析［J］．现代传播，2019（6）.

［57］张宏树，杨欣．地方性知识的挖掘者、建构者与传播者：媒介融合时代民族地区传媒选择探析［J］．黑龙江民族丛刊，2016（4）.

［58］张昆，周钢．省级党报集团融合发展中的现实困境及路径选择：以湖北日报传媒集团为例［J］．新闻界，2016（4）.

［59］张美芳．文本类型、翻译目的及翻译策略［J］．上海翻译，2013（4）.

［60］赵月枝，叶晓华．中国与全球资本：文化视野中的考量［J］．新闻与传播评论，2005（0）.

［61］周勇，黄雅兰．《新闻联播》从信息媒介到政治仪式的回归［J］．国际新闻界．2015（11）.

［62］吕新雨．仪式、电视与国家意识形态：再读2006年"春节联欢晚会"［J］．读书，2006（8）：121-130.

[63] 李瑞环. 坚持正面宣传为主的方针：在新闻工作研讨班上的讲话 [J]. 新闻战线, 1990 (3).

[64] 陆晔, 潘忠党. 成名的想象——社会转型过程中新闻从业者的专业主义话语建构 [J]. 新闻学研究, 1991 (71).

2. 博士论文

[1] 芮必峰. 政府、市场、媒体及其他 [D]. 上海：复旦大学, 2009.

[2] 洪兵. 转型社会中的新闻生产 [D]. 上海：复旦大学, 2004.

[3] 李勇. 新媒体语境下电视新闻生产研究 [D]. 武汉：武汉大学, 2012.

[4] 廖媌婧. 场域理论视域下的东方卫视节目生产研究 [D]. 上海：上海大学, 2015.

[5] 张志安. 编辑部场域中的新闻生产 [D]. 上海：复旦大学, 2006.

[6] 章平. 大众传媒上的公共商议：对医疗体制改革路径转型期报道的个案研究 [D]. 上海：复旦大学, 2009.

3. 会议论文

[1] 陆晔. 新闻生产过程中的权力实践形态研究 [C] //第二届中国传播学论坛. 信息化进程中的传媒教育与研究. 上海：复旦大学出版社, 2003.

三、参考网站与报纸

[1] 2021年西藏自治区政府工作报告 [R/OL]. 西藏自治区人民政府网, 2021-03-24.

[2] 陈琴, 李朕, 李彭林. 西藏常住人口达到364.81万人 藏族人口达313.79万人 [EB/OL]. 央视网, 2021-05-19.

[3] 第三次西藏工作座谈会的召开 [EB/OL]. http://cpc.people.com.cn/GB/64107/65708/65722/4444495.html.

[4] 关凯. 改革开放：制度的重建与意义的流变 [N]. 中国民族报, 2013-08-02.

［5］国务院新闻办公室《西藏和平解放与繁荣发展》白皮书［EB/OL］.中华人民共和国中央人民政府网，2021-05-21.

［6］媒体融合发展是一项紧迫课题 习近平这样提出要求［EB/OL］.人民网，2019-01-26.

［7］普布."藏晚"30年：打造西藏最响亮的电视文化品牌［EB/OL］.中国西藏新闻网，2016-12-27.

［8］孙岚君，朱琪.江洛金·次旺云丹：藏文化传播的探路者［EB/OL］.中国西藏网，2013-02-19.

［9］习近平在党的新闻舆论工作座谈会上强调：坚持正确方向创新方法手段 提高新闻舆论传播力引导力［EB/OL］.新华网，2016-02-19.

［10］习近平在全国宣传思想工作会议上发表讲话［EB/OL］.新华网，2013-08-19.

［11］习近平在省部级主要领导干部坚持底线思维着力防范化解重大风险专题研讨班开班式上发表重要讲话［EB/OL］.中华人民共和国中央人民政府网，2019-01-02.

［12］习近平在中央政治局就提高国家文化软实力研究进行第十二次集体学习时的讲话［EB/OL］.人民网，2014-01-01.

［13］习近平谈国家文化软实力：增强做中国人的骨气和底气［EB/OL］.（2015-06-25）［2022-12-03］.http：//cpc.people.com.cn/xuexi/n/2015/0625/c385474-27204268.html.

四、研究报告

［1］黄光玉.新闻产制专题研究课程大纲［R］.台北：世新大学传播研究所，2001.

五、外文著作

［1］CANTER M G.Prime-tune Television［M］.Sage：Beverly Hills，1980.

[2] MORRISON D E, TUMBER H. Journalists at War: The Dynamics of News Reporting during the Falklands Conflict [M]. London: Sage Publications, 1988.

[3] ELIADE M. Rites and Symbols of Initiation [M]. New York: Harper and Row, 1965.

[4] FISHMAN M. Manufacturing the News [M]. Austin: University of Texas Press, 1980.

[5] GANS H J. Deciding what's news: A study of CBS evening news, NBC nightly news, Newsweek, and Time [M]. New York: Pantheon Books, 1979.

[6] TUCHMAN G. Making News: A Study in the Construction of Reality [M]. New York: The Free Press, 1978.

[7] GERBENER G. Mass media and human communication theory [M] // DANCE F E. X. Human Communication Theory: Original Essays. New York: Holt, Rinehart & Winston, 1967.

[8] GITLIN T. The Whole World Is Watching: Mass Media in the Making and Unmaking of the New Left [M]. Berkeley: University of California Press, 1980.

[9] GOLDING P, ELLIOTT P. Making the News [M]. London: Longman, 1979.

[10] HALL S. The Whites of Their Eyes: Racist Ideologies and the Media [M]. London: Lawrence and Wishart, 1981.

[11] BURKE K. Permanence and Change [M]. New York: New Republic Press, 1935.

[12] DEXTER L A, WHITE D M. People, Society and Mass Communications [M]. London: Free Press, 1950.

[13] LEE C C. Voices of China: The Interplay of Politics and Journalism [M]. New York: The Guilford Press, 1990.

［14］SHAPIRO M J. Language and Politics ［M］. New York：New York Press，1984.

［15］MERTON R K. Bureaucratic structure and personality ［J］. Social Forces，1940，18 (4).

［16］MORGAN M，SIGNORIELLI N. Cultivation Analysis：New Directions in Media Effects Research ［M］. London：Sage，1990.

［17］FAUBION J. Power：The Essential Works of Michel Foucault 1954—1984 ［M］. Harmond-Sworth：Penguin，2002.

［18］POSTMAN N. The Disappearance of Childhood ［M］. Vintage：Random House，1994.

［19］FAIRCLOUGH N. Discourse and Social Change ［M］. Cambridge：Polity Press，1992.

［20］WOLTERS O W. The Fall of Srivijaya in Malay History ［M］. London：Oxford University Press，1970.

［21］SCANNELL P，CARDIFF D. A Social History of British Broadcasting ［M］. Oxford：Basil Blackwell，1991.

［22］SCHILLER H. The Mind Managers ［M］. Boston：Beacon Press，1972.

［23］VAN DIJK T A. News As Discourse ［M］. New Jersey：Lawrence Erlbaum，1990.

［24］JEREMY T. Journalists at Work ［M］. London：Constable，1971.

［25］GIEBER W. People, Society and Mass Communication ［M］. New York：Free Press，1956.

［26］CHESTERMAN A. Readings in Translation Theory ［M］. Helsinki：Oy Finn Lectura Ab，1989.

七、外文期刊和论文

［1］BASS A I. Refining the Gatekeeper Concept：A UN Radio Case Study

[J]. Journalism Quarterly and Mass Communication Quarterly. Spring, 1969, 46.

[2] WARNOT D. Bureaucratie et Fonctionnarisme [J]. Revue de L'Institut de Sociologie, 1937 (17).

[3] HALLORAN J D. Mass media in society: The need of research [J]. Reports and Papers on Mass Communication, 1970 (59).

[4] BOGART L. American media and commercial culture [J]. Society, 1991 (6).

[5] HAMPTON M, GONBOY M. Journalism History: A Debate [J]. Journalism Studies, 2014 (2).

[6] PAN Zhong Dang. Framing analysis: Toward an integrative perspective [J]. The Chinese Journal of Communication and Society, 2006 (1).

[7] SNEED P B. Return gatekeeper: a 1966 restudy of the 1949 case [J]. Journalism Quarterly, 1967, 44 (3).

[8] JOHNSON P E. Reflections: Looking Back at Social History [J]. Reviews in American History, 2011, 39 (2).

[9] WHITE D M. The "Gatekeeper": A Case Study in the Selection of News [J]. Journalism Quarterly, 1950 (27).

后　记

我向来对电视媒体感兴趣，对西藏电视的关注始于读博，持续于国家社科基金项目，如今依然如此。本书是2018年国家社科基金项目立项之后的阶段性成果之一，期间读博与工作并行，二者都为本书的成型注入了底色，再次回首，梳理思绪，感谢一路走来的"师者"与"亲友"。

遥记读博时，得到了众多师长、亲友的帮助。业师阎立峰先生精修哲学，博闻广识，对学生要求严格，学术训练之路不虚此行，感念恩师。那时候，赵振祥老师的课堂上，总有自己"不知深浅"的提问和赵老师耐心的解答；选修研究方法课时，自己一知半解的报告被黄合水老师一针见血地追问、反问和仔细解惑；偶然间再翻看读书笔记时，还会感慨陈嬿如老师的真知灼见；庄鸿明老师不仅记得开题时候的问题，还会关注答辩时问题的解决；许清茂老师对论文的点评总是独到新颖；张铭清老院长关于新闻人的故事总是记忆犹新。还有林升栋老师、叶虎老师、史东东老师、殷琦老师、孙蕾老师、钟慧娟老师，他们不仅传道、授业、解惑，也在育人，在此致以诚挚的谢意。

同样感谢台湾铭传大学的倪炎元老师，犹记得在2018年暑期小学期厦大学术交流中心某个早餐时间的相谈甚欢。奈何流光把人抛，同学相聚再聊起倪老师时，却已是他因病离世的消息，难言哀伤。

感谢我的"最佳编辑"先生，在我写不出东西时，就用走遍祖国大好河山的借口，"忽悠"和助力我的写作，作为语言专业的他，总是习惯于纠正我乡音不改的"发音"，执着于我的文通字顺和"逻辑表述"。感谢我的乖宝，见证了妈妈的成长，除了跟爸爸一样纠正妈妈的发音，总有讲不完的故事。感谢"贾家大院"的亲友团，感谢大院里温厚淳朴的家风传承与亲友支持。感谢"胖丫头""段先生""董弟""小祁妹妹"，感谢遇见与相伴。

很多个暑假，都会因为调研需要而进出西藏。对西藏电视台进行的民族志调查时间最久，真的是麻烦到了台里上上下下和各个中心的领导、管理者、从业者，在西藏电视人忙碌的节奏中，允许我的参与、观察，不厌其烦地回答我的好奇和问题。还有西藏当地其他媒体、区委宣传部、区网信办、区文化厅、区群艺馆、区图书馆的诸多领导、从业者；曾经的学生、现在20级新闻2班和22级新闻2班的全体学生和家长亲友们，一路走来的调研路上，都给予了我最多的帮助和热忱的支持，你们都是我走在路上的"师者"和"亲友"。因为学术伦理的基本要求，虽未一一列出你们的名字，这份感激之情，我长存于心，也将化为不断前行的动力。我的众多调研对象，扎根于西藏这片广袤的高原之土，躬耕于此，朴实无华，他们是西藏社会发展的"中流砥柱"，在他们身上真正体现着"老西藏精神"和当代西藏社会的精神风貌，向他们致敬！

在此也真诚祝福大家，故苏德布，扎西德勒。

本书的出版得到西藏民族大学学术著作出版基金的资助，在此表示谢忱。工作的单位对本书出版给予了极大的支持，感谢周德仓教授给予的鼓励和支持，他笔耕不辍的精神，时时提醒我辈要不懈努力；感谢袁爱中教授的鼓励，她坚持读书、坚持研究的劲头始终激励着我。

感谢光明日报出版社的编辑张金良老师、王佳琪老师、史宁老师，对他们在审核编辑本书时的耐心细致、辛勤劳动表示由衷的谢意。

囿于学识、能力和精力，书中定有不少不足之处，敬请大方之家和读者批评指正。

脱慧洁
2022 年 12 月 9 日于西藏民族大学南区